Elisabeth Meyer-Renschhausen und Anne Holl (Hrsg.)

Die Wiederkehr der Gärten
Kleinlandwirschaft im Zeitalter der Globalisierung

Elisabeth Meyer-Renschhausen und Anne Holl (Hrsg.)

Die Wiederkehr der Gärten

Kleinlandwirtschaft im Zeitalter der Globalisierung

STUDIENVerlag
Innsbruck–Wien–München

Die Deutsche Bibliothek - CIP-Einheitsaufnahme

Die Wiederkehr der Gärten : Kleinlandwirtschaft im Zeitalter der
Globalisierung / Anne Holl ; Elisabeth Meyer-Renschhausen (Hg.) -
Innsbruck : Studien-Verl., 2000
    ISBN 3-7065-1534-2

© 2000 by StudienVerlag Ges.m.b.H., Amraser Straße 118, A-6010
Innsbruck
e-mail: order@studienverlag.at
http://www.studienverlag.at

Umschlagfoto: Georg Bischoff: Der „Tagwa Garden": Eine Oase in der
South Bronx
Layout und Satz: STUDIENVerlag/Bernhard Klammer

Fotos – soweit nicht anders vermerkt – von den jeweiligen Autorin-
nen.

Gedruckt auf umweltfreundlichem, chlor- und säurefrei gebleichtem
Papier.

Inhalt

Danksagung

Dieses Buch entstand zunächst als Dokumentation einer Ad-hoc-Gruppe „Globalisierung aber weltweit lokale Selbstversorgung" im Beiprogramm zum Deutschen Soziologiekongreß 1998 in Freiburg. Im Beiprogramm deshalb, weil die zu jenem Zeitpunkt entscheidenden Herren Professoren der Auswahlkommission vom Wiederauftauchen einer überlebensnotwendigen Kleinstlandwirtschaft, nicht nur in der Dritten Welt, sondern auch in Europa, trotz Globalisierungsdebatte und Wissen um Verarmungsprozesse – sagen wir – „lieber doch nichts wissen wollten".

Im Zuge der Vorbereitung einer internationalen Konferenz unter dem Titel *Perspektiven der Kleinstlandwirtschaft in Stadt und Land – zur sozialen und ökologischen Notwendigkeit von Gärten als einer „weiblichen Ökonomie"* vom 21.-25. Juli 2000 in Berlin kamen weitere Aufsätze hinzu. So ist dieses Buch vielen Menschen zu verdanken, die zu irgendeinem Zeitraum seines Entstehens mitgeholfen haben, daß es nun gedruckt vorliegt. In der Anfangsphase waren dies insbesondere Friedhelm Streiffeler von der Landwirtschaftlich-Gärtnerischen Fakultät der Humboldt-Universität zu Berlin, Franz-Albert Heimer vom BUND (Friends of the Earth) Freiburg, Hermann Schwengel von der Universität Freiburg und Heide Inhetveen von der Universität Göttingen. Phil Hill unterstützte uns bei der Übersetzung eines englischen Buchbeitrags. Später war entscheidend, daß wir Herausgeberinnen „am Ball blieben", und die hohe Motivation der allmählich wachsenden, ehrenamtlichen Vorbereitungsgruppe der Gartenkonferenz hat uns dabei sehr geholfen. Allen Mitgliedern jener Arbeitsgruppe möchten wir herzlich danken, zumal jenen, die beim Korrekturlesen geholfen haben wie Renate Müller, Petra Becker – einschließlich Brigitte Krau –, und allen anderen: Johanna Machens, Torsten Reinsch, Frithjof Reul, Irmtraud Grünsteidel, Christophe Kotanyi und von der Hochschullehrerschaft der Landwirtschaftlich-Gärtnerischen Fakultät neben Friedhelm Streiffeler insbesondere Hardine Knuth und Wolfgang Bokelmann sowie Gert Gröning von der Hochschule der Künste Berlin.

Berlin-Schöneberg, im Mai 2000

Anne Holl,
Elisabeth Meyer-Renschhausen

Anne Holl und Elisabeth Meyer-Renschhausen

Die Wiederkehr der Gärten – Eine Einführung

Die Gärten unserer Kindheit waren groß und voller Düfte, Farben und Geschmäcker. Nach jedem Regen roch es intensiv nach Erde. Aber arbeitsreich waren die Gärten auch. Die Mütter stöhnten über die ins Kreuz gehende Plackerei und wir als Kinder, wir hatten nicht immer die große Lust, Erdbeeren und Johannisbeeren zu pflücken.

Heute stellen wir bei uns, bei Freunden und in den Buchläden verwundert ein steigendes Interesse an Gärten fest. Es ist, als würde da etwas wieder auftauchen, was wir in der Stadt lange fast vergessen haben, da es uns zu eng verwandt schien mit geistiger Enge und Begrenztheit. Und tatsächlich: Nach der Statistik des deutschen Bundesministeriums für Landwirtschaft stieg von 1993 bis 1998 der Anteil der Privathaushalte mit Haus- oder Schrebergarten um fünf Prozent, so daß heute mehr als die Hälfte der deutschen Haushalte über einen eigenen oder gepachteten Garten verfügen.[1]

Wir stellen fest, daß unser erwachendes Interesse an Gärten und Kleinstlandwirtschaft in einem weltweiten Kontext steht, der die Grenzen von Stadt und Land überschreitet. Überall gärtnern Slumbewohner und Favelados und fordern Arme Zugang zu Land. Von der Landlosenbewegung in Brasilien über City Farmers in New York und innerstädtische Bürgersteig-Bepflanzungen in Amsterdam: Weltweit begrünen Bürger ihre Städte und entstehen auf dem Land neue Gärten und Kleinlandwirtschaften.

Wie kann es sein, daß immer mehr Menschen überall in der Welt – gezwungenermaßen oder freiwillig – individuelle oder regionale Selbstversorgung wiederentdecken, wo Politik und multinationale Unternehmen uns zu glauben geben, die Märkte wüchsen zu unser aller Vorteil zusammen? Autarkie sei nicht länger notwendig und außerdem „unmodern", da fast alles billiger auf dem Weltmarkt zu kaufen sei. Menschen, Betriebe, Regionen sollten sich auf das spezialisieren, was sie am besten produzieren könnten, und zum Tausch anbieten. Das in Europa allgegenwärtige „Bauernsterben" scheint diesem neoliberalen Credo (leider) recht zu geben: Vom volkswirtschaftlichen Standpunkt aus produziert unsere Landwirtschaft zu teuer und kostet uns Verbraucherinnen zu viel Geld. Im Supermarkt steht billiger Wein aus Chile neben Garnelen aus Südostasien, und Erdbeeren aus aller Welt können wir jetzt das ganze Jahr über kaufen. Es wird aber nicht gefragt, was mit den arbeitslos gewordenen Bauern geschieht, die dem globalen Wettbewerb nicht standhalten konnten, und welche Kosten den nationalen Volkswirtschaften durch Krankheiten und Umweltschäden infolge von Massennahrungsproduktion entstehen.

Im Zuge der Globalisierung stellen wir eine Angleichung der Lebensstile fest, alle tragen Jeans und essen bei McDonalds, auf der Gewinnerseite fahren sie alle Mercedes und kaufen die gleichen Kostüme in Edelboutiquen, egal ob in der schwäbischen Provinz, Tokyo oder Nairobi. Aber auch auf der Verliererseite ähneln sich die Strategien des Überlebens trotz Verarmung zunehmend mehr: Überall in der Dritten Welt besinnen sich die Ärmsten auf die Relevanz ihrer Selbstversorgerlandwirtschaft, und in den Städten beginnen die Frauen auf Brachflächen Gemüse anzubauen. Was vor Jahren undenkbar gewesen wäre, wunderte im Herbst 1999 niemanden mehr, als in Seattle anläßlich des Treffens der Welthandelsorganisation WTO indische Bauern neben Campesinos aus Südamerika in einer weltweiten Kleinbauernorganisation („la via campesina") gegen das Patentieren von Saatgut demonstrierten. Plötzlich schien auch ganz selbstverständlich, daß Dritte-Welt-Kleinbauern neben „family farmers" aus den USA liefen, untergehakt mit Vertreterinnen der Verbraucherschutz-Organisationen aus den nordamerikanischen Großstädten, die keine genmanipulierte Lebensmittel wollen.

Trotz des Zusammenwachsens der Märkte und Staaten stellen wir paradoxerweise gleichzeitig ablaufende Diversifizierungen fest: Auf dem Land, das sich doch angeblich von der Stadt gar nicht mehr unterscheiden soll[2], werden Kleinlandwirtschaft und Gärten immer wichtiger, was man bislang in der Dritten Welt und Osteuropa deutlicher sehen kann als bei uns. Aber auch bei uns wird das Motiv, auf dem Land zu leben, weil man dort in vieler Hinsicht noch „selbst Hand anlegen" kann, noch selbst in der Erde graben kann, immer wichtiger, wenn vielleicht auch von der Politik noch nicht bemerkt.

Zwar boomen die Börsen, aber die Betriebe rationalisieren auf

Kosten ihrer Mitarbeiter, immer mehr Menschen verlieren ihre Anstellung. Festanstellungen werden selten, längere Zeiten der Erwerbslosigkeit wechseln mit Zeiten von Anstellungen, ausreichende Löhne werden für immer größere Bevölkerungsgruppen zu einem raren Phänomen, mit einer garantierten Rente können die heute 30jährigen nicht mehr rechnen. Die Verarmung großer Bevölkerungsgruppen, in Osteuropa oder Südamerika und sogar Nordamerika schon der Fall, wird auch Alltag für die heute noch reichen Länder Europas werden. Zwar versuchen die Einzelregierungen, ihre Industrie, ihre Betriebe durch den Verzicht auf Steuern und Lohnpolitik im Land zu halten, aber die Verarmung der Nationalstaaten macht die Regierungen immer mehr zu willenlosen Anhängseln internationaler Konzerne. Gegen bessere Einsichten müssen heute auch sozialdemokratische Regierungen zunehmend auf eine integrierende Sozialpolitik verzichten. Erwerbslose Jugendliche, ohne Aussicht auf Teilhabe am allgemeinen Reichtum, ohne sinnvolle Tätigkeiten, werden, da sie kein Geld für ein Moped haben oder die Kosten für die Bahn nicht mehr aufbringen können, in ihren verödenden Dörfern bedrohlich aggressiv. Kleingärtnerinnen in Brandenburg führten im letzten Jahr einen Hungerstreik durch, weil zu hohe Gebühren der Wasserwerke ihnen das Unterhalten ihres Gartens zunehmend verunmöglichen.

Die verarmenden Gemeinden sind nunmehr gezwungen, auf kommunaler Ebene die Bodenvorratswirtschaft aufzugeben, was zu enorm steigenden Mieten führt, die immer mehr Menschen nicht bezahlen können, die Zahl der Obdachlosen wächst. Die Kriegsstimmung zwischen Mietern und Vermietern wächst, Hinterhöfe mitten in der frisch gebackenen Hauptstadt Berlin erwecken den Eindruck von Müllhalden, öffentliches Grün wird niedergetrampelt, wenn nicht zur Müllkippe. Zudem verschwindet zusammen mit der Bodenvorratshaltung der Städte jenes Land, das Kleingärtnerkolonien traditionell über Jahrzehnte zu annehmbaren Gebühren pachten konnten. Die Kommunalpolitiker ignorieren mit diesen Entscheidungen, daß die städtische Bodenvorratshaltung ein in mehrfacher Hinsicht wichtiger Puffer in der Sozialpolitik war: Heute kann sich zwar keiner mehr vorstellen, daß der Senat, die Landesregierung von Berlin, 1945 nach Kriegsende die Bewohnerinnen der Stadt verpflichtete, auf jedem verfügbaren Stück Land, einschließlich der Mittelstreifen der Straßen, Kartoffeln und Bohnen anzubauen. Auch im Ersten Weltkrieg wurde den Hungernden Schrebergartenland auf städtischem Boden zur Verfügung gestellt, und die Weimarer Reichsregierung stellte fast als erstes die Kleingärten unten besonderen gesetzlichen Schutz, unter die Kleingarten- und Kleinpachtlandverordnung bzw. bald darauf ein entsprechendes Gesetz, das in wesentlichen Teilen bis heute Gültigkeit hat. Während der Hungerzeit in der Weimarer Republik und danach blieben die Koloniegärten für viele Arbeiterfamilien Garant, sich wenigstens mit dem Notwendigsten selbst versorgen zu können.

Diese Tatsachen erinnern uns an die Paradoxie, daß in der Krise „weniger entwickelt zu sein" von Vorteil sein kann: 1945 konnten die armen Bauern vom Vogelsberg ihre Landwirtschaften von heute auf morgen auf reine Selbstversorgung umstellen,[3] und in fränkischen Fabrikdörfern fällt noch heute die Umstellung auf die Erwerbslosigkeit weniger schwer als in der Stadt, weil die Menschen ihre Höfe und Gärten noch haben.[4]

Dabei ist daran zu erinnern, daß es in der Geschichte bestimmten Regionen unter gewissen Umständen etwa passieren konnte, von ihren Industrien verlassen zu werden und wieder reinweg auf Landwirtschaft angewiesen zu sein, wie es in verschiedenen Landstrichen der deutschen Mittelgebirge, Bayerns und Österreichs im 19. Jahrhundert geschah, als die Aufhebung der Zunftgesetze (endgültig 1848) der Industrie ermöglichte, in die Städte zu gehen.[5] Eine Reagrarisierung war die Folge, die erst jenen marktorientierten Vollerwerbsbauern schuf, den wir heute als „den Bauern" in unseren Köpfen haben. Dabei ignorieren wir, daß für die Landbewohner das Entscheidende eine eigene selbstbezogene Lebensweise war, die Tschajanow die bäuerliche Lebensweise nennt, und deren Hauptorientierung in der Eigenversorgung, in eigenen Lebens- und Arbeitsrhythmen lag und liegt.[6] Erst wenn wir versuchen uns dies zu vergegenwärtigen, wird klar, warum Afrikanerinnen nicht unzufrieden sind, wenn sie ihre Familien aus eigener Landwirtschaft ernähren können oder überall in der Dritten Welt Arbeitsmigranten auch in den Städten wieder anfangen, Gemüse anzubauen, sobald die Not es fordert oder die Gelegenheit es ermöglicht.

Denn Selbstversorgung und Gartenarbeit sind mehr als nur Bürden, die eine wirtschaftliche Notwendigkeit den Menschen aufzwingt. Sie sind auch Quelle von Stolz, Zufriedenheit und Bestätigung des eigenen Tuns. So berichtet die dänische Ökonomin Ester Boserup vom Stolz afrikanische Bäuerinnen, ihre Familie von eigener Hände Arbeit selbständig ernähren zu können.[7] Wir selbst sind verblüfft, mit welcher Freude und Begeisterung ältere Landbewohner Brandenburgs ihre Gärten bestellen und Kleinlandwirtschaften beibehalten. Wir sind gerührt von Tante Klawa in Rußland zu lesen, die mit ihrem Minibauernhof, den sie den Sommer über auf dem Dorf allein betreibt, ihre Familie in Moskau ernährt und völlig zufrieden mit ihrem Schicksal ist, leistet sie doch, was der Staat schon lange nicht mehr zustande bringt. In Osteuropa erhalten sich – laut Wirtschaftsreport 1994 – die Menschen zu 70% aus informeller Wirtschaft, davon zu großen Teilen durch eigener Hände Arbeit auf ihren Datschengeländen. 43% der polnischen Landwirtschaft ist reine Selbstversorgerlandwirtschaft.[8] In Rumänien kann keine Familie ohne Hilfen von der Verwandtschaft vom Land leben, in Ungarn lebt die halbe Bevölkerung von einer Mischwirtschaft aus Eigenanbau, Vermietung und Drittgewerbe.

Es geht aber nicht nur darum, daß wir uns aus dem Garten, aus der Kleinlandwirtschaft im leiblichen Sinne ernähren können, auch unsere seelischen Bedürfnisse erfahren Befriedigung durch die Arbeit im Garten, in der Natur, an der frischen Luft, mit den Gerüchen von Erde und Pflanzen. Nach längerem Sitzen am Schreibtisch ist die körperliche Betätigung eine Wohltat, die ruhigen Bewegungen und das behutsame Umgehen mit den Pflanzen, beide haben nichts Hektisches, sondern vielmehr etwas Beruhigendes, Besänftigendes. Und sogar wir, die wir, in Berlin etwa, keine eigenen Gärten haben, freuen uns über jeden Schrebergarten, an dem wir auf unseren langen Wegen durch die Stadt vorbeiradeln oder -gehen. Die blühenden Obstbäume, das Duften des Flieders, die Vielfalt der Farben und Formen der Blumen, die Individualität der Gestalt jedes einzelnen Baums, labt das Herz des Städters, den in Innenstadt wie Büro zuviele gerade Linien mit Langeweile quälen.

Welchen zentralen Stellenwert Gärten und Kleinlandwirtschaften auch heute noch und wieder für die Lebensfähigkeit und den Lebenswert der von Erwerbslosigkeit getroffenen BewohnerInnen nordostdeutscher Landstädte einnehmen, schildert der einleitende Beitrag von

13

Elisabeth Meyer-Renschhausen. Im Zuge der Umwandlungen und Rationalisierungsmaßnahmen landwirtschaftlicher Betriebe in der Nachwendezeit verloren in Ostdeutschland fast 90 Prozent der ehedem landwirtschaftlich Beschäftigten ihren Arbeitsplatz. Gleichzeitig ignorierte die nun geltende EU-Agrarpolitik das „Zweiteinkommen" der ostdeutschen Landbewohner: die zu DDR-Zeiten realexistierende Nebenerwerbslandwirtschaft, zum Beispiel kleine Tabakfelder, die aber reelles Geld brachten, die Hühner im Garten, das Schwein in der Garage. So wurden diese – ehemals durchaus profitablen – Minilandwirtschaften nach und nach aufgegeben. Kein Mensch, geschweige denn die Politik interessierte sich dafür. Seit Mitte der 90er Jahre ist jedoch eine allmähliche Wiederkehr der Kleinlandwirtschaft zu beobachten, insbesondere das Selbstbewußtsein der Gärtner und Kleinbäuerinnen ist zurückgekehrt. Gartenarbeit wird nicht länger verschwiegen oder als unbedeutend abgetan, sobald ihr gesellschaftliche Anerkennung zuteil wird. Die Menschen fühlen sich nicht länger „abgehängt" und vergessen.

Von der Kleinlandwirtschaft als zweitem Standbein erzählt auch der Beitrag von *Nigel Swain,* diesmal aus den Staaten Mittel- und Osteuropas und des Balkans. Vor dem Hintergrund der Massenarbeitslosigkeit ist hier, wo die wirtschaftliche und politische Transformation nicht von einem „starken Bruder" abgefedert wurde, heute nahezu jeder Haushalt im ländlichen Raum auf Zubrotlandwirtschaft angewiesen, um sein Ein- und Auskommen zu sichern. Für die Mehrheit der Menschen ist die Eigenlandwirtschaft zu einer Notwendigkeit geworden, nur eine Minderheit hat sie bewußt gewählt und ist im größeren Stile eingestiegen. Obwohl die heutige Situation von Land zu Land variiert und auch stark von den Agrarstrukturen vor dem Umbruch beeinflußt wurde, ist allen Ländern gemein, daß sich die ländlichen Familienökonomien in der Mehrzahl auf zwei Beine stützen. Eines sind Rente, Arbeitslosenunterstützung, seltener auch Erwerbstätigkeit; das andere die Landwirtschaft, entweder auf dem Hausgarten oder als Kleinbauernhof. Von einer Einkommensquelle allein kann hier niemand leben: Weder ist ein Auskommen möglich ohne die Kleinlandwirtschaft, noch kann diese betrieben werden ohne ein zweites Einkommen, um in die Landwirtschaft investieren zu können, um tägliche Gebrauchsgüter kaufen zu können sowie zur langfristigen Absicherung. Genau wie in den Ländern Mittelosteuropas und des Balkans antworten die Bewohner afrikanischer Städte mit kleinstrukturierter, subsistenzorientierter Landwirtschaft auf ökonomische Krisen in ihren Staaten. Auch hier bieten sich den Menschen kaum Erwerbsalternativen im formalen Sektor. *Friedhelm Streiffeler* stellt in seinem Aufsatz heraus, daß die städtische Landwirtschaft in den rapide anschwellenden Metropolen Afrikas wiederum als Komplement zu anderen Einkommensquellen gesehen werden muß. In der Vergangenheit von der Forschung vernachlässigt und von den Stadtverwaltungen eher bekämpft denn gefördert, sind heute Einstellungwandel und Politikwechsel gegenüber urbaner Nahrungsproduktion zu beobachten, die sich in einer großzügigeren Landvergabepraxis und zuweilen in einer gezielten Förderung äußern. Dennoch werden aus Sicht des Autors auch nach dem Bewußtseinswandel zahlreiche Problemkreise urbaner Landwirtschaft noch nicht von Stadtverwaltungen, Forschung und Projektträgern angegangen, insbesondere soziale und ökologische Aspekte. Die Bäuerinnen und Bauern in der Stadt beklagen mangelnde Kooperation und Koordination untereinander, und ihre Bedürfnisse bleiben bei der Planung von Projekten oftmals unbeachtet.

Doch mißglückte Gartenprojekte gibt es nicht nur in den afrikanischen Städten, sondern auch auf dem platten Land, wie *Karin Standlers* Fallbeispiel aus Burkina Faso zeigt. Hier wurden mit Hilfe europäischer Entwicklungshilfegelder Gemüsebauanlagen finanziert, die anders als die traditionelle Gartenwirtschaft der Frauen nicht mehr für den Eigenbedarf produzieren. Die Marktproduktion wird Sache der Männer, bei der die Frauen nur noch unbezahlte Arbeit leisten dürfen. Die neue Gartenwirtschaft muß größtmögliche Erlöse bringen, so daß früher übliche Regenerationszeiten des Bodens oder die Niederschlagsabhängigkeit des Anbaus nicht mehr beachtet werden. Dank moderner Technologie wie Kunstdünger und Bewässerungsanlagen ist eine ganzjährige Produktion möglich, doch schon nach wenigen Jahren hat sich der Grundwasserspiegel durch die Übernutzung soweit abgesenkt, daß die Brunnen immer tiefer gegraben werden müssen.

Ein extremes Beispiel von Ignoranz gegenüber Wünschen und Bedürfnissen der Bevölkerung schildert der Beitrag von *Anne Holl* über die neuen Gemüsegärten von Havanna. Nach dem Wegfall großzügiger Nahrungsimporte aus dem ehemaligen Ostblock betreibt die kubanische Führung ein ambitioniertes Gartenbauprogramm, das die

Selbstversorgung der Insel mit Gemüse zum Ziel hat und von der Regierung zur Volksbewegung ausgerufen wurde. Doch bis auf staatstragende Gruppen lassen sich die HauptstädterInnen nicht so einfach zum Gärtnern bewegen, schreibt der Staat doch inzwischen sogar vor, was in den Parzellen angebaut werden soll: Blattgemüse. Dem steht die kubanische Ernährungskultur gegenüber, die vor allem Reis, Bohnen, Wurzelgemüse und Fleisch zum Bestandteil hat. Gerade auf tierische Produkte aber müssen die Kubaner heutzutage verzichten, und sie werden keineswegs durch Salat oder Gurken ersetzt. Somit tragen die Gemüsegärten nur wenig bei, die immer noch prekäre Versorgungslage auf der Karibikinsel zu entspannen.

Ganz und gar freiwillig und aus eigener Initiative gärtnern hingegen die „City Farmer" von New York. *Irmtraud Grünsteidel* erzählt von den Community Gardens der nordamerikanischen Megacity. Die Ghettobewohner selbst haben die Gärten seit den 70er Jahren ins Leben gerufen, um dem Verfall und der Verwahrlosung ihrer Quartiere etwas entgegenzusetzen. Seitdem es die grünen Oasen gibt, ist die Kriminalität in den jeweiligen Straßen merklich zurückgegangen. Anwohner bewirtschaften gemeinschaftlich einen Garten, festigen den sozialen Zusammenhalt und werten ihre Wohngebiete auf. Natürlich bringt der eigene Anbau von Obst und Gemüse den überwiegend sozial schwachen GärtnerInnen auch ökonomische Vorteile, der eigentliche Erfolg der Community Gardens liegt jedoch in ihrer Sozialfunktion. Heute sind die Gärten in ihrer Existenz bedroht: Die Stadt New York möchte die Flächen – die meisten Gärten liegen auf kommunalem Land und wurden den Nachbarschaften nur zur vorübergehenden Nutzung übertragen – gewinnbringend an Baufirmen und Investoren verkaufen. Die Gardeners müssen um den Erhalt ihrer grünen Oasen kämpfen.

Der Kampf um Gärten ist auch das Thema des Beitrags von *Gert Gröning*, der uns in die Auseinandersetzungen zum Erhalt der Berliner Schrebergärten in den letzten 15 Jahren führt. Nicht nur in Großstädten wie Berlin hängt die dauerhafte Nutzung der Gartenkolonien von verbindlichen Bauleitplänen ab. Sind die Grundstücke nicht als Dauerkleingärten im Sinne des Bundesbaugesetzes ausgewiesen, können sie praktisch jederzeit von Gewerbe-, Industrie- oder Wohnanlagen verdrängt werden. Seit 1984 haben die Berliner Laubenpieper pausenlos um die Sicherung ihrer Gärten durch Flächennutzungspläne kämpfen müssen. Zur Durchsetzung ihrer Interessen dienen den GärtnerInnen die Organisation in einem starken Landesverband und kontinuierliche Lobbyarbeit bei den politischen Parteien. Wann immer Kolonien das Aus droht, bringen Proteste auch schon mal Tausende Berliner Gartenfreunde auf die Straße. Mit ihrem Engagement haben Gärtner und Gärtnerinnen ihre Parzellen weitgehend erhalten können. So lautet denn auch die zentrale These des Autors, daß es die Kleingärten nur deshalb gibt, weil ihre Nutzer sich in Verbänden organisieren und sich so stark für den Erhalt der Kolonien engagieren.

Inge Buck schreibt über den versteckten Widerstand aus dem Kleingartenland. Bremer Kleingärtnerinnen erzählen ihr über die Selbstverständlichkeit der Versorgung aus dem Kleingarten in der Zwischenkriegszeit und nach dem Zweiten Weltkrieg. In der Zeit der Weltwirtschaftskrise nach 1929, als manche die Miete nicht mehr zahlen konnten, konnten sich die GärtnerInnen aufs Land, die Parzelle, zurückziehen. Die Freude an der Natur, am Vögelgezwitscher und an der Blütenpracht ersetzte den fehlenden Komfort. Während der Nazizeit hatten die Kleingärten den Vorzug, respektive der Komposthaufen darin, als Versteck für Schreibmaschinen dienen zu können, auf denen man die illegalen Flugblätter des Widerstandes produzierte. Nach dem Krieg wurde ausgebombten Bremern erlaubt, auf der Parzelle wohnen zu bleiben. Zum Konflikt kam es in den 70er Jahren, als das gesetzliche Verbot, in Kleingärten zu wohnen, neue Gültigkeit bekam. Zwar wurde den Alteingesessenen erlaubt, bis zum Lebensende auf ihrer Parzelle wohnen zu bleiben, sobald sie jedoch gestorben waren, wurden von Behörden selbst Obstgärten in voller Blüte mit Bulldozern brutal zerstört. Heute unterliegen die Kleingärten in Bremen einem strengen Reglement, das von der Zaunhöhe bis zur Art des Baumbestands, alles und jedes vorschreibt, so daß man sich kaum noch vorstellen kann, wie das Bedürfnis einer jeden Gärtnerin nach eigener Gestaltung des Gartens dabei noch Befriedung finden kann.

In manchen Regionen der Welt haben sich jahrtausendealte Gartentraditionen halten können, wie etwa die Hausgärten der Mayas im feucht-tropischen Tiefland von Chiapas, Mexiko. Brigitte Vogl-Lukasser und Christian Vogl beschreiben detailliert Strukturen und Funktionen dieser vielseitigen Indianergärten. Das besondere an Gärten in den Tropen ist, daß die Pflanzen gleich in mehreren Stockwerken gedeihen: Während etwa Kokospalmen neben Schatten auch Früchte liefern, wachsen darunter bestimmte Obstbäume, in deren Schatten Sträucher stehen und der Boden mit Wurzelgemüse bepflanzt ist. Der Garten ist bei den Mayas viel mehr als nur Obst- und Gemüsequelle: er ist gleichzeitig Wohnort, Kindergarten, Kleintierpferch, sozialer Treffpunkt und liefert dabei noch so allerhand Dinge des täglichen Bedarfs wie Baumaterialien, Spielzeug oder Blumen. Kurzum, der Garten ist der Mittelpunkt des Lebens. Die Frauen, die die Gärten vor allem pflegen, wissen die über 300 verschiedenen Pflanzenarten als Gemüse, Gewürz oder Heilpflanze einzusetzen.

Vom Wissen der Frauen im Umgang mit den Pflanzen für Heilzwecke, als Gewürz und Gemüse oder zur Schadensabwehr erzählt der nächste Beitrag von *Heide Inhetveen*, die dabei die Einfriedung des Gartens verläßt und mit ihrer Gewährsfrau Anna auch die Felder des Fränkischen Jura durchwandert. Im Wurzbüschel, der in katholischen Gegenden Europas zu Mariä Himmelfahrt am 15. August in feierlicher Prozession in die Kirchen getragen wird, wird das Erfahrungswissen der Frauen im Umgang mit den Pflanzen gesegnet und bewahrt. Die Zusammensetzung der Büschel variiert regional und im Zeitenlauf, denn auch das Kräuterwissen der Frauen ist standortbezogen und wandelt sich durch Austausch mit anderen Sammlerinnen, Veränderungen in der eigenen Biographie oder der natürlichen Umwelt. Dieses von der heutigen Ethnologie sogenannte indigene Wissen, steht in ständigem Konflikt mit den Wissenschaften, die es zu verdrängen, zu leugnen und je nach Maßgabe auch einzuverleiben suchen, taucht aber als alltagspraktisches Wissen immer wieder aus der Versenkung hervor.

In *Sigrid Fronius'* subtropischem Andengarten ist das paradiesische Element eines jeden Gartens völlig in den Vordergrund gerückt. Als die Autorin vor 16 Jahren zusammen mit anderen ihr Stück Land 80 km von La Paz, der Hauptstadt von Bolivien, entfernt kaufte, wollte sie eine Selbstversorgerwirtschaft dort aufbauen und sich aus dem eigenen Garten ernähren. Dafür war sie bereit, in Europa einiges aufzugeben. Ausschlaggebend für den Grundstückskauf war von Anfang an die Schönheit des Landes, des Blicks vom 1700 m hohen Berg über weite Täler und 4000 m hohe Bergketten, eingerahmt von zedernartig ausladenden hohen Tujabäumen, das Haus unter Palmen. Heute wachsen auf ihrem Grund Bambus und Fleißige Lieschen, fliederartige und orange blühenden Bäume. Im Eukalyptus über ihrem Haus nisten die Webervögel, der Swimmingpool für ihre Gäste ist umpflanzt mit großen Trichterblumen, und blühende Hibiskushecken umrahmen die Häuschen, in denen ihre Gäste weilen: Ihr paradiesischer Garten im Regenwaldgürtel von Bolivien hat sich zu einem bescheidenen Alternativhotel erwachsen.

Aus der Not nicht nur eine Tugend, sondern eine Chance zu machen lehrt von unseren Beiträgen vielleicht am besten dieser letzte von Sigrid Fronius, die sich nicht scheute, für einen Garten 10.000 km weit auszuwandern. Angesichts globaler Entwicklungen wie der Beschleunigung der Zeit, der Vereinsamung durch Telearbeit oder der Uniformierung der gebauten Umwelt wird uns bewußt, daß wir doch aber auch Menschen mit Bedürfnissen nach Schönheit und vielfältiger Natur sind, als fast – oder wirklichen? – körperlichen Bedürfnissen. Und wahrscheinlich angesichts dieser merkwürdigen „Modernisierungsprozesse" entwickeln wir plötzlich eine neue Aufmerksamkeit für die Natur, die Gärten um uns herum: Wir erleben die Wiederkehr der Gärten in unserem Bewußtsein. Wenn wir uns diese Zusammenhänge klar machen, verstehen wir, daß die weltweite Selbstversorgerlandwirtschaft nicht einfach Rückkehr in eine „stone age economy", eine Steinzeit-Ökonomie ist, sondern eben vielleicht auch Rückkehr in jene Fülle und jenen Überfluß, die den Früchten der Natur und den schlichten Freuden des Lebens innewohnen, die Marshall Sahlins[9] zufolge eben kennzeichnend für die primitive Eigenversorgerwirtschaft der alten Gesellschaften waren.

Anmerkungen

1   BML-Wochenbericht, Bonn, 21.05.1999.

2   Helmuth Berking, Stadt und Land. Ein Denkbild verschwindet, *Ästhetik und Kommunikation*, Heft 106: „Land vermessen – Denkmalschutz für das Land?", 30.Jg., September 1999, S. 15-20.

3   Detlev Ipsen, Das ganze Haus – Zur Kontinuität des Vergangenen – Eine Skizze, in: Oikos – Von der Feuerstelle zur Mikrowelle – Haushalt und Wohnen im Wandel (Ausstellungskatalog), Gießen: Anabas Verlag, 1992, S. 32-36.

4   Heide Inhetveen, Fabrik in der Krise – Krise im Dorf?, *Pro Regio*, 1994, Nr. 14 , S. 17-28.

5   Hermann Kellenbenz (Hrsg.), Agrarisches Nebengewerbe und Formen der Reagrarisierung im Spätmittelalter und 19./20. Jahrhundert, Stuttgart: Gustav Fischer Verlag, 1975.

6   Elisabeth Meyer-Renschhausen, Bauern und Bäuerinnen aus städtischer Sicht, in: Günter Lorenzl (Hrsg.), Urbane Naturaneignung als agrarische Marktchance?, Berlin: Köster, 1996, S. 175-191.

7   Vgl. Ester Boserup, Die ökonomische Rolle der Frau in Afrika, Asien, Lateinamerika, Stuttgart: edition cordeliers, 1982.

8   Rainer Neef, Formen und soziale Lage der Schattenwirtschaft in einem Transformationsland: Rumänien, *Berliner Journal für Soziologie*, 9.Jg. 1999, Heft 3, S. 397-414.

9   Marshall Sahlins, Stone Age Economics, New York: APdine de Gruyter, 1972.

Elisabeth Meyer-Renschhausen

Vom Ackerbürgertum zur Schrebergartenkolonie: Verarmungs- und Reagrarisierungsprozesse in der Geschichte kleiner Landstädte Nordostdeutschlands

In den letzten Jahrzehnten rutschten uns in Westeuropa Landwirtschaft und Gemüsegärten so weit weg wie noch nie. Die Generation der heute 50-60jährigen strebte aus den biederen Vorortsiedlungen ihrer Eltern zurück in die Innenstädte. Die Umweltschutzbewegung focht gegen das „Eigenhaus-mit Garten"-Einerlei mit seinem breiartig Über-alle-Ränder-Quellen der Städte. Schrebergärten galten als Hort einer wenig weltoffenen Spießerkultur. Noch 1998 wollten sozialdemokratische Spitzenpolitiker in Berlin 61.000 Schrebergärten auf städtischem Grund und Boden der Finanzmisere opfern. Die Christdemokraten verteidigten das Kleingartenland. – Sind die Naturschützer den Zeiten hinterher, wenn sie das Sich-ins-offene-Land-hinein-Auflösen der Städte und die Verstädterung des Landes verhindern wollen? Sind die Christdemokraten die besseren Grünen, wenn sie sich in Berlin für den Erhalt der Schrebergärten einsetzen?

Unsere Irritation über die Paradoxien der momentanen Entwicklung speist sich aus unserer Unkenntnis der Geschichte. Im Gegensatz zu dem, was wir heute wissen, befaßte sich die sozialpolitische Debatte der letzten Jahrhundertwende ausführlich mit dem Phänomen Land. Man wußte, daß zur Not der Eigenanbau von Lebensmitteln zu einem menschenwürdigen Überleben verhelfen kann. Max Weber betonte, daß das Phänomen Stadt selbst nicht so einfach zu definieren sei. Untersucht man die Einkommensquellen, stellt sich heraus, daß Städter in den meisten Zeiten der Geschichte Ackerbürger waren. Der antike Städter war generell dadurch gekennzeichnet, daß er einen kleros oder einen fundus, ein volles Ackerlos hatte, also ein Ackerbürger war.[1] Im Mittelalter hatten viele Ortschaften Stadtrechte, obschon ihre Bürger zu neun Zehnteln Ackerbürger waren.

Verarmungsprozesse und Strukturwandel in der Wirtschaftsweise können etwa den Zerfall von Latifundien zugunsten der darauf arbeitenden Sklaven (Niedergang des römischen Reichs) und damit Reagrarisierungs- oder Agrarisierungsprozesse auslösen. Als die oberitalienischen Städte im 15. und 16. Jahrhundert ihre Waffen- und Brokatproduktion an die neuen Manufakturen in Brabant verloren, zogen ihre Bürger, zogen Florentiner und Venezianer also auf ihre Ländereien mitsamt ihren schönen Villen und begannen sich mit zunehmendem Erfolg der Landwirtschaft zuzuwenden. Das 17. Jahrhundert – von den italienischen Historikern als Jahrhundert der „Dekadenz" als Forschungsfeld gemieden -, war ein Jahrhundert des enormen Aufschwungs der oberitalienischen Agrarwirtschaft, besonders in der Lombardei und in Piemont. Bis Ende des 19. Jahrhunderts war Italien ein erfolgreiches Agrarland. Noch heute beziehen wir in Berlin Gemüse, Reis und Weine aus diesen von Städtern damals neu entdeckten ländlichen Gebieten Italiens.[2]

Derzeit stehen wir erneut vor einem Zeitenbruch. Wir können uns guten Gewissens nicht mehr einbilden, es gäbe „kein Zurück" in der Geschichte. Die Globalisierungsprozesse stoßen weltweit immer mehr Menschengruppen in eine drückende Armut und hängen sie vom Wohlergehen einer reicher werdenden Schicht ab. Ein zunehmend größer werdender Teil von Löhnen reicht nicht mehr zum Leben – besonders in den USA, wo zahlreiche Vollerwerbstätige die öffentlichen Lebensmittelverteilungen und Suppenküchen in Anspruch nehmen und kein Armer mehr den öffentlichen Nahverkehr noch bezahlen kann. Angesichts der neuen Immobilität der Verarmten gewinnen Stadtteil und Region an Bedeutung zurück. Angesichts der sich auf dem „platten Land" rasant ausbreitenden Erwerbslosigkeit gewinnen alle Handlungsräume, die ein „tätiges Leben" außerhalb des Arbeitsmarktes fördern, eine neue Bedeutung. Schattenarbeiten, Hausarbeiten und ländliche Subsistenzwirtschaften, kurzum die Kleinstlandwirtschaft in Stadt und Land zu fördern, wird daher auch bei uns – schon um des psychischen Überlebens der Dorfgemeinschaften und Gesellschaft willen – bald das sozialpolitische Anliegen Nr. 1 werden. Wer angesichts der erzwungenen Erwerbslosigkeit von mehr als 20 % der Berliner noch städtisches Schrebergartenland verhökern will, hat vergessen, daß gerade erzwungene Untätigkeit die Menschen aggressiv macht.

22

Der Fehler der Politik in der Wendezeit, die real existierende Nebenlandwirtschaft der DDR zu ignorieren und zu zerstören, vernichtet ebenso wie das jahrelange EU-geförderte Niedersubventionieren von Nebenerwerbs-Landwirtschaften vor allem Frauenarbeitsplätze.

Reagrarisierung ohne Landwirtschaft?

Die schnelle Angliederung der ehemaligen DDR an die Bundesrepublik brachte die landwirtschaftlich Beschäftigten zu 90 % um ihren Arbeitsplatz, ohne daß bislang irgendein nennenswerter Ersatz in Aussicht stünde. Die Menschen auf dem Land sind daher mehr noch als bisher auf die Landwirtschaft als einzige verbliebene Ressource verwiesen, mit der sie nun aber fast nichts mehr verdienen können.

Laut Agrarbericht der Bundesregierung verloren nach der Wende bereits innerhalb der ersten drei Jahre über 89 % der in der Landwirtschaft Beschäftigten DDR-Bürger ihren Arbeitsplatz.[3] Während in Westdeutschland bis heute noch knapp 3 % der Erwerbstätigen im Primären Sektor tätig sind, sind es in Ostdeutschland seither nur noch 1 %. Allerdings waren nicht alle „Genossenschaftsbauern" tatsächlich Bauern. Nur einige hatten Landwirtschaft gelernt oder studiert. Neben den in der ländlichen Produktion direkt tätigen Agrotechnikern, Rinderzüchtern – den Genossenschaftsbauern und Bäuerinnen im engeren Sinne – beschäftigten die Landwirtschaftlichen Produktionsgenossenschaften Handwerker, Verwaltungs- und Leitungspersonal. Die einzelnen Gruppen unterschieden sich hinsichtlich Altersaufbau, Geschlechterzusammensetzung, Qualifikation, Tätigkeitsbereich, Arbeitsbedingungen und Einkommen zum Teil stark voneinander. Nahezu alle Bewohner von Dörfern und Agrarstädtchen wurden zwecks Bestätigung der Errungenschaften der Revolution als „Genossenschaftsbauern" gefeiert.

Claudia Neu hat den Beschäftigungswandel in Ostdeutschland in einer Fallstudie am Beispiel von zwei Dörfern, mit jeweils zwei tier- resp. pflanzenproduzierenden Betrieben, je 100 km entfernt von Berlin, genauer untersucht. Aus den LPGen ist nach 1990 jeweils eine Agrargenossenschaft entstanden. 1989 waren 719 Menschen beschäftigt, fünf Jahre später noch nicht einmal mehr ein Fünftel von ihnen (16 %). Über die Hälfte der Genossenschaftsbauern wurden Rentner oder Vorruheständler. Ein Fünftel der Betroffenen ist arbeitslos. Die Gruppe der derzeit nicht Beschäftigen besteht zu zwei Dritteln aus Frauen, von den Männern unter 55 sind nur 19 % erwerbslos.[4] Bereits während der Zeit der DDR hatte man Schwierigkeiten, für die Landwirtschaft Nachwuchs zu bekommen, war also die „Klasse" der Genossenschaftsbauern relativ älter als die anderen Berufsgruppen. Daher mußten damals bereits Rentner auf den Landwirtschaftlichen Produktionsgenossenschaften arbeiten – die jungen Leute fehlten. Seit der Wende ist die Motivation zur Landwirtschaft unter ostdeutschen Jugendlichen noch stärker gesunken. Studierende der Landwirtschaft an der Berliner Humboldt-Universität stammen heute zu guten Teilen aus Westdeutschland.

Während die vorzeitig verrenteten Menschen sich zunächst als Wendeverlierer empfanden, sind sie heute angesichts der anhaltenden Krise zufrieden, überhaupt abgesichert zu sein. Auf dem Land empfindet man sich mit 60 Jahren als alt, viele haben aufgrund der schweren Arbeiten Probleme mit dem Rücken. Man akzeptiert, was man gesellschaftlich erreichen konnte und ist bereit, zu verzichten und unrealistische Hoffnungen zu begraben.[5] Für die vom Sozialismus wie Kapitalismus benachteiligten Landbewohner bleibt nicht sehr viel mehr als ein Hinnehmen des Schicksals.

In Gartz an der Oder samt Umlandgemeinden waren die Menschen vor der Wende in zwei großen Landwirtschaftlichen Produktionsgenossenschaften beschäftigt. 1990/91 verloren von 400 ehemaligen LPG-Beschäftigten fast alle ihre Anstellung. Zur Verbitterung der Mitglieder der ehemaligen LPG Pflanzenbau wurde die LPG Tierproduktion mit Gewinn aufgelöst, man zahlte sich aus, ein guter Teil der Genossenschaftler ging in den Vorruhestand. Die Pflanzen-LPG konnte als Agrar-GmbH gerettet werden, bietet heute aber kaum mehr als ein Dutzend Arbeitsplätze. Die wenigen Mitarbeiter der Agrar-GmbH haben ständig Angst, daß die ehemaligen Mitglieder der LPG Pflanzenproduktion sich auszahlen lassen könnten. Da die Agrar-GmbH ohne Kapitalstock arbeitet, wäre das der sofortige Ruin des Betriebes. Die Praxis der Treuhand, der Agrar-GmbH die Äcker nur jahresweise zu verpachten, empfinden Chefs und Mitarbeiter als diskriminierend, den Zwang, merkwürdige fiktive Schulden, die das DDR-Regime den LPGen auferlegt hatte, als wirkliche Schulden abbezahlen zu sollen, als schrei-

24

end ungerecht.[6] Angesichts der tausenderlei Schwierigkeiten, genug Land pachten zu können und passende Absatzmärkte zu finden, ist die Konkurrenz zwischen Agrar-GmbH und einzigem Wiedereinrichter am Ort, der im ehemaligen LPG-Stall eine Mutterkuhherde allein mit Hilfe eines Halbwüchsigen und eines Erwerbslosen hält, groß. Seine Frau kann ihm nicht helfen, zu schwere Arbeit im elterlichen Stall zu Kriegsende und später in der LPG haben ihr das Kreuz lädiert. Der Holländer, dem es in der Nachbargemeinde gelang, die meisten Ländereien aufzukaufen oder zu pachten, wird in der Gegend wenig geliebt. „Bezüglich der Landwirtschaft sind wir jetzt wieder im letzten Jahrhundert angekommen", meint die Frau des ehemaligen LPG-Vorsitzenden 1994 zu uns, „so wie es jetzt ist, war es in meiner Kindheit: Privateigentum und Kleinbetriebe."[7]

Die Nebenerwerbslandwirtschaft in der ehemaligen DDR

Was offiziell nicht wahrgenommen wurde und bis heute nahezu verschwiegen wird, ist die Tatsache, daß die letzte DDR-Regierung sich gezwungen sah, die Landflucht zu bremsen, indem sie den Genossenschaftsbauern das Betreiben einer privaten Kleinlandwirtschaft oder zumindest einen Garten zugestand. Diese private Nebenerwerbslandwirtschaft lohnte sich, da die DDR-Regierung die Abnahme der Produkte durch das Einrichten örtlicher Aufkaufstellen garantierte, und zwar zu hoch subventionierten festen Abnahmepreisen.[8] In zentrennahen Landstrichen wurde privat Obst und Gemüse angebaut − wie Barbara Rocksloh-Papendieck in Werder und im Havelland erfuhr[9] −, in peripheren Gebieten durch private Stallhasen-, Gänse- und Schweinehaltung erhebliches Geld verdient. Für die Menschen in den ostdeutschen Kleinstädten und Dörfern fehlt dieses reale Zweiteinkommen seit dem Beitritt 1990 fühlbar.

Das Zweiteinkommen war wichtig, denn die Löhne, die in der LPG-Landwirtschaft gezahlt wurden, waren niedrig. „Den Leuten hier ging es nicht gut" sagt mir Sigmar, ein vielleicht 55jähriger Gartzer, 1996 beim Interview in seiner Scheune.[10] Viele Ortsbewohner hielten daher ihren Hofbetrieb auch nach 1960 aufrecht, als die Vollbauern zum Beitritt in die LPG gezwungen wurden. „Wir hatten das Vieh ja zuerst noch bei uns zuhause, dazu ein, zwei Kühe, zum persönlichen Gebrauch, die noch unsere waren", berichtet mir Frau Danzig, aber das war – als ihr Mann dann schon in der LPG war – auf die Dauer für sie allein zu schwer, 1965 verkauften sie die Kühe nach Angermünde.[11] Wie früher um 1900 sich die Landarbeiter „Ostelbiens" weitgehend vom Selbstangebauten ernährten, behielten die Gartzer nach LPG-Gründung ihre Nebenwirtschaft bei, um ihre Versorgung zu sichern. Das Uhrmacherpaar im Städtchen hielt bis zur Wende Schweine, Hühner, Gänse. Erst seitdem beschränkt es sich auf die Hundezucht. Der heutige Amtsleiter hielt Schweine. Aber vor der Wende brachte insbesondere die private Kaninchen- und Schweineaufzucht und die Geflügelhaltung im Garten richtiges Geld. Auch der privat betriebene Tabakanbau brachten den Menschen der Region einigen Verdienst. Diese Nebenerwerbslandwirtschaft brachte den LPG-Mitgliedern ein reales Zweiteinkommen, erst diese Nebeneinnahmen garantierten einen angemessenen Lebensstandard.

Für die Nicht-Hausbesitzer wurde um 1980 immerhin eine Kleingartenkolonie hinter den Scheunen eingerichtet. Generell ist das Ortsbild von Gartz bis heute von den Gärten geprägt, so wie Gärten bis 1850 für die Innenstädte in Nord-, aber auch Süddeutschland und dem Mittelgebirgsraum typisch waren. Manche der innerstädtischen Gärten rund um die große, nur halb wieder aufgebaute Kirche, werden von ehemaligen Flüchtlingsfrauen betrieben, die 1945 mit ihren Kindern in die halbzerstörten Höfe der Gartzer Innenstadt zogen, die die Alteinwohner verlassen hatten, als sie vor der Front nach Schleswig-Holstein flohen. Zwischenzeitig waren vor allem die innerstädtischen Nutzgärten der Alten und „Ringeschnichten"[12] gefährdet, erhofften Bauvorhaben zu Opfer zu fallen, zumindest, wenn es nach den Maßgaben der Planer gegangen wäre. Wie überall ist es auch in Gartz die Opposition im Stadtparlament, die die Kleingärten verteidigt, in Gartz ist das die PDS.[13]

Blick aus der Oderniederung auf die Stadt Gartz

„So'n Acker Tabak", informiert mich Herr Wilhelm aus dem Bauamt lebhaft, „das brachte doch so ein paar hundert Mark im Jahr zusätzlich, das war vor der Wende nicht wenig."[14] Ein Zentner Tabak brachte damals 450 Mark, ein Schwein fast 1.500 Mark und ein Kaninchen bis zu 60 Mark, Preise, an die heute nicht mehr zu denken ist. Bis zur Wende hatten Herr Gerdes und Frau Meyer 30 Hühner und 20 Kaninchen, heute nur noch fünf Hühner und fünf Stallhasen, denn während man bis 1989 50 Mark fürs Kanickel bekam, sind es heute nur noch 15 DM, berichten sie uns im Sommer 1996. Herr Gerdes baute fünf Jahre lang auf einem halben Morgen Land Tabak an und bekam dafür um die 2.000 Mark im Jahr zusätzlich heraus. Tabakanbau war und ist zwar viel Arbeit, besonders arbeitsintensiv sind die zwei heißen Sommermonate, die die Pflanzen bis zur Ernte brauchen. Die ganze Familie mußte mithelfen: „Nach der Arbeit die Frau hinten auf's Moped und dann ging's los. Auch die Mädchen mußten mithelfen."[15] Insgesamt braucht der Tabak vom Pflanzen bis zum Trocken neun Monate.

27

Nach der Wende ging die Kleinstlandwirtschaft in Gartz stark zurück, „es lohnt nicht mehr", kein HO-Laden kaufe Kaninchen und Schweine ab, sagten uns unsere Informanten 1994.[16] Die Mitte der 90er Jahre noch aktiven Kleinlandwirte sind entweder Rentner, die sich selbst als „Hobbybauern" bezeichnen, oder Frauen, die ihren Erwerbsarbeitsplatz verloren haben.

Als ich 1994 mit der ersten Seminargruppe von der Freien Universität aus Berlin nach Gartz kam, war der Tabakanbau daher bereits fast zum Erliegen gekommen, nur noch in den Umlanddörfern gab es einige kleinere Tabakfelder. Der Tabakanbau wurde allgemein totgesagt, „Bremen" nähme ihn nun nicht mehr. Vor 1989 hatte der Tabakanbau der Familie Walter im Jahr sogar zusätzliche 5.000-6.000 Mark gebracht, 1995 waren es aber nur noch 2.000-2.500 DM, sie gaben ihn daher 1996 auf.[17] Aber gleichzeitg fingen in den Nachbarorten wie Friederichsthal andere mit dem Tabakanbau schon wieder an. Sind Acker, Scheune und eine große Familie vorhanden, die zum Ernteeinsatz bereit ist, lohnt sich der Tabakanbau wieder. Man baut jetzt eine anspruchsvollere Sorte an, die zwar mehr Arbeitskräfte erfordert, aber besser verkauft werden kann, nun, da es keine staatlich organisierte Abnahme mehr gibt. Der Tabakanbau spiele jetzt wieder eine erhebliche Rolle in der Region, bestätigt 1996 auch der Amtsleiter.[18]

So nutzen die Provinzbewohner, die durch die Wende aus dem Erwerbsleben verdrängt wurden, wie vorher unter der Herrschaft des Sozialismus, ihre besonderen ländlichen Ressourcen. Das Vorhandensein von einigen Äckern und den dazugehörigen Gebäuden, und das Bestehen relativ intakter Verwandtschaftsnetze oder anderer soziale Netzwerke ermöglichen auch heute wieder Eigenarbeiten und Zusatzverdienste.

Von der Schattenwirtschaft zur „weiblichen Ökonomie"

Die Kleinlandwirtschaft in der Provinz der ehemaligen DDR war vor der Wende eine inoffiziell-offizielle Schattenwirtschaft, fester Bestandteil einer heimlichen Sozialpolitik. Seit der Wende sind Kleinlandwirtschaften und Gärten erwerbsloser Frauen oder von Hobbybauern mit Rentenbezügen eine soziale Tatsache, die nicht unerheblich zur Lebendigkeit der betroffenen Ortschaften beiträgt, ohne daß das von der heutigen Sozialpolitik bereits anerkannt worden wäre.

1996 kamen wir, eine Seminargruppe von der Landwirtschaftlich-Gärtnerischen Fakultät der Humboldt-Universität in Berlin, auf unserer Exkursion in Gartz mit Frau Walter im letzten Haus vor dem Naturschutzgebiet ins Gespräch. Seit sie erneut erwerbslos ist, betreibt sie ihren kleinen Hof wieder, aber diesmal mehr oder minder allein, da Mann und Tochter Arbeit haben. Sie hält Enten, Gänse und Schweine und hat einen Obstgarten, aber bedeutend weniger als vor der Wende „man wird nichts mehr los, weil die Leute alles küchenfertig haben wollen".[19] Im Scheunenviertel bestellt die Familie zudem 1 ha Mais und 1 ha Pachtland mit Weizen. Der Gemüseanbau geschehe allerdings nur noch in „den Dimensionen von Suppengrün", meint sie, weil ihr Mann von seinem heutigen Arbeitgeber – im Gegensatz zu den Gepflogenheiten in der LPG ehedem – nicht mehr frei bekomme und also nur noch an den Wochenenden „für schwere Maschinenarbeiten" zur Verfügung stehe. Frau Walter wäre gerne wieder berufstätig, da es ihr Freude macht, unter Leuten zu sein, aber sie zeigt mir bei meinem Besuch im Spätsommer 1996 auch stolz ihre Schweine. Zum Garten hat sie allerdings kaum noch Lust, da jetzt eine Tüte Gurkensamen 2,50 DM kostet. Unser Interesse für ihre Arbeiten auf dem Hof versteht sie als Bestätigung ihrer Wirtschaft: „Sie können immer wieder kommen!" Auf die Frage, warum sie diese Art der Betätigung gewählt hatte, meint sie: „Woll'n sagen, wir sind es so gewohnt". Außerdem – darin war sie sich mit anderen Kleinlandwirten und Gartenbetreiberinnen einig – „schmeckt es einfach besser".

Die Anerkennung der Kleinstlandwirtschaft ist nicht selbstverständlich. Die Nebenerwerbslandwirtschaft wird nicht für voll genommen, weil ihre Betreiber ihr Haupteinkommen von anderer Stelle beziehen und nicht ausschließlich davon leben müssen. Die Kleinbauernwirtschaft gilt, weil sie „Flächen belegt", sogar als störend, informiert mich Sigmar. In den letzten 20 Jahren wurden unzählige Kleinbauern im Westen zum Aufgeben getrieben. Erst jetzt, nachdem fast alle Kleinsthöfe verschwunden sind, machen die Politiker in Brüssel eine Kehrtwendung und schließen aus Umweltschutz- und Landschaftsschutzgründen Kleinbetriebe von den Zuwendungen aus den EU-Töp-

fen nicht mehr völlig aus. Daß die Kleinlandwirtschaft als Frauenarbeits-
bereich gewisse Tradition hat, erfuhren wir für die Bundesrepublik
erst wieder durch die Studie von Heide Inhetveen und Margret
Blasche.[20] Kurz vor und nach dem I. Weltkrieg war diese Tatsache von
der damaligen Frauenbewegung und der daraus entstehenden damaligen Frauenforschung schon einmal festgestellt worden.[21]

In Gartz existierte ein Selbstversorger-Ackerbürgertum bis 1960.
Nachdem nach der Kollektivierung bis dahin selbständige Ackerbürger
und Bauern aus den Dörfern in den Westen abgewandert waren, lock-
te die DDR-Regierung in den 60er Jahren mit der Aktion „Arbeiter
auf's Land" Fabrikarbeiter durch den Bau von Einzelhäuschen mit großem Garten in die Landwirtschaftsbetriebe. Der Bau der kleinen Häuser war so angelegt, daß private Kleinstlandwirtschaft für den Eigenbedarf möglich war. So wurde etwa ein Bergarbeiter aus Thüringen
LPG-Arbeiter in Gartz, nicht nur, weil er nicht weiter unter Tage arbeiten wollte, sondern vor allem auch, da seine Frau aus Stettin stammte
und beide die Gegend schon kannten.

Tatsächlich hat in der Uckermark und in Vorpommern die
Subsistenzlandwirtschaft der Landarbeiter Tradition. Die eigene Kuh,
Schweine, Gänse und Kartoffelacker garantierten noch um 1900 eine
gewisse Selbständigkeit und ein entsprechendes Selbstbewußtsein unter Landarbeiterfamilien, wie Max Weber es vor allem für die sogenannten Instleute Ostelbiens beschrieb.[22] Betrieben wurde diese kleine „Nebenwirtschaft" vor allem, wenn nicht ausschließlich, von den
Frauen.[23] Bei der Umstellung auf eine reine Geldentlohnung der Landarbeiter, verloren die Landarbeiterfrauen mit ihrem Kleinsthof ihre
relative Selbständigkeit und ihren Arbeitsplatz.

Der Kleingarten als Füllhorn und Refugium

Im Kern bestand die nordostdeutsche Landarbeiter-Kleinst-
landwirtschaft schon um 1900 aus einem Garten, Rechten auf Ackerland
zwecks Hackfruchtanbau und Weiderechten oder Futter für die Tiere. Und
Gärten sind noch heute ein wichtiger Grund, auf dem Land zu wohnen.
Statistisch haben 70 % der auf dem Land Lebenden einen Garten (Bundesrepublik 1986). In Ostdeutschland besaßen sogar 59 %, also 7,7 Mil-
lionen einen Garten, von denen fast 90 % vor allem Nutzgärten

30

waren.[24] Sehr viel weniger Gärten existieren in Gartz, wo nach 1945 überhaupt kein Geld mehr hinkam, alle Förderung ging in die 20 km südlich gelegene Industriestadt Schwedt. In Gartz wohnen heute nur ungefähr 50 % der Menschen in eigenen Häusern, zu denen Gärten gehören. Die anderen Gartzer wohnen in Mietshäusern. Nur für ein Fünftel von ihnen gibt es Kleingärten hinter den Scheunen im Scheunenviertel.

Die Gärten in Gartz, die wir uns im Rahmen unseres Seminars 1996 genauer angesehen haben, sind entweder Hausgärten oder liegen auf innerstädtischen Brachen mitten in der Stadt, zwischen Stadtmauer und Wall oder an der Oder, oder befinden sich in der Kleingartenkolonie und am Stadtrand. Die Gärten haben mindestens 40 % Nutzfläche, meistens sind es erheblich mehr. Weniger als die Hälfte haben einen − für reine Erholungsgärten typischen − Sichtschutz und waren erheblich größer als 600 qm, die Kleingärtnern zugestanden werden. Es handelte sich also um traditionell-ländliche Nutzgärten und keine urbanen Ziergärten. In der Tradition der Bauerngärten der letzten 100 Jahre haben sie fast alle auch „was für's Auge" − Blumen wie Dahlien, Gladiolen, Astern oder Sonnenblumen.

Bei der Erhebung 1996 waren wir über die soziale Intaktheit der Schrebergartenkolonie erstaunt, die Kolonisten pflegen ihr Gemeinschaftswesen wie ehedem. Hier gibt es, im Gegensatz zu dem, was uns aus der Kleinlandwirtschaft berichtet wurde[25], keinen Einbruch an nachbarschaftlicher Hilfsbereitschaft. In der Gartenkolonie hinter den Scheunen betreibt das Rentnerpaar Müller seinen malerischen Koloniegarten in klassischer Arbeitsteilung, sie macht die Blumen und er die Gemüsebeete. Hinten im Garten ist der Komposthaufen. Zusätzlich bekommen sie Mist vom Sohn, der in einem 10 km entfernten Dorf noch ein paar Schweine hält und mit seinem Mist nicht nur sie, sondern auch die Nachbargärten in der Kolonie versorgt. Der Garten bringt bei weitem nicht genug Kartoffeln für die weite Verwandtschaft hervor, die sich im Garten trotz winziger Laube zu vielen Festen trifft, Pflanzen austauscht und Küchentips weitergibt.[26] „Ich kaufe nichts!", sagt Frau Müller entschieden, „alle Stecklinge ziehe ich selbst oder wir tauschen sie hier untereinander. Wir sind hier eine ganz gute Truppe in diesem Gang!" Sie erklärt mir, welche Beete dem Nachbarn gehören, der − alleinstehend − bei ihnen in ihrem Garten mitmacht und beschenkt mich mit Astern, Dalien und Kräutern.[27]

31

Gärten inmitten der Stadt

Schräg gegenüber betreiben die erst vor 20 Jahren Zugezogenen ihren Garten ebenfalls in klassischer Arbeitsteilung: er macht die schweren Umgrabe-Arbeiten und sie alles andere. Als ich im Herbst 1996 durch die Kolonie wandere, zeigt mir die Koloniegärtnerin stolz ihre Zwiebel-, Kohl- und Kartoffelernte und zwingt mir, obwohl ich mich etwas geniere, es anzunehmen – begeistert von der Fülle ihrer wohlriechenden Ernte – einiges aus ihrem großen Vorrat auf.[28] In den Kleingärten finden wir diverse Arten Arbeitsteilung zwischen den Geschlechtern – alle Varianten sind in der Kolonie vertreten, aber in den meisten Fällen sind die Frauen die aktiveren Kleingartenbetreiberinnen. Die Männer machen die schweren Erdarbeiten und überlassen den Rest ihren Frauen. Wenn aber die Männer erwerbslos oder Frührentner sind oder etwa als Lehrer und in anderen Berufen aus den klassischen Rollenschemen herausfallen, können sie, ohne ihrer Ehre einen Abbruch zu tun, auch alle anderen Arbeiten in den Gärten übernehmen.

Unfreiwillig beschenkt, wird mir klar: die, die geben, sind es, die soziale Beziehungen herstellen und dominieren. Wenngleich die informelle Ökonomie der Gärten eine „weibliche", geldlose ist: Hier bestimmen die Frauen, über das Verschenken und Tauschen knüpfen und erhalten sie soziale Beziehungen.

Gärten gehören zum informellen Teil der Ökonomie als Erweiterung der Hauswirtschaft. Es wird nicht für den Verkauf produziert, sondern für die Küche und zum Bekräftigen der Freundschafts- und Familienbande. Gärten sind – so scheint es – Grundstock dessen, was heute als Tauschringökonomie neu diskutiert wird und vom „Bayrisch-Sächsischen Zukunftsbericht" als Ersatz für die verflogene Erwerbsarbeit als sinnstiftende Eigenarbeit empfohlen wird.[29] Die informelle Gartenökonomie ist heute Ausdruck einer Reagrarisierung ohne Landwirtschaft, der Regionen wie die nördliche Uckermark seit der Wende unterliegen.

Städtische Landwirtschaft in der Geschichte der Uckermark

Der Ortsname Gartz ist slawisch und nicht ganz selten, er entspricht dem steirischen Graz oder der osteuropäischen Ortsnamenssilbe „-grad" (Belgrad) oder „-gorod" (Nowgorod). Er bedeutet soviel wie Burg oder befestigte Anlage oder Wall. Es handelt sich um ein indoeuropäisches Wort, das ursprünglich einfach Hecke, Zaun, Hof, Hag bedeutete und zu dem Wortstamm gehört, dem auch unser Wort Garten oder – englisch – garden entstammt. Urkundlich erscheint Gartz erstmals 1236 und 1243 als slawische Burg, neben der sich bereits ein Marktflecken entwickelt hatte; es wurde 1249 vom Stettiner Herzog Barnim I. mit dem Magdeburger Stadtrecht beliehen.[30]

Der Ort entwickelte sich zu einer Handelsstadt, die am allgemeinen Aufschwung im Odermündungsgebiet teilhatte. Im 13. und 14. Jahrhundert war Gartz reich, seine Bürger verdienten am Getreidehandel und hatten nach dem Magdeburger Stadtrecht das Getreidemonopol und die Zolleinnahmen für die Region. Mit dem Nieder-

gang des 1356 gegründeten Hanse-Bundes (ab 1494 infolge Schließung des Hansekontors in Nowgorod, Entdeckung der neuen Welt,
Niedergang der Hanse in Brügge und London, Abschließung des Hanse-
gebiets gegen äußere Konkurrenten) verlor seit dem 15. Jahrhundert
auch Gartz seine Bedeutung. Ärchäologische Untersuchungen erbrach-
ten einen Einbruch beim Verwenden von Baumaterialien im Hausbau
nach der Pest im 15. Jahrhundert: statt massiver Steinbauten beherrschte
nun die vergleichsweise billigere Fachwerkbauweise das Bild.[31]

Nach dem Ende der Hansezeit, der Pest und den zahlreichen
Zerstörungen vor und während des 30jährigen Kriegs gewann Gartz –
wie zahlreiche andere Städte Norddeutschlands – die alte Bedeutung
nie mehr zurück: Gartz unterlag seither in mehreren Wellen Reagrari-
sierungsprozessen. Das nie ganz verschwundene Ackerbürgertum gewann erneut an Bedeutung.

Das galt für die ganze Region. Schloßkataster von 1567 weisen
die ökonomischen Strukturen der nordbrandenburgischen Städte
Prenzlau, Templin und Angermünde aus. Sie besagen, daß in Prenzlau,
der Hauptstadt der Uckermark, im 16. Jahrhundert Ackerbau und Brau-
en die „vornehmste Nahrung" der Bürger war. Auch noch im 18. Jahrhundert ist die Landwirtschaft die „Hauptnahrung" der Prenzlauer,
die ihre Produkte auch verkaufen.[32] Auch diejenigen Stadtbürger, die
keine Vollerwerbsbauern waren, betrieben den Landbau zur Eigenversorgung.[33] Im 18. Jahrhundert konnte man in der Uckermark Gemüse
auf dem Markt kaum verkaufen, alle hatten Gärten und darin ihr eigenes Gemüse.

Im 16. Jahrhundert, genau 1567, gehörten in Prenzlau den
Bürgern gemeinsam 211 1/2 Hufen[34] auf der Altstädter und 25 1/2
Hufen auf der Neustädter Mark. Der Ackerbau war ertragreich, aller-
dings erforderte der schwere Boden vier Pferde pro Pflug. Die Bürger
bewirtschafteten ihre Hufen teils selbst, teils verpachteten sie sie an
Einwohner ohne Stadtrechte. „Dadurch hatten auch nicht bürgerliche
Einwohner die Möglichkeit, sich durch Bebauung von ‚Miethufen'
Einkünfte zu verschaffen. Der Prenzlauer Rat untersagte 1583 nur, Be-
sitz auf der Stadtfeldmark an Auswärtige zu veräußern. Denn auf dem
Hufenbesitz beruhten die bürgerlichen Lasten und Pflichten, zum Beispiel der Wachdienst."[35]

Festzuhalten ist, daß die meisten Bürger zumindest nebenbei

Acker- und Gartenbau betrieben, wo nicht im Haupt- so doch im Nebenerwerb. Die Arbeitstage dieser Bürger waren kaum leichter als jene der Bauern und vermehrten sich, als der Steuerdruck zunahm. Das war so vor dem 30jährigen Krieg und danach weiterhin. Auch später blieben die Städte arm. Wie etwa im Städtchen Strasburg im äußersten Norden Brandenburgs, wo 1728, wie es in den Chroniken hieß, „91 Ackerleute ausschließlich Landwirtschaft" betrieben, 56 Tagelöhner lebten teilweise vom „Tabactragen", gegenüber 196 als Gewerbetreibende eingetragenen, Schneider, Schuster usw., die wahrscheinlich alle auch ihre Nebenbeilandwirtschaft hatten.[36] Ackerbau und Viehzucht blieben bis ins 20. Jahrhundert auch in den größeren Städten der Uckermark wichtigster Erwerbszweig der Bürger. Die anderen Bürger sahen zu, daß sie wenigstens zu einem Garten kamen. Als die Nachfrage nach Gartenland im frühen 18. Jahrhundert immer größer wurde, wurden 1732 in Strasburg und Angermünde die Wälle rund um die Stadtmauer geschliffen und zu Bürgergärten gemacht. Sie gingen an diejenigen Bürger, die die „wüst gefallenen Hausstellen" wieder aufgebaut hatten.

Bis Mitte des 19. Jahrhunderts besaßen die Ackerbürger den Boden gemeinsam, und waren dafür zu Genossenschaften, den sogenannten Baugewerken, zusammengeschlossen. Ab dem 18. Jahrhundert mußten diese Ackerbürger-Genossenschaften sich für ihre Weiterexistenz aktiv einsetzen. 1702 verteidigten die Ackerbürger in der Kleinstadt Zehdenick ihre „Wruh", ihre öffentlichen Versammlungen, erfolgreich gegen den „Amtsmann", der sie aus dem Rathaus zu verdrängen suchte. 1747 konnte die Wruh immer noch des Sonntags abgehalten werden und fand weiterhin auf dem Rathaus statt.[37]

Vom Wohlstand der Ackerbürger

Reagrarisierungsprozesse bedeuten keinesfalls immer nur oder ausschließlich „Rückschritt" oder „Rückfall". In der frühen Neuzeit, im 18. und im 19. Jahrhunderts ließ sich mit Landwirtschaft in Stadt und Land recht gut verdienen.

Gartz liegt am Übergang zum kontinentalen Klima Osteuropas, sein Klima ist im Vergleich zum niederschlagsreicheren Westen Brandenburgs recht trocken und warm. Entsprechend zum Aufschwung der uckermärckischen Landwirtschaft im Verlauf des 18. Jahrhunderts gewann auch Gartz ab 1740 mit anziehenden Getreidepreisen und Florieren des Tabakanbaus (Freigabe des Tabakhandels 1787) ständig an Bevölkerung. Im 18. Jahrhundert waren nämlich durch Friedrich I. Hugenotten acht Kilometer südlich von Gartz in einer Kolonie, Friedrichsthal, angesiedelt worden. Sie hatten aus Frankreich den Tabak mitgebracht, der im feuchten Odergebiet mit seinen heißen, taureichen Sommern ohne viel Regen gut anzubauen war. Der Tabakanbau war daraufhin auch von den Gartzer Bürger übernommen worden. So war die Stadt 1860 reich und hatte 4.550 Einwohner. Innerhalb der Stadt bewohnten die Bürger nicht einfach nur Häuser, sondern sie besaßen Höfe. 1862 hatte Gartz in der Innenstadt 399 private Häuser mit 1.344 Ställen, Wirtschaftsgebäuden, Scheunen und Futterbuden.[38]

Für das Trocknen der Tabakblätter wurden unmittelbar außerhalb der Wallanlagen große Scheunen gebaut, manche davon in einer besonderen Prunkbauweise. Erst Ende des 19. Jahrhunderts verlor die Stadt mit verfallenden Getreidepreisen und allmählichem Niedergang des Tabakanbaus auch wieder an Einwohnern[39]. In den 1920er Jahren verdienten viele Gartzer etwas dazu, indem sie das Heu von den Oderwiesen zwischen den beiden Oderarmen in der nahegelegenen Großstadt Stettin als Pferdefutter an Fuhrunternehmer verkauften, andere unterhielten Ausflugslokale für die Sommerfrischler aus dem nahe gelegenen Stettin. 1945 hatte die Stadt immer noch 82 Ackerbürger, berichtet der Ortschronist Hermann Nase.[40] Noch heute erinnert das Sprechen vom Hof statt einfach vom Haus an die ackerbürgerliche Tradition der Gartzer.

Seit 1945 ist Gartz von der Geschichte „abgehängt", denn die Grenze zu Polen führt eben hier entlang der Oder. Gartz verlor die Bezugsstadt Stettin und damit seine Funktion als Ausflugsort für die Stettiner. Es blieb nur noch die Landwirtschaft, Gartz wurde zum reinen Agrarort. Es fehlte an Geld, um die vielen im Krieg zerbombten Gebäude wieder aufzubauen. Bis heute ist die Stadt geprägt von großen Brachflächen, von denen im Sommer manche als freundliche Gärten das Stadtbild bestimmen.

Garten in einer der neueren Siedlungen

Fazit

Die heutige Debatte von der Notwendigkeit, angesichts der Erwerbslosigkeit Eigenarbeit aufwerten zu müssen, sollte die traditionellen Möglichkeiten dazu in Kleinlandwirtschaften und Gärten mehr berücksichtigen.

Nach der Wende waren die von uns 1994 interviewten „Umschülerinnen", also erwerbslose Frauen, die im Rahmen einer vom Arbeitsamt finanzierten „Umschulungsmaßnahme" ein Jahr in einem quasi-Beschäftigungsverhältnis steckten, illusionslos. Sie wußten, daß sie hinterher keine „Folge-Anstellung" bekommen würden. „Wir sind hier am Ende der Welt", sagten sie uns. Sogar die Teilnehmerinnen in einem EU-geförderten Vorzeigeprojekt „Dorfberaterinnen in der Uckermark" reagierten auf die Zumutung der meist vorgeblichen „Umschulungsmaßnahmen" ohne Aussichten auf anschließende Anstellungen aggressiv und blockten anfangs sogar hier gegenüber dem Weiterbildungs-Team, das sich diese Weiterbildungs-Unternehmung ausgedacht hatte, in der ausnahmsweise immerhin wirklich etwas zu lernen war. Erst gegen Ende der „Maßnahme" waren sie versöhnlicher, als sie mit ihren lokalen Aktivitäten, die vom Wiedereinrichten von Jugendzentren bis zur Altenbetreuung reichten, Anerkennung erlangt hatten.[41]

Auch in Gartz haben sich Ende der 90er Jahre, zehn Jahre nach der Wende, die Rührigeren wieder gefangen. Die, die immer schon viel gearbeitet haben und außerhalb des Berufs in der Familie, in Haus und Hof resp. Garten tätig waren, sehen, wie sehr sie etwa gegenüber den Menschen jenseits der Grenze in Polen, vergleichsweise gut abgesichert sind. Viele Frauen ergreifen die Nachwende-Entwicklung als Chance zu selbstbestimmer Eigenarbeit nach eigenen Fähigkeiten und Bedürfnissen. Frau Müller aus der Schrebergartenkolonie mußte sich wie viele andere vorzeitig verrenten lassen und nutzt die Zeit, die sie nun hat, um täglich nicht nur für ihren Mann, sondern für eines ihrer Enkelkinder und einen alleinstehenden Nachbarn zu kochen. Sie nimmt ihren Söhnen die Enkel ab, wann immer es nötig ist. Sie sammelt Kleidung und Möbel für eine alleinstehende Mutter jenseits der Grenze in Polen, die ihre Familie vom kargen Verkäuferinnenlohn nicht ernähren kann, und freut sich, daß Ehemann und Nachbarinnen ihr dabei helfen. Bei jedem Fest im Ort ist sie dabei, vermittelt, hilft, feiert mit, jeder kennt und alle mögen sie. Garten, Haushalt und soziales Engagement bindet sie in ein aktives, selbstbestimmtes Leben vor Ort ein. Der Garten ist Ergänzung zu der wenig geräumigen Wohnung, und er ist neben der Küche, wo sie lieber große Töpfe für viele als kleine für nur wenige auf dem Herd hat, Zentrum ihrer sozialen Aktivitäten. „Ohne ihn [ihren Garten, E.M.-R.] könnte ich nicht", meint sie nachdenklich zu mir, wohl auch deshalb weil sie von Kindesbeinen an, die Nebenerwerbslandwirtschaft, der Vater war Fischer, gewöhnt ist.[42]

Die Krise schafft Raum für das Wahrnehmen-Können von bisher übersehenen Möglichkeiten. Die Eigenarbeit ist keinesfalls als simpler Ersatz für verloren gegangene bezahlte Tätigkeit zu begreifen, sie kann daher auch nicht von außen aufgezwungen werden. Auch Empfehlungen wie im Bayrisch-Sächsischen Zukunftsbericht, Eigenarbeiten wieder aufzuwerten, können sich höchstens an die Adresse der Politiker, Planer, Manager und Vollbeschäftigten richten, nicht aber an die Erwerbslosen, die das, wie die Reaktionen der BürgerInnen der ehemaligen DDR in Umschulungs- und Weiterbildungsmaßnahmen zeigen, als anmaßend empfinden. Erwerbslosen kann man kreativen Umgang mit Arbeitslosigkeit allenfalls vorleben. Eigenarbeit ist bewußtes Selbertun, ist Tätigkeit nach eigenem Kopf, nach eigenem Konzept, mit den eigenen Möglichkeiten im Rahmen der eigenen Gruppe für sich und diese direkte soziale Bezugsgruppe. Als solche beinhaltet sie alle Chancen für den einzelnen wie für die Gemeinde und die Gegend. Die Eigenarbeit wertet das Leben in der Region wieder auf, denn sie geschieht im direkten Austausch und Kontakt mit den Menschen am Wohnort. Vermehrte Eigenarbeiten unterstützen daher den örtlichen Austausch als vor allem soziales Miteinander als Voraussetzung für das materielle Leben in der Gegend. Die regionale Eigenversorgung, und das erfahren die Leute ganz besonders in der Kleinlandwirtschaft und im Garten, fördert das Gefühl für die Sinnhaftigkeit des Tuns, in dem es in überschaubaren Lebens- und Arbeitsverhältnissen auch ein klares Wissen um Reichweite und Begrenzung der Beeinflußbarkeit von sozialen und natürlichen Umgebungen schafft.[43] Eine sinnvolle lokale Sozialpolitik muß daher primär auf die Erhaltung und Förderung des „sozialen Kapitals" der kommunalen Gesellschaften zielen – als Gegengewicht gegen die psychiatrisierenden Erfahrungen von Arbeitslosigkeit, Armut und sozialer Ausgrenzung. Die aktive Sozialpolitik muß den Menschen Perspektiven und Handlungsoptionen jenseits des Festhaltens an überkommen gesellschaftlichen Leitbildern liefern und das beinhaltet auch – zumal auf dem Land – das kommunale Verfügbarmachen von Gartenland für alle, die es wollen. Der Bundesregierung in Berlin wäre wohl zu raten, 100 Jahre nach dem von Max Weber schon beschriebenen Niedergang der Rittergutswirtschaften dafür Sorge zu tragen, daß in Ostdeutschland ebenso vielen Menschen Grundbesitz ermöglicht wird wie im Westen[44] und Nachhaltigkeitsprogramme konsequent mit dem Fördern menschenwürdiger Lebens- und Arbeitsbedingungen für die kleine wie größere Landwirtschaft verbunden würden.

Anmerkungen

1   Max Weber, Wirtschaft & Gesellschaft, Tübingen: J.C.B. Mohr/Siebeck, 1922, S. 517.

2   Peter Hersche, Deindustrialisierung und Reagrarisierung in Oberitalien im 17. Jahrhundert, Journal für Geschichte, Juni 1987, S. 12-23.

3   Agrarbericht der Bundesregierung 1996, S. 10. Statistisches Bundes-

amt, Wiesbaden, Sonderreihe mit Beiträgen für das Gebiet der ehemaligen DDR, Die Arbeitskräfte in der Landwirtschaft 1949-1989, H.26, 1995, S. 14: Demnach waren 1989 876.959 Personen ständig in der Landwirtschaft beschäftigt, 1995 nur noch 157.100.

4   Claudia Neu, Wege aus der sozialistischen Landwirtschaft. *Pro Regio*, Nr. 18/19, 1996, S. 4ff.

5   Pierre Bourdieu, Die feinen Unterschiede, Frankfurt am Main, 1982.

6   Gespräche in Gartz mit Sigmar (Name geändert) am 5.7.1996 und 3.11.1996. Die Namen der Interviewparternerinnen wurden von mir, E.M.-R., geändert. Soweit nichts anderes vermerkt ist, wurden die Interviews von d.V. durchgeführt.

7   Interview von Meike Früchtenich und Mareile Zech am 6.7.1994.

8   Albert Herrenknecht, Das sozialistische Dorf, Die DDR-Dorfgeschichte von 1961 bis 1989, *Ästhetik und Kommunikation*, 30.Jg., September 1999, S. 26-35.

9   Barbara Rocksloh-Papendieck, Verlust der kollektiven Bindung – Frauenalltag in der Wende, Pfaffenweiler: Centaurus, 1995.

10 Interview in Gartz am 3.11.1996, Name geändert.

11 Interview in Gartz am 25.7.1996, Name geändert.

12 Ausdruck aus dem rheinischen Platt, die deutschen Siedler dieser Gegenden kamen im 12. Jahrhundert aus dem Rheinland.

13 Interview mit Herrn Mertens in Gartz am 13.2.97 (Name geändert).

14 Gespräch im Bauamt am 6.7.1994 und zu späteren Gelegenheiten. TeilnehmerInnen der Seminar-Exkursion vom 4.7.1994 bis 7.7.1994: Hartwig Berger, Bianca Brohmer, Meike Früchtenich, Nathalie Groß, Kati Ihde, Henning Marten, Nadja Messeschmidt, Elisabeth Meyer-Renschhausen, Denise Notter, Manuela Liske, Uta Rüdel, Rena Schade, Katja Simons und Mareile Zech.

15 Interview von Yvonne Klepacz, Kerstin Hamann mit Herrn und Frau Meyer in Gartz am 8.6.1996 (Namen geändert).

16 Laut Brandenburger Landesstatistik wurden in Gartz an der Oder 1992 insgesamt sieben Höfe betrieben, fünf davon im Nebenerwerb.

17 Interview von Yvonne Klepacz, Kerstin Hamann mit der Familie Walter in Gartz am 8.6.1996 (Name geändert).

18 Gespräch am 7.6.1996.

19 Interview seitens Yvonne Klepacz und Kerstin Hamann vom 8.6.1996 in Gartz, Name geändert. Seminar-Exkursion vom 6.6. bis 8.6.1996 mit Ulrike Borrmann, Kerstin Hamann, Julia Kemna, Yvonne Klepacz, Elisabeth Meyer-Renschhausen, Parto Teherani-Krönner.

20 Heide Inhetveen, Margret Blasche, Frauen in der kleinbäuerlichen Landwirtschaft, Opladen: Westdeutscher Verlag, 1983.

21 Vgl. Elisabeth Meyer-Renschhausen, Frauen in den Anfängen der empirischen Sozialforschung, in: Elke Kleinau, Claudia Opitz, (Hrsg.), Geschichte der Frauen und Mädchenbildung, Bd. 2, Vom Vormärz bis zur Gegenwart, Frankfurt a.M.: Campus, 1997, S. 354-372.

22 Instleute waren Landarbeiter, die als Paare zusammen mit einem Hofgänger, oft ein erwachsenes Kind, oder einem Arbeiter, den sie ihrerseits engagieren mußten, angestellt wurden. Vgl. Max Weber, Verhältnisse der Landarbeiter im ostelbischen Deutschland, dargestellt auf Grund der vom Verein für Sozialpolitik veranstalteten Erhebungen, Schriften des Vereins für Sozialpolitik, Bd.55, Leipzig: Duncker und Humblot, 1892 (Schriften des Vereins für Sozialpolitik Bd. 55), Reprint: Vaduz/Liechtenstein: Topos, 1989, S. 375 und passim.

23 Weiteres dazu siehe Elisabeth Meyer-Renschhausen, Der Blick zurück aufs Land – Zur Subsistenzdebatte in der frühen deutschen Soziologie, Ästhetik und Kommunikation, 30.Jg., September 1999, S. 67-78.

24 Zahlen nach Heide Inhetveen, Die Landfrau und ihr Garten – Zur Soziologie der Hortikultur, Zeitschrift für Agrargeschichte und Agrarsoziologie, 42.Jg. 1994, Heft 1, S. 41-58.

25 Interview seitens Ulrike Borrmann und Julia Kemna mit dem Ehepaar Gerdes (Name geändert) am 8.6.1996.

26 Interview seitens Ulrike Borrmann und Julia Kemna mit Frau Müller (Name geändert) am 9.6.1996.

27 Interview mit Frau Müller am 31.10.1999.

28 Am 31.10.1996.

29 Ulrich Beck, Erwerbsarbeit durch Bürgerarbeit ergänzen, in: Kommission für Zukunftsfragen der Freistaaten Bayern und Sachsen, (Hrsg.), Erwerbstätigkeit und Arbeitslosigkeit in Deutschland. Entwicklung, Ursachen und Maßnahmen, (Teil III, Maßnahmen zur Verbesserung der Beschäftigungslage) Bonn 1997 oder Ulrich Beck, Modell Bürgerarbeit, in: Ulrich Beck, (Hrsg.), Schöne neue Arbeitswelt, Frankfurt a.M.: Campus, 1999, S.7-190.

30 Hans-Friedrich Blume, Günther Kühne, 750 Jahre Gartz an der Oder – Beiträge zum Jubiläum der Stadtgründung, Gartz 1996, S. 16-19.

31 Thea Taitl, Archäologie in Gartz (Oder), in: 1249 – 1999. Gartz (Oder). Festschrift zur 750-Jahrfeier, Gartz (Oder) 1999, S. 34-37.

32 Lieselott Enders, Die Uckermark – Geschichte einer kurmärkischen Landschaft vom 12. bis zum 18. Jahrhundert, Weimar: Vlg. Hermann Böhlau Nachfolger, 1992, S. 227.

33 Lieselott Enders, Emanzipation der Agrargesellschaft im 18. Jahrhundert – Trends und Gegentrends in der Mark Brandenburg, in: Konflikt und Kontrolle in Gutsherrschaftsgesellschaften, hrsg. von Jan Peters,

Red. Barbara Krug-Richter, Martina Schattkowsky, Göttingen: Vandenhoek & Ruprecht, 1995, S. 404-433 und Vorwort zu dem Band.

34 Eine „Hufe" war im Mittelalter die Hofstätte mit Acker samt der Berechtigung in Allmende und Mark, ausreichend für den Lebensunterhalt einer Bauernfamilie. Die Größe betrug in D. zwischen 30-60 Morgen. (Ein „Morgen" betrug zwischen 3.300 qm in Baden und Baden bis zu nur 2.500 qm in Preußen = die Fläche, die ein Bauern an eine Morgen mit einem Pferdefuhrwerk beackern konnte.) Die Inhaber einer Hufe waren Vollbauern, Vollspäner, erst später im Südwesten dann durch Realerbteilung Teilung der Hufen.

35 Lieselott Enders, Die Uckermark, 1992, S. 234.

36 Ebda., S. 547.

37 Ebda., S. 551.

38 Landbuch des Herzogthums Stettin von Kamin und Hinterpommern, von Heinrich Berghaus, Anklam: Dietze, 1865.

39 Stadt Gartz/Oder – Vorbereitende Untersuchungen nach § 141 Bau- und Städtebaulicher Rahmenplan „Erläuterungsbericht" September 1992; Architekturbüro für Stadterneuerung GmbH, Stralsund, Badenstraße 44 und Kiel, Eckernförderweg 212.

40 Vgl. auch O. Lange, A. Hübner, J.-O. Schünemann, Die Landwirtschaft in Gartz (Oder) – damals und heute, in: 1249 – 1999. Gartz (Oder). Festschrift zur 750-Jahrfeier, Gartz (Oder) 1999, S. 66-69.

41 Elisabeth Meyer-Renschhausen, Vortrag am 1. Juli 1999 auf der Tagung der Sektion Agrarsoziologie der Deutschen Gesellschaft für Soziologie im ZALF Müncheberg, „Dorfberaterinnen in der Uckermark" sowie Elisabeth Meyer-Renschhausen/Uta Altmann, Abschlußbericht zur Evaluierung des Projektes Pratikas, „Europäische Frauenprojekte in der Uckermark", in: Pratikas – Europäische Frauenprojekte in der Uckermark, Abschlußbericht, bearbeitet von Georg Franzky, Elisabeth Hauschildt, Otto Wetzel, Sigrid Wölfing, Prenzlau/Berlin 1998, 2 Bände, Bd. 2.

42 Name geändert, Interview in Gartz am 21.12.99.

43 Susanne Elsen, Gemeinwesenökonomie – eine Antwort auf Arbeitslosigkeit, Armut und soziale Ausgrenzung, Neuwied: Luchterhand, 1998.

44 Während in Westdeutschland jeder zweite Haushalt Grundvermögen hat, besaß in Ostdeutschland – zumindest 1993 – nur jeder vierte Haushalt Grund und Boden, resp. Eigenheim oder eine Eigentumswohnung. Vgl. aktuell, Pressedienst des Haus- und Grundbesitzerverbandes 21.8.1995.

Notwendigkeit

Der Nutzgarten von Susanne und Bernhard Heindl bei Rohrbach im österreichischen Mühlviertel. Photo: Elisabeth Meyer-Renschhausen

Nigel Swain

„Hier steht jeder auf zwei Beinen"
Die Kleinlandwirtschaft im post-
sozialistischen Mittel- und Osteuropa

Wer über die „schweigende Mehrheit" schreiben will, hat immer das Problem, daß diese *per definitionem* keine Stimme hat, und daß sie darüber hinaus so sehr Teil der allgemeinen sozialen Landschaft ist, daß sie keines besonderen Kommentars bedürfte. Im postsozialistischen Mittel- und Osteuropa bilden auf dem Lande Klein-, Selbstversorgungs- bzw. Zubrotlandwirte und -gärtner eine solche stille Mehrheit. In den Ländern, die sich „im Übergang" vom „realexistierenden Sozialismus" zu etwas anderem befinden, unternimmt praktisch jeder, der in einer ländlich geprägten Umgebung lebt – und auch viele in städtischer Umgebung – eine irgendwie geartete landwirtschaftliche Produktion, um den Familienbedarf zu decken.

In allen Ländern betreiben Dorfbewohner Gärten; in Mittel- und Osteuropa sind die aber Gärten für den praktischen Bedarf geblieben. Statt Blumen und einem Rasen gibt es Reihen verschiedener Gemüsesorten, Mais oder Weinreben; die Schuppen und Nebengebäude beherbergen Küken und Schweine statt Rasenmäher; kein Stall ist durch eine Veranda ersetzt worden. In der marxistisch-leninistischen Theorie hegte man zwar den Traum, den Unterschied zwischen Stadt und Land abzuschaffen, im „realexistierenden Sozialismus" aber blieben die städtische und ländliche Lebensweise grundverschieden. Damit soll nicht gesagt werden, es hätte keinen Kontakt zwischen Stadt- und Landbewohner gegeben. Im Gegenteil: die Industriearbeiterschaft war ebenso dörflich wie städtisch angesiedelt, nur die Intelligenz blieb weitgehend eine städtische Klasse. Aber eine Suburbanisierung des flachen Landes, die den fortgeschrittenen Kapitalismus begleitet, fand nicht statt. Weder hat der Mittelstand den ländlichen Raum „kolonisiert", noch hat sich der nationale (und zunehmend internationale) Lebensmitteleinzelhandel in diesen Raum ausgedehnt . So ist es etwa in Großbritannien nicht nur denkbar, sondern sogar eine gängige Praxis in Farmerfamilien, die Lebensmittel für den eigenen Gebrauch in der Kaufhalle vor Ort zu besorgen, da der „Bauernhof" zum „landwirtschaftlichen Betrieb" mutiert ist, ein Betrieb, der zufällig mit der Erzeugung von Lebensmitteln zu tun hat. In Mittel- und Osteuropa hingegen ist für beinahe jede Familie auf dem Lande – und nicht nur für die, die Landwirtschaft hauptberuflich betreiben – die Tatsache undenkbar, daß man in ländlicher Umgebung lebt, und diese nicht dazu nutzt, mindestens einen Teil des eigenen Lebensmittelbedarfs selbst zu erzeugen.

Genau diesem Phänomen geht dieser Aufsatz nach, doch die Forschung hierüber ist mit sowohl praktischen als auch theoretischen Problemen behaftet. Auf der praktischen Ebene ist die schweigende Mehrheit der Selbstversorgungs- bzw. Zubrotlandwirte so sehr Teil der Landschaft, daß die Forschung, die sich mit der ländlichen Umstrukturierung beschäftigt, die Eigenwirtschaft weitgehend ignoriert. Obwohl sie den roten Faden bildet, die Konstante, die weitergeht, während sich vieles andere tatsächlich ändert. Im Schatten der massiven Klassenkonflikte um Bodenrückerstattung, Umwandlung der LPGen und Privatisierung der staatlichen Landwirtschaftsbetriebe, kann dieses Phänomen leicht übersehen werden. Auch für Soziologen der betroffenen Länder ist es ein so selbstverständlicher Aspekt des täglichen Lebens, daß es ihnen kaum der Erwähnung wert erscheint. So ist diese „schweigende Mehrheit" trotz intensiver Erforschung des Umbruchs im ländlichen Raum Mittelosteuropas und des Balkans praktisch auch eine „unsichtbare Mehrheit".[1]

Das theoretische Problem liegt darin, daß es ziemlich uninteressant ist, einfach festzustellen: „Es gibt viel davon". Man muß auch ermitteln, warum es viel davon gibt und immer schon gab und was sich dabei geändert hat. Daher werde ich im ersten Teil kurz den Stellenwert der Kleinlandwirtschaft im „realexistierenden Sozialismus" erläutern, bzw. genauer: in den unterschiedlichen Varianten des „realexistierenden Sozialismus", da die Länder Mittel- und Osteuropas kein Monolith darstellten: Der „realexistierende Sozialismus" war nicht überall gleich.

46

Der „realexistierende Sozialismus" und die Teilzeitlandwirtschaft

Die Anerkennung der Relevanz von zusätzlicher privater landwirtschaftlicher Produktion innerhalb des sozialistischen kollektiven Betriebs und des sozialistischen Dorfes überhaupt, begann mit der bahnbrechenden Arbeit von Karl-Eugen Wädekin, der ihre Bedeutung in der Sowjetunion untersuchte.[2] Es gab keine systematische Forschung über die Rolle der „Haushaltsparzelle" oder „persönlichen" Parzelle in den sozialistischen Ländern Mitteleuropas und des Balkans, obwohl zahlreiche Wissenschaftler feststellten, daß die Parzellen zwar nur einen winzigen Prozentsatz der landwirtschaftlichen Nutzfläche ausmachten, aber doch einen unverhältnismäßig hohen Anteil der agrarischen Erzeugung hervorbrachten.[3]

Individuelle Kleinlandwirtschaft stand überall im Zentrum der Familienökonomien von Mitgliedern landwirtschaftlicher Produktionsgenossenschaften, aber ihre Bedeutung für den einzelnen Haushalt und ihr Beitrag zur nationalen Agrarproduktion variierte. In den Ländern Mittel- und Osteuropas gab es vier Modelle sozialistischer Landwirtschaft, und eines ihrer Unterscheidungsmerkmale war die der privaten Parzelle gewährte Bedeutung. Diese Modelle können bezeichnet werden als „stalinistische Kollektivierung", „wiederaufgegebene Kollektivierung", „neostalinistische Kollektivierung" und „ungarische Kollektivierung".

Unter dem stalinistischen Modell wurden private Parzellen kaum toleriert und hoch besteuert, aber für den Haushalt waren sie zum Überleben unentbehrlich.[4] Ihre Rolle im sowjetischen Kontext wird von Belov beschrieben.[5] Das Modell wurde überall im stalinistischen Osteuropa der frühen 1950er Jahre eingeführt und blieb in Rumänien und Albanien bis zum Ende der sozialistischen Jahre im wesentlichen unverändert.

Die „wiederaufgegebene Kollektivierung" bezieht sich auf die Entwicklungen in Polen und Jugoslawien, wo man auf die offensichtlichen Schwächen des stalinistischen Modells mit der Aufgabe der Kollektivierung reagierte. Aber weil sich die Regierungen davor fürchteten, die Entwicklung des Kapitalismus auf dem Lande zuzulassen, blieben Parzellen so klein, wie sie immer gewesen waren. Als die Möglichkeiten für industrielle Beschäftigung zunahmen, wurde private

Landwirtschaft zunehmend zu einem Teilzeit- und Zuerwerbsphänomen. So kam es, daß neben einer – seit den 1970er Jahren entstandenen – Klasse von sogenannten „Fachlandwirten", die kommerziell und im Haupterwerb produzierten, der Großteil der polnischen landwirtschaftlichen Bevölkerung in Haushalten lebte, wo die Landwirtschaft nicht die einzige und zunehmend nur noch eine zusätzliche Einnahmequelle war.[6]

Die Reaktion der meisten Länder Osteuropas auf das Scheitern des stalinistischen Modells der Kollektivierung war jedoch nicht, die Idee aufzugeben, sondern sie durchzusetzen und dann irgendwie funktionsfähig zu machen, selbst wenn dies eine radikale Transformation des Modells mit sich brachte. Das Ergebnis war die „neostalinistische Kollektivierung", die in ihren wesentlichen Merkmalen in der Tschechoslowakei, der DDR und in Bulgarien auftauchte. Eigenwirtschaften wurden stillschweigend gefördert, nicht nur, um ländlichen Haushalten das Überleben zu sichern, sondern auch, um zusätzliches Haushaltseinkommen zu ermöglichen und um so die Lebensmittelversorgung der Bevölkerung zu garantieren. Staatliche Stellen kauften bereitwillig sämtliche Erzeugnisse, die die Haushalte zu verkaufen bereit waren. LPGen wurden ermutigt, ihren Mitgliedern bei der Saat und der Ernte ihres Landes zu helfen. Doch aus ideologischen Gründen machten die Regierungen – Bulgarien bildete m.E. eine Ausnahme – solche Praktiken nicht publik. Selbst die Bemühungen, alle Haushaltsparzellen aus Effizienzgründen zusammenzulegen und sie als durchgehende Fläche zu bewirtschaften, wurden von den Regierungen als Niedergang der Bedeutung „individueller" Parzellen dargestellt, da ihre Bewirtschaftung nun eine „gemeinschaftliche" Handlung war. In Wahrheit aber stieg mit der Zusammenlegung die Bedeutung der Parzellen, weil sie nun billiger Futter für privat gehaltene Tiere produzieren konnten.

Ungarn schließlich führte ein „neostalinistisches Modell" ein, aber später auch andere Modelle. Nach 1956 förderte man dort die Marktproduktion auf Privatland, indem innerhalb und außerhalb der LPGen Kanäle zur Produktvermarktung bereitgestellt wurden und sich eine komplexe Beziehung von symbiotischem, gegenseitigem Nutzen zwischen dem privaten Produzenten und der landwirtschaftlichen Genossenschaft entwickelte.[7] In den 1980er Jahren schuf Ungarn dann Rahmenbedingungen, unter denen einige gänzlich unabhängige, pri-

vat betriebene Landwirtschaften (die sich, wie in der privaten Kleinlandwirtschaft im „Realsozialismus" üblich, auf Vieh oder gärtnerische Marktproduktion konzentrierten) entstehen konnten.[8] Nach dem
ungarischen Modell konnte folglich die Produktion auf der Haushaltsparzelle nicht nur zu einer wichtigen Quelle für zusätzliches Famili-
eneinkommen werden, sondern sich sogar zur einzigen Einkommensquelle einer Bauernfamilie entwickeln.

Zubrotlandwirtschaft hat es in den ländlichen Gemeinden Mit-
tel- und Osteuropas immer gegeben, war immer wichtig und hatte
immer mit der Bedürfnisbefriedigung der Familien zu tun. Aber ihre
Rolle variierte im Laufe der Zeit und zwischen den Ländern. Sie reichte von der Sicherung des bloßen Grundbedürfnisses bis zur Erwirt-
schaftung eines bedeutsamen zusätzlichen Haushaltseinkommens.

Globalisierung, der Zusammenbruch des „real-existierenden Sozialismus" und die Zerstörung der „Säulen des sozialistischen ländlichen Raumes"

Es ist unmöglich, die aktuellen Entwicklungen in Osteuropa
hin zu einer verstärkten Selbstversorgung ohne die globalen Veränderungen der letzten Jahrzehnte zu verstehen. „Experten" stellten fest,
daß der postsozialistische Übergang in Osteuropa mit einer Rezession
im Westen zusammenfiel, so daß der Verlust östlicher Märkte nicht
durch westliche ersetzt werden konnte. Aber das war kein zufälliges
Zusammenfallen. Der Zusammenbruch des osteuropäischen Sozialismus' ist genauso Teil der langfristigen Strukturanpassung an den
Ölschock der 1970er Jahre und an den Wechsel des „technisch-öko-
nomischen Paradigmas", den die Einführung des Mikrochips verur-
sachte, wie die Unfähigkeit des Westens, die beständigen und bemer-
kenswerten Wachstumsraten des Nachkriegsbooms aufrechtzuerhalten.[9]
Der Sozialismus brach zusammen, weil seine Volkswirtschaften auf dem
Weltmarkt nicht wettbewerbsfähig waren, auf dem die industrielle Produktion entweder automatisiert oder in „Dritte-Welt"-Länder verlagert wurde. Da die osteuropäischen Planwirtschaften die realen Produktionskosten ignorierten, gelang es den Ländern nicht, der techno-
logischen Herausforderung des „Post-Fordismus" und der „flexiblen
Spezialisierung" zu begegnen. Gleichzeitig machte das sozialistische

Bekenntnis zum Wohlstand für alle sie wenig wettbewerbsfähig gegenüber Ländern, in denen die Arbeitskosten gering und die soziale Absicherung minimal waren.

Diese mangelnde Wettbewerbsfähigkeit der sozialistischen Volkswirtschaften gegenüber dem späten Kapitalismus erklärt nicht nur den Zusammenbruch des „realexistierenden Sozialismus", sie prägt auch die postsozialistische Entwicklung. Ausländische Direktinvestitionen sind geringer geblieben als erhofft, weil es kaum etwas gibt, in das es sich zu investieren lohnte (außer in industrielle Neugründungen auf der grünen Wiese am Rande der Europäischen Union, so wie in Westungarn). Den Regierungen gelang es nicht, ihre Haushaltsdefizite so weit zu senken, wie westliche Berater es forderten, weil die Mittelschichten Einschnitte in ihren Wohlstandsniveaus nicht akzeptierten. Folge sind die hohen Arbeitslosenquoten, die den plötzlichen Systemwechsel begleiten.

In der ländlichen Ökonomie geht es nicht nur um einen Anstieg der Arbeitslosigkeit generell, sondern um einen Zusammenbruch der „drei Säulen des sozialistischen ländlichen Raumes": der LPG als einem landwirtschaftlichen Arbeitgeber, der LPG als einem industriellen Arbeitgeber und des Berufspendlertums, das aufgrund gestiegener Fahrkosten verschwand, nachdem die Subventionen gestrichen wurden.[10] Infolgedessen sanken nicht nur die Beschäftigungsmöglichkeiten in den Dörfern, sondern es stieg auch die Zahl der Leute, die vom Dorf abhängig wurden.

Aber die Dörfer haben neben der Landwirtschaft wenig anzubieten. Großkommerzielle Landwirtschaftsbetriebe können nicht die früher übliche Anzahl von Menschen beschäftigen, auch wenn die Genossenschaften nicht in Privatbetriebe verwandelt worden sind. Einen Haupterwerbs-Familienbetrieb aufzubauen, ist schwierig (wenn auch nicht ganz unmöglich),[11] und zumindest keine Option für jedermann, weil der zur Verfügung stehende Boden nicht ausreicht. Die „Dienstleistungslücken" der ehedem sozialistischen Dörfer zu füllen[12] und eine Kneipe oder einen Laden zu öffnen, war eine echte Erwerbsalternative und hat auch in beschränktem Ausmaß überall stattgefunden. Doch das sind alles Familienunternehmen, die praktisch keine zusätzlichen Arbeitsplätze schaffen.

Was bleibt, ist Subsistenzlandwirtschaft, um die Arbeitslosenunterstützung oder eine Invaliden- oder Altersrente zu strecken. Für viele – wahrscheinlich die Mehrheit – ist der gestiegene Stellenwert der Kleinlandwirtschaft etwas, was den Menschen aufgezwungen wurde. Für andere war es eine bewußte Entscheidung. Die Auflösung der Genossenschaften bot Gelegenheit zur Übernahme eines Lebensstils, von dem manche jahrelang geträumt hatten: Landwirtschaft im Eigenbetrieb! Erst spät merkten solche „Nostalgiebauern", daß ein Bauernhof, der in den 1940ern rentabel war, in den 1990ern kaum den Eigenbedarf sichern kann.

Welches spezielle Kollektivierungsmodell in den sozialistischen Jahren übernommen wurde, hatte einen bedeutsamen Einfluß auf den Prozeß der postsozialistischen ländlichen Transformation. Staaten wie Polen, die die Kollektivierung aufgegeben hatten, erfuhren die geringste Veränderung. Der Kampf um die Kontrolle und die Aneignung von früheren sozialistischen Vermögenswerten fand innerhalb des Kontexts der Privatisierung staatlicher Landwirtschaftsbetriebe statt, von denen die meisten an die Mitglieder ihrer früheren Leitung gingen. Nebenerwerbslandwirtschaft, überwiegend für den Eigenbedarf, wurde in gleichem Maße wie früher betrieben, aber die Bauernhaushalte mußten nun damit mehr Menschen unterstützen, da die Arbeitslosigkeit zunahm.

In jenen Ländern, die das stalinistische Modell beibehalten hatten, wurden die LPGen fast vollzählig zerstört (vollzählig in Albanien, fast vollzählig in Rumänien). Die Landwirtschaft ist auf eine Stufe zurückgefallen, die nicht mehr als eine magere Selbstversorgung darstellt, es sei denn, sie wird durch andere Einkommensquellen wie Renten, Löhne oder andere staatliche Unterstützung ergänzt. In Ländern wie Ungarn, die vom neostalinistischen Modell der Kollektivierung geprägt waren und wo die Leute von der sozialistischen Landwirtschaft stark profitiert hatten, gab es keine spontane Bewegung zur Auflösung der LPGen. In der Tschechischen und besonders in der Slowakischen Republik, wo sich die neue unabhängige Regierung offen mit der genossenschaftlichen Produktionsform identifizierte, blieben viele Genossenschaften bestehen. Der Großteil der Landbewohner hielt sich weiterhin kleine Parzellen, nur eine kleine Mehrheit stieg in die Haupterwerbs-Familienlandwirtschaft ein.

In Bulgarien setzten politische Kräfte die Liquidierung der

meisten Genossenschaften und die Zerstörung vieler ihrer Vermögenswerte durch. Mehr neue Genossenschaften sind entstanden als im Falle Rumäniens, aber nur sehr wenige große Privatbauernhöfe. Der Großteil der Parzellen ist zu klein, um ein Leben über das pure Überleben hinaus zu sichern, es sei denn, sie werden wiederum von einer Alternativeinkommensquelle ergänzt.

In Ungarn und der früheren DDR war es ökonomischer Druck, der eine radikalere Transformation von Genossenschaften durchsetzte, als in der früheren Tschechoslowakei, obwohl Genossenschaften in beiden Ländern blieben. Der ökonomische Druck führte zum Aufkommen von korporativen landwirtschaftlichen Betrieben, oft indem die Betriebsleiter ehemals genossenschaftliche Vermögenswerte erwarben, und privaten landwirtschaftlichen Familienbetrieben. In Ungarn entstanden Privatbauern hauptsächlich aus den Reihen derer, die bei der Bewirtschaftung von Haushaltsparzellen in den 1970er und 1980er Jahren erfolgreich gewesen waren. In der früheren DDR wurden Privatbauernhöfe von Menschen gegründet, die sich während der sozialistischen Jahre weiterhin als Landwirte begriffen hatten,[13] oder von Westdeutschen, die Anspruch auf Boden hatten.[14]

Die Folge dieser verschiedenen Muster der Transformation ist, daß es in den Balkanländern, die die sozialistische Landwirtschaft zerstörten, relativ mehr Menschen gibt, die heute gänzlich von Subsistenzlandwirtschaft abhängig sind, als in den ostmitteleuropäischen Ländern, die ehemaligen LPG-Besitz als ein Sprungbrett für die Entwicklung privater, überwiegend korporativ betriebener Landwirtschaft verwendeten. Hier gibt es landwirtschaftliche Großbetriebe und zahlreiche mittelgroße Familienbauernhöfe. Aber trotz dieser Unterschiede ist überall die bei weitem größte an der landwirtschaftlichen Produktion beteiligte Gruppe jene, die eine kleinstrukturierte, an den Familienbedürfnissen orientierte Landwirtschaft betreibt. Und überall steigt die Wichtigkeit dieser Subsistenzlandwirtschaft, wo die Erwerbslosigkeit zunimmt.

Das Ausmaß der postsozialistischen Eigenbedarfslandwirtschaft

Die Rolle und Bedeutung von Kleinlandwirtschaft können mittels nationaler Statistiken erläutert werden, obwohl wichtig ist, sich klar zu machen, daß es keine einheitliche Definition derer gibt, die mit Landwirtschaft beschäftigt sind. Anders als in den Statistiken aus den Ländern der früheren Sowjetunion gibt es für die Länder Mittelosteuropas und des Balkans keine handhabbare Kategorie der „Kleinstlandwirtschaft", die als annäherndes Äquivalent für eine Art Nebenerwerbs- oder Zubrotparzelle in Betracht käme. Zur Statistik: In Rußland machen Haushaltsparzellen 97 Prozent aller „Bauernhöfe" aus, bedecken 6,2 Prozent der landwirtschaftlich genutzten Fläche und liefern 39,6 Prozent der landwirtschaftlichen Produktion.[15]

In Albanien liegt die Durchschnittsgröße eines Hofs bei 400.000 „Bauern" im Land zwischen 1 und 1,5 Hektar.[16] In Rumänien gibt es 3,7 Mio. kleinbäuerliche Höfe mit einer Durchschnittsgröße von 2,24 Hektar, von denen 40 Prozent weniger als 1 Hektar umfassen und 73 Prozent weniger als drei Hektar. In Bulgarien beträgt die durchschnittliche Größe von privaten Bauernhöfen 1,39 Hektar; über 86 Prozent von ihnen sind kleiner als 1 Hektar. In Ungarn, wo die zentrale Statistikbehörde den gesamten Landbesitz zählt (nicht nur den, der von registrierten landwirtschaftlichen Produzenten bewirtschaftet wird), sind 81,4 Prozent aller Landtitel unter einem Hektar groß. Selbst wenn die Bauernhöfe unter einem Hektar ignoriert werden, sind 90,6 Prozent vom Rest unter 10 Hektar groß.[17] Diese Zahlen belegen das zahlenmäßige Übergewicht von Höfen, die so klein sind, daß sie nur für das bloße Überleben sorgen können.

In den Nationen der früheren Tschechoslowakei ist es notwendig, einem umständlicheren statistischen Weg zu folgen. Die Angaben für die Landflächen, die von genossenschaftlicher in private Nutzung übertragen wurden, gelten als ungefähre Schätzgrößen für die Größe des Haushaltsparzellensektors. Da die sozialistischen Haushaltsparzellen zum Zeitpunkt der LPG-Umwandlungen verschwanden, mußten neue Parzellen als Privatland wieder beantragt werden. In der Tschechischen Republik war bis 1994 eine Fläche von (umgewandelten) LPGen in die private Nutzung durch den legalen Eigentümer übertragen worden, die nur 16 Prozent der gesamten landwirtschaftlichen Nutzfläche entsprach. Die Durchschnittsgröße lag bei 3,5 Hektar; 90 Prozent solcher Übertragungen waren kleiner als 10 Hektar.[18] Unter tschechischen Bedingungen bedeutet ein Bauernhof von 3,5 Hektar heute nicht mehr als eine größere Haushaltsparzelle von früher.

In der Slowakei machte die Fläche des von genossenschaftlicher in private Nutzung übertragenen Landes 1995 nur 8 Prozent des gesamten landwirtschaftlichen Bodens aus, was ein Übergewicht von noch kleineren Parzellen suggeriert.[19] Diese Zahlen umfassen natürlich auch auf größere Privatbauern übertragenes Land, deren Anzahl aber sehr gering ist. Private Bauernhöfe machten 5,2 Prozent des landwirtschaftlichen Landes in Slowakei aus, und 76 Prozent von ihnen waren kleiner als 10 Hektar. In der tschechischen Republik waren 80 Prozent der privaten landwirtschaftlichen Familienbetriebe unter 10 Hektar groß, aber sie machten 23,2 Prozent der landwirtschaftlichen Nutzfläche aus.

Die obengenannten Zahlen zeigen also, daß in den Ländern Mitteleuropas und des Balkans die bei weitem am häufigsten anzutreffende Form des landwirtschaftlichen Besitzes die kleinflächige Zuerwerbsparzelle ist.

Einige Beispiele – Arbeitslosigkeit und Haushaltsparzelle

Angesichts der Lage im postsozialistischen ländlichen Raum ist die vielleicht bedeutungsvollste neue Entwicklung die Kombination von Arbeitslosigkeit mit Kleinlandwirtschaft, obwohl diese Kombination nur möglich ist, wenn mindestens ein Haushaltsmitglied Arbeitslosenunterstützung bezieht. Ein Beispiel ist ein Paar mittleren Alters im Dorf T. in Bulgarien. Beide waren Opfer der Schließung der örtlichen Geflügelverarbeitungsfabrik, aber blicken bemerkenswert unbekümmert in die Zukunft. Ihre Arbeitslosenunterstützung war genauso hoch wie der Mindestlohn und wurde neun Monate gezahlt. Bargeld brauchen sie nur, um Brot, Salz, Kleidung, Schuhe, Verkehrsmittel und Kohlen zu bezahlen. Ihre kleine Parzelle liefert Nahrung für die meiste Zeit des Jahres als auch zusätzliches Einkommen. Das, was sie auf dem Großhandelsmarkt verkaufen, liefert das Geld für Brot. Sie erhalten Futter für ihr Vieh aus der Agrarkooperative, in der sie fünf Hektar Land gelassen haben.

Wenn Haushaltsparzellen auch das Überleben sichern können, für ein angemessenes Einkommen können sie nicht sorgen, insbesondere da nicht, wo die Bodenqualität nicht gut ist. Im bulgarischen Dorf H., in den Bergen an der griechischen Grenze gelegen, berichtet der Bürgermeister, er verfolge die Strategie, wo immer möglich für mindestens ein Familienmitglied Beschäftigung zu besorgen, damit keine Familie von der Landwirtschaft alleine leben müßte. In zwei nahegelegenen Dörfern höher in den Bergen sind praktisch alle Einwohner zur Selbstversorgungslandwirtschaft auf den etwa ein Hektar großen Parzellen zurückgekehrt, auf denen sie mit Hilfe von Zugtieren eine kümmerliche Existenz aus dem Boden kratzen, der für Traktoren ungeeignet ist.

Die vielleicht größten Verlierer in der postsozialistischen Transformation überall in der Region, aber mit Sicherheit in Ostmitteleuropa, sind die polnischen Landarbeiter der Staatsbetriebe. Zum größten Teil waren sie in häßlichen Nachkriegswohnblocks untergebracht, besaßen private Parzellen, die kaum größer als Küchengärten waren, und hatten keinerlei Tradition selbständiger Landbewirtschaftung. So hatten sie wenig, auf das sie zurückgreifen konnten, als die Privatisierung die meisten von ihnen arbeitslos machte.

Arbeitslosenunterstützung und „Landwirtschaft"

Diese Kombination unterscheidet sich von der vorherigen in Grad und Absicht der landwirtschaftlichen Aktivität. Familien mit dieser Kombination operieren in der Regel in einem etwas größeren Stil und empfinden ihren Einstieg in die Landwirtschaft als eine Antwort auf ihre Arbeitslosigkeit. Ein Beispiel ist Herr D. und seine Familie, die in einem Dorf in Westungarn nicht weit vom Nordufer des Plattensees leben. Er war Lastkraftfahrer in der LPG und wurde wegrationalisiert, als die Genossenschaft umgewandelt wurde. Im ersten Jahr wurden er und seine Kollegen nur für die Wintermonate entlassen und im folgenden Frühjahr wieder eingestellt, eine Strategie, die überall in Mitteleuropa und dem Balkan sehr verbreitet ist. Im zweiten Jahr wurden sie wieder entlassen mit dem stillschweigenden Übereinkommen, daß sie im folgenden Frühjahr wieder eingestellt würden. Aber die Nachfolgegesellschaft der Genossenschaft „vergaß", sie wieder einzustellen. Herr D. verwendete die Genossenschaftsanteile, die ihm im Umwandlungsprozeß der Kooperative zugeteilt wurden, um einen Traktor zu kaufen, und er begann allein Landwirtschaft zu betreiben. Aber weil die Vorstellung von privater Landwirtschaft kein lebenslanger Traum gewesen war, sondern etwas, das die Arbeitslosigkeit ihm aufzwang, war er zu langsam, um Land oder Maschinen billig aus der LPG-Umwandlung heranzuziehen. Er meint, daß es ihm jetzt schlechter geht, verglichen sowohl mit den sozialistischen Jahren als auch der Zeit vor der Kollektivierung. Und obwohl er 30 Hektar Land bekam und erwartet, daß ihm noch etwas mehr zugeteilt wird, meint er, daß es nicht reiche, eine Familie und Haushalt zu unterhalten. Das Überleben hängt ab vom kleinen, aber regelmäßigen Einkommen seiner Frau. Andererseits will er das Land bebauen und ist stolz, einer der drei oder vier Dorfbewohner zu sein, die tatsächlich ihr Land bebauen. Er ist überzeugt, daß er mehr verdient, wenn er die Felder selbst bewirtschaftet als wenn er sie an die Nachfolgegesellschaft verpachtet, so wie die meisten Dorfbewohner es tun.

Erwerbstätigkeit (oft neue Arbeit) und Haushaltsparzelle

Eine Variante ist die Kombination von Kleinlandwirtschaft mit Erwerbstätigkeit, die oft eine neue Form der Erwerbstätigkeit vor dem Hintergrund sich verändernder ökonomischer und politischer Umstände ist. Eine Arbeit zu haben bedeutet mehr als einfach nur Einkommen zu erwirtschaften: Sie liefert künftig eine Rente. Wie der stellvertretende Bürgermeister vom Dorf L. in Westrumänien nahe der ungarischen Grenze sagt: „Die Leute können vom Fabriklohn nicht leben. Wenn sie kein Land haben, sind sie tot. Aber sie geben ihre Fabrikstellen für das Land nicht auf, weil jeder eine Rente bekommen will. Man muß zwei Schichten arbeiten, um zu leben." Dies ist eine derart übliche Lebensstrategie, daß es vielleicht die unsichtbarste von allen ist.

Ein Beispiel ist der frühere Bürgermeister vom Dorf A. im Nordosten Bulgariens. Bis 1979 hatte er als Buchhalter für die örtliche Genossenschaft gearbeitet, danach war er erst Bürgermeister im Nachbardorf, dann in A. und ab 1985 arbeitete er in den Lichttechnik-Werken im Dorf. Seine Frau bezieht eine Invalidenrente. 1991 wurde er Hausmeister in der lokalen Schule und Teilzeitlandwirt. Von der Genossenschaft übernahm er nur einen Hektar des ihm zustehenden Landes, weil er niemanden hat, der ihm bei der Bewirtschaftung hilft. Obwohl er bis dahin ausschließlich als Angestellter gearbeitet hatte, hatte er immer ein bißchen Land zur Bewirtschaftung gehabt, einschließlich seiner Zeit als Bürgermeister. Weil er die Landwirtschaft niemals aufgegeben hatte, fühlt er sich heute nicht unwohl dabei, so von ihr abhängig zu sein.

Erwerbstätigkeit und „Landwirtschaft"

Wie im Falle der Kombinationen mit Arbeitslosigkeit unterscheidet sich diese Kategorie nur im Ausmaß von der vorherigen: Es gibt ein größeres Engagement in der Landwirtschaft als Quelle der Einkommenserwirtschaftung statt zur Erfüllung der Grundbedürfnisse. Der stellvertretende Bürgermeister vom Dorf L. in Westrumänien ist ein gutes Beispiel. Er hat eine Arbeit als Verwalter der Schule, in der seine Frau Sekretärin ist. Aber er betreibt auch in beachtlichem Ausmaß Landwirtschaft und war – nach seiner Ansicht – mutig genug, einen Kredit aufzunehmen und zwei Traktoren zu kaufen. Da er als Kind echte Armut kennengelernt hatte, arbeitet er bereitwillig seine „zwei Schichten", um für sich und seine Familie ein Auskommen zu haben. Aber er bezweifelt, daß die jüngere Generation derartige Verpflichtungen noch einzugehen bereit ist.

Ganz ähnlich der Bürgermeister desselben Dorfes: Er arbeitet im Handel und besitzt eine Kneipe, zusätzlich zu jenen 37 Hektar Land, die ihm als Kind einer reichen Bauernfamilie von der Genossenschaft zurückgegeben wurden. Seine nicht-landwirtschaftlichen Aktivitäten liefern ihm das Kapital, das notwendig ist, um landwirtschaftliche Maschinerie zu kaufen.

Im Dorf Ch. in der Nähe von Klausenburg ist es der örtliche Polizist, der gleichzeitig lokaler Würdenträger und ein bedeutender Bauer ist, wobei in diesem Fall eher das Vieh als der Landbesitz Reichtum definiert: Der Polizist mästet 30 Schweine. Andere bedeutende Viehhalter im gleichen Dorf sind M.T., der zehn Milchkühe hält, und ein junger Mann, der in Klausenburg als Fahrer lebt und arbeitet, aber in einem früheren Genossenschaftsgebäude, das er vom Gemeinderat gemietet hat, 70 Schweine hält. Er zieht außerdem hunderte von Schafen auf. Alle der bedeutsamsten Landwirte in diesem Dorf haben auch nicht-landwirtschaftliche Beschäftigung.

Rente und Haushaltsparzelle

Die Kombination einer Rente mit Landwirtschaft unterscheidet sich wenig von der ersten Kombination mit Arbeitslosenunterstützung, außer in bezug auf das Alter der Beteiligten. Im Dorf K. im östlichen Ungarn, zum Beispiel stützt sich eine verdächtig große Zahl der Einwohner seit dem „Systemwechsel" auf Invalidenrente. Sie kalkulieren, daß solche Renten langfristige Sicherheit garantierten, auch wenn sie unter der Arbeitslosenunterstützung liegen.

Die Beziehung zu jüngeren Familienmitgliedern funktioniert in zwei Richtungen. Manchmal, wie im Falle eines Rentnerehepaars im ungarischen Dorf T. im Weinanbaugebiet Tokaj, unterstützen die Rentner die jüngeren Familienmitglieder. Sie schaffen dies durch ein außergewöhnlich bescheidenes Leben. Nahrung ist in den Dörfern billiger als in Budapest, und sie kaufen nur eine sehr beschränkte Anzahl von Dingen regelmäßig im Laden: Brot, Kräuter und Gewürze, Öl zum Kochen, Zucker, Mehl, Streichhölzer usw. Sie brauchen kaum Öl, weil sie zweimal im Jahr ein Schwein schlachten und meistens Schweinefett zum Kochen verwenden. Außerdem kaufen sie gelegentlich Butter, Quark und sauren Rahm. Fast alle anderen Nahrungsmittel kommen von ihrer Parzelle: Fleisch (zusätzlich zu den Schweinen halten sie 80-100 Hühner, deren Eier sie regelmäßig verkaufen), Kartoffeln, Kohl, Bohnen, Erbsen, Kopfsalat, Mohrrüben, Paprika, Gurken (einige werden frisch gegessen, der Rest wird für den Winter konserviert) und alle Sorten Obst (ein bißchen zu Konserven, der Rest zu Sirup verarbeitet). Kleidung und Metallwaren kommen vom sogenannten Polenmarkt, Küchenschränke, Sessel und einen Gaskocher wurden von einer bankrott gegangenen Agrargenossenschaft erstanden. In der ersten Hälfte der Heizperiode kann der Boiler, der sowohl Wärme als auch heißes Wasser liefert, mit Maiskolbenspindeln und Weinreben befeuert werden. Die Gemeinschaftseinkünfte aus ihren Renten betragen weniger als 40.000 Forint (1999: 205 Euro) pro Monat, aber sie geben selten mehr als 25.000 Forint pro Monat aus, so daß sie ihre Tochter finanziell bei größeren Käufen unterstützen können.

Wenn Rentner kein Geld für Kinder und Enkel haben, liefern sie oft Naturaleinkommen und ein Wochenendrefugium. Dies kann anhand eines Beispiels im äußersten Osten der Slowakei nahe der ukrainischen Grenze erläutert werden, wo der Vater, der sich in den 1950ern wegen nur sechs Hektar Land als ein „Kulak" hatte beschimpfen lassen müssen, nach der LPG-Umwandlung einen halben Hektar zurücknahm, um Lebensmittel für seine Familie anzubauen. Seine Tochter lebt in der nahe gelegenen Stadt, verbringt jedoch die meisten Wochenenden und Feiertage im Dorf und kehrt zum Wochenbeginn mit Vorräten beladen in ihre kleine Stadtwohnung zurück.

In anderen Fällen, wie im rumänischen Dorf Ch., helfen jüngere Familienmitglieder den Alten. K.I. ist ein 75 Jahre alter Witwer, dessen Tischlerbetrieb in den 1960ern von der Genossenschaft übernommen wurde. Er erhält eine winzige Rente von der Genossenschaft und hat seine Tischlerei wieder aufgebaut. Außerdem besitzt er Land, aber zur Bewirtschaftung muß er sich auf die Hilfe seiner Tochter und seines Schwiegersohns stützen. Das jüngere Paar verfügt über eigenes Land, und die zwei Parzellen werden zusammen bewirtschaftet.

Natürlich können Renten auch mit anderen Aktivitäten als Landwirtschaft kombiniert werden. Im Dorf P. nahe Brasov in Rumänien ist D.D.C. ein extremes Beispiel eines mehrfachbeschäftigten Rentners. Als er sein Land zurückbekam, war er schon Rentner. Mit 70 Jahren kaufte er einen alten Traktor, reparierte ihn und machte den Traktorführerschein. Er bebaut etwa einen Hektar mit Kartoffeln und Rüben. Er hält zwei Pferde, die er an einen der lokalen Betriebe vermietet, zwei Kühe und mästet Schweine. Außerdem benutzt er seinen Traktor, um für andere zu arbeiten, hauptsächlich als Gegenleistung für manuelle Arbeit auf seinem Hof. Zudem besitzt er seine eigene Ausrüstung zur Wurstherstellung und arbeitet im Winter als Fleischer. Nach Auftrag baut er kleine Wagen und Karren, und hilft anderen im weiteren Familienverband.

Rente und „Landwirtschaft"

Dieselben Unterscheidungen in Ausmaß und Absichten zwischen Kleinlandwirtschaft und „Landwirtschaft" können im Falle von Rentnern getroffen werden. Im bulgarischen Dorf B. nahe Plovdiv verließen R.A., ein Traktorfahrer im Ruhestand mit der Höchstrente, und seine Frau 1994 die Genossenschaft und beschlossen, mit 1,3 Hektar (einschließlich 0,5 Hektar Kirschgarten, 0,2 Hektar Weinberge und 0,2 Hektar Mais) privat Landwirtschaft zu betreiben, statt ihr Land in der Genossenschaft zu lassen. Der Sohn betreibt eine Werkstatt, die von der Versicherung abgeschriebene Autos repariert, und lebt wie die Tochter anderswo. Zwei der Enkel arbeiten auf dem Bauernhof und beabsichtigen, dort ein Haus zu bauen und den Hof zu übernehmen. M.V. und seine Frau, beide Senioren im Dorf Ch. in Rumänien, sind ebenfalls Beispiele für Rentner, die mit privater Erwerbslandwirtschaft statt Zubrotlandwirtschaft begonnen haben. Er war Briefträger in Klausenburg, sie in der Genossenschaft. Sie bewirtschaften zehn Hektar und besitzen zehn Kühe, Pferde, Schweine sowie verschiedene Landmaschinen einschließlich eines Traktors. Sie liefern Milch an die lokale Molkerei, produzieren Getreide für die Staatseinkaufsgesellschaft auf Basis eines jährlichen Vertrags und werden im Ort für „gute Landwirte" gehalten.

Der Fall der F.A., einer Rentnerin aus Ch. erläutert, warum das Wort „Landwirt" in Anführungszeichen steht. Sie hat sieben Hektar Land, drei Kühe und vier Schweine, einen Traktor, einen Pflug und alle nötigen Geräte, die eine Größenordnung von Landwirtschaft andeuten, die über der für den Eigenbedarf liegt. Dennoch produziert sie – mit der Hilfe ihrer beiden Kinder, die im nahegelegenen Klausenburg wohnen – nur für ihren Eigenbedarf und den ihrer Verwandten in der Stadt. Ihre Kinder besuchen sie jedes Wochenende und in der Sommerzeit helfen sie ihr auf dem Bauernhof.

Im rumänischen Dorf L. nahe der ungarischen Grenze haben Familienmitglieder begonnen, S.M. ganztags zu helfen. S.M. ist eine Rentnerin aus einer verhältnismäßig reichen Bauernfamilie, die 1952 in das Dorf einheiratete. Die Familie hatte bereits 1983 mit intensivem Gemüsebau in Gewächshäusern begonnen, so daß private Landwirtschaft in den 1990ern für sie nichts neues war. Zusätzlich zu S.M.s Rente erwirtschaftet der weitere Familienkreis aus insgesamt zehn Personen Einkommen in einem Blumengeschäft sowie in der Landwirtschaft. Sie haben zehn Hektar Land, drei Kühe, vier Färsen, ein Pferd, 19 Schweine, Gänse und Hühner, an Maschinen einen Traktor, eine Kreiselegge, eine Sämaschine und einen Kombiernter, alle bei einer

Auktion vor Ort von einer Maschinen- und Traktorenstation gekauft. Die Arbeit auf dem Hof nimmt die gesamte Zeit der Familie in Anspruch, und während der Arbeitsspitzen müssen sie für vier oder fünf Tage Tagelöhner einstellen. Ihre Söhne gaben vor kurzem ihre Arbeit in der Fabrik auf, um ganztags auf dem Hof zu arbeiten. Sie lernten die Benutzung der landwirtschaftlichen Maschinen, so daß sie nicht mehr auf die Dienste eines Lohnunternehmers angewiesen sind.

Schließlich trifft man auch auf „Nostalgiebauern", deren primäre Motivation „Sentimentalität" ist, meistens ein Pflichtgefühl, das Unrecht, das ihren Eltern während der Kollektivierung widerfuhr, zu korrigieren. So zum Beispiel ein Rentner im Dorf B. im Zentrum der Slowakei, der jahrelang (über seine Entschädigungsklage war im Frühjahr 1997 immer noch nicht vollständig entschieden) um die Rückgabe des Bodens seiner Familie kämpfte, der nach der Verhaftung seines Vaters 1950 konfisziert worden war, nachdem er Kritik an der Idee der Kollektivierung geübt hatte. Der Rentner bewirtschaftete 34 Hektar, von denen nur zwölf Hektar ihm selbst gehören und nur fünf Hektar für Ackerbau geeignet sind. Vieh ist in dieser Gegend wichtiger. Er hält zwölf Kühe und 27 Schafe. Obwohl er zuversichtlich ist, daß er kurzfristig davon leben kann, stimmen ihn die langfristigen Aussichten pessimistisch, und seine Kinder und Enkel haben nur wenig Interesse an dem Hof.

Im ungarischen Dorf N. nahe des Nordufers des Plattensees nahm ein Rentnerehepaar aus ähnlichen Gründen die Landwirtschaft auf, obwohl weder Mann noch Frau während der sozialistischen Jahre Landwirtschaft betrieben hatten (von der Bewirtschaftung ihres eigenen Küchengartens abgesehen). Der Anstoß zu dieser radikalen Veränderung kam von der Frau, die aus einer „Kulaken"-Familie stammte und der aufgrund ihrer Klassenzugehörigkeit der Zugang zu höherer Bildung verwehrt worden war. Sie hatte niemals die Ungerechtigkeiten vergessen, die ihre Eltern erlitten hatten. Das Paar erhielt etwa 20 Hektar Land in der Rückgabe und begann, Landwirtschaft zu betreiben. Aber sie finden es schwer, in einem Preisklima zu überleben, das eine bei weitem effizientere Produktion voraussetzt, als sie möglicherweise erreichen können. Sie bedauern den Familienentschluß in den 1970ern, das alte Haus der Familie mit zahlreichen Nebengebäuden zu verkaufen und ein neues, modernes Haus ohne Nebengebäude zu bauen. Das bedeutet, sie können – wie so viele neue Bauern – Ackerbau nicht mit Viehhaltung kombinieren. Deshalb glauben sie, daß „niemand Landwirtschaft betreibt, ohne noch anderswo zu arbeiten. Wir können uns das nur trauen, weil wir Rentner sind. Wir würden es nicht wagen, wenn wir nur die Landwirtschaft zum Leben hätten".

Übersetzung aus dem Englischen von
Anne Holl, Phil Hill und Elisabeth Meyer-Renschhausen

Anmerkungen

1   Der Artikel basiert auf Material, das im Laufe von vier Forschungsprojekten, finanziert durch den britischen Economic and Social Research Council (ESRC) und die Europäische Kommission, erhoben wurde: *Transitions to family farming in post-socialist Central Europe*, ESRC (L309253037); *Rural employment and rural regeneration in Central Europe*, Europäische Kommission (CIPA-CT92-3022); *Agricultural Restructuring and Rural Employment in Bulgaria and Romania*, Europäische Kommission, ACE, (94-0598-R); *Agricultural Protection and Agricultural Interests in Hungary, Poland and Slovakia*, ESRC (R000221863).

2   Karl-Eugen Wädekin, Privatproduzenten in der sowjetischen Landwirtschaft, Köln: Bundesinstitut für Ostwissenschaftliche und Internationale Studien, 1967.

3   Nigel Swain, Collective Farms which Work?, Cambridge: Cambridge University Press, 1985.

4   Nigel Swain, A Framework for Comparing Social Change in the Post Socialist Countryside, *Eastern European Countryside*, Nr. 4, 1998.

5   Fedor Belov, The History of a Soviet Collective Farm, New York: Praeger, 1955, S. 176-190.

6   Nigel Swain, Collective Farms as Sources of Stability and Decay in the Centrally Planned Economies of East Central Europe, University of Liverpool, Centre for Central and Eastern European Studies Working Papers No. 30, April 1994.

7   Nigel Swain, 1985, a.a.O, S. 551-579.

8   Siehe insbesondere Ivan Szelényi, Socialist Entrepreneurs: Embourgeoisement in Rural Hungary, Cambridge: Polity Press, 1988. Szelényi wurde besonders von dem ethnographischen Film „Földi Paradicsom" (Irdisches Paradies/Tomate, dasselbe Wort im Ungarischen) beeinflußt, der u.a. die Unsicherheit von marktorientierter Produktion und das harte Leben von Frauen in diesen Haushalten aufdeckt.

9 Nigel Swain, The Visegrad Countries of Eastern Europe, in: Bernard J. Foley (Hrsg.), European Economies since the Second World War, Houndmills: Macmillan, 1988, S. 177-208.

10 Nigel Swain, 1996, a.a.O.

11 Iveta Námerová, Private Farmers in Slovakia: Genesis, Composition, Conflict, *Eastern European Countryside*, No. 5, Summer 1999.

12 Nigel Swain, Rural Employment and Rural Regeneration in Post-Socialist Central Europe: Summary of Findings and the Qualitative Research, University of Liverpool, Centre for Central and Eastern European Studies Working Papers No. 38, January 1997.

13 Lutz Laschewski, Continuity and Changes – Development of Farm Structures in East Germany, Vortrag in der Arbeitsgruppe 10, XVIIth Congress of the European Society for Rural Sociology, Chania, Kreta, 25.-29. August 1997.

14 Die vollständigste Bestandsaufnahme der Bodenreform in der früheren DDR bis heute bieten Volker Beckmann und Konrad Hagedorn, Decollectivisation and Privatisation Policies and Resulting Structural Changes of Agriculture in Eastern Germany, in: Johan F.M. Swinnen, Allan Buckwell and Erik Mathijs (Hrsg.), Agricultural Privatisation, Land Reform and Farm Restructuring in Central and Eastern Europe, Aldershot: Ashgate, 1997, S. 105-160.

15 Stephen K. Wegren (Hrsg.), Land Reform in the Former Soviet Union and Eastern Europe, London/New York: Routledge, 1998, S. 39.

16 Sofern nicht anders angegeben, stammen die Zahlen in diesem Abschnitt aus: Nigel Swain, a.a.O., 1998.

17 Mihály Andor, Tibor Kuczi und Nigel Swain, Central European villages after 1990, *Szociológiai Szemle* (spezielle englische Ausgabe), Sommer 1998.

18 OECD, Review of Agricultural Policies: Czech Republic, Paris: OECD, 1995, S. 79.

19 OECD, Review of Agricultural Policies: Slovak Republic, Paris: OECD, 1995, S. 65.

Friedhelm Streiffeler

Landwirtschaft in der Stadt
Das Beispiel Afrika

Obwohl die städtische Landwirtschaft seit langer Zeit existiert, ist sie erst seit jüngerer Zeit ein Gegenstand wissenschaftlicher Untersuchungen geworden. Es gibt verschiedene Gründe dafür, weshalb sie in der Wissenschaft und auch der Politik übersehen wurde: Es gibt erstens die allgemeine Ansicht, daß der städtische Raum lediglich Wohnzwecken diene und wirtschaftliche Aktivitäten auf den sekundären und tertiären Bereich beschränkt seien, und daß die Landwirtschaft sich auf die ländlichen Gebiete beschränke.

Zweitens wurde die städtische Landwirtschaft, welche einen Teil des informellen Sektors ausmacht, lange übersehen wie auch andere Bereiche des informellen Sektors. Schließlich zog die städtische Landwirtschaft aus der Perspektive der Entwicklungsforschung nicht viel Interesse auf sich, da die Entwicklung von Landwirtschaft in einer nicht-landwirtschaftlichen Umgebung nicht leicht konzipierbar ist. Städtische Landwirtschaft ist in der Tat in einer Umgebung angesiedelt, die nicht landwirtschaftlich ist im Hinblick auf die Verfügbarkeit von ausreichend Land, aber auch im Hinblick auf die ökonomische Umgebung, die administrative Organisation, die sozialen Beziehungen der Menschen, die im städtischen Raum leben, und gewisser anderer Aspekte.

Gleichwohl konnte die städtische Landwirtschaft mit ihrer zunehmenden Bedeutung nicht länger übersehen werden. Sie ist ein Forschungsthema geworden, das unter verschiedenen Aspekten untersucht wird, wobei der ökologische Aspekt der jüngste ist. Hier wird betont, daß städtische Landwirtschaft einen Beitrag zum „Grünen" der Städte leisten könnte, als eine Strategie, um die städtische Umweltkrise zu bekämpfen. Ohne die Bedeutung des ökologischen Aspektes abstreiten zu wollen, ist es gleichwohl genauso wichtig, die verschiedenen ökonomischen und sozialen Funktionen der städtischen Landwirtschaft zu verstehen, auch deshalb, um einen Stil von Stadtplanung zu vermeiden, welcher Affinitäten zu dem alten kolonialen Modell der Gartenstädte aufweist.

Aktuelle Trends in der afrikanischen Stadtentwicklung

Die afrikanischen Staaten südlich der Sahara, die lange durch den niedrigsten Grad der Urbanisierung im Vergleich zu anderen Weltregionen gekennzeichnet waren, zeigen heute den höchsten Grad des Städtewachstums. Die Statistiken des United Nations Population Fund beziffern die Wachstumsraten der Städte in Afrika zwischen 1995 und 2000 im Mittelwert mit 4,3 %, während die entsprechenden Zahlen für Asien bei 3,2 %, für Lateinamerika bei 2,3 %, für Europa bei 0,5 % und für Amerika bei 1,2 % liegen.[1] Der größte Anteil dieses Wachstums ist der Migration geschuldet. Im Gegensatz zu einer weit verbreiteten Sicht sind die Migranten nicht von Städten angezogen, sondern die Mehrzahl der Dorfbewohner, welche in die Städte migrieren, sind realistisch genug zu sehen, daß sie nicht alle eine Anstellung im formalen Sektor, d.h. bei privaten Unternehmen und im Staatsdienst finden können.

Mit Ausnahme der Gruppe der Migranten, die in die Städte gehen, um ihre Schulausbildung zu vollenden,[2] hat die Mehrzahl der Migranten einen niedrigeren Grad von Schulbildung als jene Stadtbewohner, die bereits seit langem in der Stadt wohnen, und sie haben daher eine geringere Chance auf Anstellung.

Zweitens sehen die Migranten sehr wohl die Tatsache, daß die gegenwärtige Anzahl von Menschen, die bereits in der Stadt leben, weit die Zahl der vorhandenen Anstellungsmöglichkeiten in der formalen Wirtschaft überschreitet, und sie sehen, daß sie mit anderen Mitteln überleben müssen: Die Migranten hoffen, daß sie – wenn sie in die Stadt kommen – die Zahl ihrer unterschiedlichen Tätigkeiten steigern könnten, welche (in verschiedenen Kombinationen) ihr Überleben garantieren können. Im Grunde unterscheidet sich die Logik dahinter nicht so sehr von der der Subsistenzbauern, welche das natürliche Risiko der Landwirtschaft dadurch bekämpfen, daß sie die Produktion über verschiedene Anbaufrüchte (Mischkultur), über verschiedene Anbauflächen und über verschiedene Wachstumsperioden streuen. In den Städten ist die Begrenzung der Risikostreuung auf die Landwirtschaft nicht länger notwendig, und der Einschluß anderer Tätigkeiten des sekundären und tertiären Sektors ist möglich.

Das Wachstum der städtischen Landwirtschaft als Antwort auf die gegenwärtige ökonomische Krise

Obwohl die formale Ökonomie in postkolonialen afrikanischen Städten der städtischen Bevölkerung nie genügend Beschäftigungsmöglichkeiten angeboten hatte, wuchs diese Diskrepanz dramatisch in den 80er Jahren mit der Implementierung von Strukturanpassungsprogrammen in vielen afrikanischen Staaten. Ein Hauptgrund dafür war die Tatsache, daß der öffentliche Sektor einen hohen Anteil an der Beschäftigung in der formalen Ökonomie hatte. Außerdem gibt es noch die Fälle des Zusammenbruchs des Staates und der formellen Ökonomie wie im früheren Zaire, wo zu Beginn der 90er Jahre nur 5 % der Bevölkerung von Kinshasa in der formalen Wirtschaft angestellt waren.

Die formale Wirtschaft wurde so zunehmend von der informellen Wirtschaft als materieller Basis für den Lebensunterhalt komplementiert. Wenn diese informale Wirtschaft in der Form von kleiner Warenwirtschaft realisiert wird, z.B. in Form der Produktion von Gütern für das Alltagsleben, Kleinhandel usw., weist diese als wesentliche Merkmale Wettbewerbsfähigkeit und Billigkeit auf, und die informelle Wirtschaft kann daher nur stattfinden, wenn die Preise nicht notwendigerweise die Reproduktion der Arbeitskraft sichern müssen. Eine der häufigsten Lösungen für dieses Problem ist städtische Landwirtschaft. Ein Überblick über die weite Verbreitung dieser Praxis in den Städten einiger afrikanischer Staaten ist in der folgenden Liste des United Nations Development Programme präsentiert:[3]

Burkina Faso 36 % der Familien in Ouagadougou betreiben reinen Gartenbau oder Tierhaltung.

Kamerun   In Yaounde betreiben 35 % der Stadtbewohner Landwirtschaft.

Gabun   80 % der Familien in Libreville betreiben Gartenbau.

Kenia   67 % der städtischen Familien betreiben Landwirtschaft auf städtischen und peri-urbanen Gebieten (80 % von ihnen gehören zu unteren Einkommensgruppen). 29 % dieser Familien betreiben Landwirtschaft in den Gebieten, in denen sie wohnen. 20 % der Stadtbewohner von Nairobi bauen Nahrungsmittel in städtischen Gebieten an.

Mosambik   39 % der städtischen Haushalte, die in Maputo untersucht wurden, produzieren Nahrung, 29 % betrieben Tierhaltung.

Tansania   68 % der Familien in sechs tansanischen Städten sind in der Landwirtschaft engagiert, 30 % betreiben Tierhaltung.

Uganda   33 % aller Haushalte innerhalb eines Radius von 5 km um das Zentrum von Kampala waren im Jahr 1989 in irgendeiner Form von landwirtschaftlicher Tätigkeit engagiert.

Zambia   Ein Überblick über 250 Haushalte mit niedrigem Einkommen in Lusaka zeigte, daß 45 % Gartenbauprodukte anbauten oder Tiere hielten – sei es in ihren Gärten und Hinterhöfen oder in der Peripherie der Stadt.

Im früheren Zaire mit seiner dramatischen ökonomischen Situation hat sich die städtische Landwirtschaft fast universalisiert: Mit dem Zusammenbruch der formalen Wirtschaft und zu Beginn der 90er Jahre verbreitete sich städtische Landwirtschaft mehr und mehr in alle Teile des städtischen Gebietes, und Flächen, welche vorher von Industriefirmen oder öffentlichen Institutionen wie Schulen, Universitäten, öffentlichem Verkehr usw. genutzt worden waren, wurden nun für städtische Landwirtschaft als der zentralen Überlebensstrategie der Stadtbewohner refunktionalisiert.

Diese Strategie der Überlebenssicherung in der Stadt bedeutet, daß städtische Landwirtschaft mehr mit dem Ziel der Produktion für den Eigenbedarf realisiert wird als mit dem Ziel der Produktion für den Verkauf. So zeigte eine Untersuchung, die ich im Jahr 1987 in der kongolesischen Stadt Kisangani durchgeführt hatte, daß von 426 befragten Personen, welche städtische Landwirtschaft betreiben, lediglich 0,3 % erklärten, für den Verkauf zu produzieren. 32,6 % gaben an, daß sie für den Eigenbedarf produzierten. Die Mehrzahl von 63,4 % produzierten zu beiden Zwecken, aber der Anteil jener, welche den größeren Teil für ihren eigenen Konsum verwenden, ist nahezu doppelt so groß wie jener, welche den größten Teil für den Verkauf produzieren (59,4 % versus 30,1 %). Ähnliche Zahlen wurden für Nairobi und Kampala gefunden. Solche Zahlen machen deutlich, daß städtische Landwirtschaft primär zum Ziel hat, das Überleben der städtischen Armen zu sichern. Da der Nahrungsbedarf mit der Familiengröße zunimmt, ist es klar, daß die Wahrscheinlichkeit und das Ausmaß der städtischen Landwirtschaft mit der Zahl der Kinder in der Familie zunehmen. Von einem theoretischen Standpunkt aus kann zumindest die intra-urbane Landwirtschaft als ein interessantes Anwendungsgebiet der Theorie des russischen Agrarökonomen Tschajanow angesehen werden, welcher die Größe der bebauten Fläche nicht so sehr in Abhängigkeit von der Zugehörigkeit zu einer bäuerlichen Klasse sah als vom Stadium im Familienzyklus.

Landwirtschaft wird nicht nur von Familien praktiziert, welche keine Angehörigen in der formalen Ökonomie haben. Sie kann auch im Rahmen der traditionellen Aufgabenzuschreibung der Frauen existieren, welche die Subsistenz des Haushaltes zu sichern haben. Eine hohe Inflationsrate gekoppelt mit einer niedrigen Wachstumsrate der Löhne kann ebenfalls eine Situation schaffen, in der sogar eine Anstellung im formalen Sektor nicht mehr das Überleben des Haushaltes und die Reproduktion der Arbeitskraft sichert. In solchen Fällen können selbst Haushalte, die Mitglieder im formalen Sektor haben, gezwungen sein, sich in der städtischen Landwirtschaft zu betätigen. Dieses Phänomen, welches als Subsidiarisierung der Lohnarbeit durch Subsistenzproduktion bezeichnet werden könnte, fand sich in Kisangani, wo Alaruka und Choma in einer Befragung von 1981 bis 1983 ermittelten, daß 26,9 % der Frauen, die städtische Landwirtschaft betrieben, Ehemänner hatten, welche Staatsangestellte waren.[4] In der Untersuchung, die ich 1987 durchgeführt habe, wurde mit 28,2 % ein ähnlich hoher Prozentsatz von Haushalten gefunden, die Einkommen aus dem Staatsdienst bezogen, aber auch der private Sektor war mit 15,6 % repräsentiert. Insgesamt zeigen alle diese Ergebnisse, daß der städtische Haushalt in Afrika nicht nur eine Wohn- und Konsumeinheit ist, sondern eine produktive Einheit, ein „produktives Haus"[5].

Die bisherigen Ausführungen über Subsidiarisierungen von Einkommen lassen sich auch als Stützungsverhältnis von Hausetagen verbildlichen: Die Tätigkeit im formalen Sektor als „bel-étage" des städtischen Hauses kann sich nur halten, weil sie vom „Erdgeschoß" der informellen Wirtschaftstätigkeit abgestützt wird. Aber auch diese bedarf ihrerseits wegen ihrer niedrigen Gewinnmargen aus Wettbewerbsgründen einer Stützung: sie stellt nicht die tiefste Etage dar, sondern wird durch den „Kartoffelkeller" der städtischen Landwirtschaft abgestützt.

Es sollte daran erinnert werden, daß dieses Phänomen der Subsidiarisierung der Lohnarbeit durch Subsistenzproduktion auf tief verankerte Praktiken in der Kolonialzeit zurückverweist. Der erstaunlich direkte Zusammenhang zwischen der Zunahme von städtischer Landwirtschaft auf der einen Seite und andererseits der Inflation oder dem Preisanstieg für Nahrungsmittel, welche oft den Liberalisierungspolitiken unter IWF-Einfluß folgten, kann lediglich durch den hohen Anteil der Ausgaben für Nahrungsmittel am totalen Haushaltsbudget erklärt werden. So fand eine Studie in Nairobi, daß die städtischen Armen 30 % ihres Haushaltsbudgets für Ernährung ausgeben – ein Prozentsatz, welcher auf 45-50 % steigt, wenn wir die Kosten für Brennholz dazurechnen. Diese Zahlen wurden für Brazzaville mit 48 % und für Dakar mit 56 % im Jahr 1979 noch überboten.[6]

Die wichtigsten Typen der städtischen Landwirtschaft

Vor der Darstellung einer Typologie der städtischen Landwirtschaft auf der Basis ihrer räumlichen Lage muß etwas über die besondere Struktur der schnell wachsenden afrikanischen Städte gesagt werden.

Manche Städte existieren mit einem Zentrum, im allgemeinen dem historisch ältesten Teil der Stadt mit der höchsten Bevölkerungs- und Wohndichte und abfallender Dichte mit zunehmender Entfernung von diesem Zentrum. Viele Städte sind aber weniger zentralisiert und „pluralistischer" in dem Sinne, daß sie aus *verschiedenen* mehr oder weniger zentralisierten Quartieren oder Distrikten bestehen. In diesen Fällen gibt es eine abfallende Bevölkerungs- und Bebauungsdichte mit zunehmender Entfernung von diesen Sub-Zentren und ungenutztes Land, Grünzonen und Zonen von niedrigerer Bebauungsdichte zwischen ihnen. Aus dieser multizentrischen Struktur folgt, daß die räumliche Verteilung der städtischen Landwirtschaft nicht dem von-Thünen-Modell entspricht, welches eine abnehmende Intensität der Landnutzung in Abhängigkeit zur Entfernung von einem angenommenen zentralen Punkt postuliert.[7] Ferner findet sich auch eine Tendenz zur Entwicklung spontaner „Satelliten-Siedlungen" der armen Migranten rund um die sehr großen Städte (z.B. Kulinda westlich von Nairobi). So gibt es metropolitane Raumgebiete mit niedriger Dichte zwischen den neuen Siedlungen und dem alten Stadtzentrum wie auch Flächen mit niedriger Dichte zwischen den neuen Siedlungen.

Es ist plausibel, drei Typen von städtischer Landwirtschaft zu unterscheiden, wobei der Standort das entscheidende Kriterium ist: innerstädtische Landwirtschaft, Hausgärten und peri-urbane Landwirtschaft.

Die Kategorie der *innerstädtischen* Landwirtschaft bezieht sich auf Flächen zwischen und an der Peripherie von verschiedenen Quartieren oder Agglomerationen, welche die gesamte Stadt ausmachen: „Niemandsland" (obwohl nicht aus der Perspektive des Rechtsstatus) entlang der Straßen, Flüsse, Schienen etc., jahreszeitlich überflutetes Land (etwa in Nairobi), Land auf steilen Hängen, das nicht bebaut werden kann, sowie Parkland, das oft ein Erbe der Kolonialzeit darstellt. Während diese Typen zusammenhängende Flächen bilden, gibt es noch den Typ verstreuter Flächen, welche öffentliches Eigentum darstellen können, z.B. Land um öffentliche Gebäude herum oder nicht genutztes privates Land.

Im allgemeinen sind die Personen, welche auf diesen Flächen städtische Landwirtschaft betreiben, die ärmsten. Die Tatsache, daß sie oft über keine Landrechte verfügen, hat auch Implikationen für die Art der angebauten Pflanzen: Wenn keine Landsicherheit existiert, werden keine Jahres- oder gar Dauerkulturen angebaut, sondern nur schnell wachsende Pflanzen mit kurzem Wachstumszyklus, wie etwa Blattgemüse.

Gleichwohl wäre die Charakterisierung der Rechtssituation als völliges Fehlen von Landrechten nicht ganz zutreffend. Es entwickelt sich oft eine lokale Legitimation des Nutzungsrechtes, wenn ein Einwohner eines Viertels mit einer gewissen Kontinuität anbaut und, um die Anbaufläche in einem guten Zustand zu erhalten, sichtbar Arbeit investiert. Eine andere Form dieses informellen Landrechtes, das etwa im früheren Zaire von großer Bedeutung war, ist die Nutzung des Landes durch Staatsangestellte, welche argumentierten, daß die zairische Gesetzgebung festgelegt hätte, daß alles Land Staatseigentum sei. Außerdem gibt es in vielen afrikanischen Städten eine Überlagerung verschiedener Rechtsformen wie des traditionellen afrikanischen Landrechtes, langfristiger Gewohnheitsrechte (wie die von langfristig ansässigen Stadtmigranten) sowie des formalen Rechts.

Die Bedeutung der *Hausgärten* in vielen afrikanischen Städten kann nicht hoch genug geschätzt werden. Während in vielen reichen Ländern auf diesen primär Rasen und Zierpflanzen angelegt werden, bedeutet die Anlage von Hausgärten in vielen Entwicklungsländern eine wesentliche Komponente des Spektrums von Tätigkeiten, welche eine ausreichende Ernährung sicherstellen. Die Produktion ist in der Regel für den Eigenkonsum. Typisch für Hausgärten sind Gemüse und Obst.

Die Vorteile der Hausgärten gegenüber der intra- und peri-urbanen Landwirtschaft sind vierfacher Art:

- Üblicherweise gibt es mehr Landsicherheit – mindestens ist der Hausgarten nicht weniger sicher als das Haus oder die Hütte. Da in vielen afrikanischen Rechtssystemen das Recht, Bäume zu pflanzen, eng mit dem Recht über das Land verbunden ist, erscheint es logisch, daß viele Flächen nicht nur für Gemüse, sondern auch für Bäume und Büsche genutzt werden.
- Arbeit auf Hausgärten ist weniger zeitaufwendig, da es keine Entfernungen zwischen Haus und Feld gibt. Meistens arbeiten Frauen auf den Hausgärten, Küchenabfälle werden als Kompost genutzt.
- Hausgärten sind leichter zu bewässern.
- Es gibt weniger Probleme mit Diebstahl, welcher eines der Hauptprobleme der intra-urbanen Landwirtschaft im allgemeinen und besonders auf Feldern neben Straßen darstellt.

Natürlich hängen Verbreitung und Feldgröße der Haushaltsgärten von der Stadt und der Zentralität ihrer Lage ab. In Städten und Stadtgebieten mit weniger Land haben die ärmsten Haushalte die geringste Chance, einen Hausgarten zu besitzen. Hierin liegen zugleich auch die Grenzen einer Förderung von Hausgärten im Kontext der Entwicklungsarbeit, die übrigens eine lange Tradition hat.

Die Kategorie der *peri-urbanen* Landwirtschaft ist äußerst heterogen:

- Sie umfaßt zunächst die Landwirtschaft früherer Dörfer, welche üblicherweise durch die Einbeziehung von Dörfern in die urbane Peripherie tiefgreifend umgestaltet wird.

- Wenn keine Landknappheit herrscht, kann das Land – oft durch die traditionellen Erdherren – an Stadtbewohner für ein oder mehrere Jahre verpachtet werden.

- Seit den Kolonialzeiten hat die Verwaltung in den peri-urbanen Gebieten landwirtschaftliche Projekte organisiert, um die Städte zu ernähren und Beschäftigungsmöglichkeiten zu schaffen. Diese Projekte waren oft als Kooperativen organisiert und nutzten Land, welches entsprechend der kolonialen und postkolonialen Gesetzgebung als Staatseigentum deklariert war. Andererseits existieren solche Projekte in der urbanen Peripherie, welche oft technisch hoch modernisiert sind und häufig von der internationalen Zusammenarbeit unterstützt werden, auch in der Form von Privateigentum.

- Personen mit Zugang zu Macht und Geld in der Stadt sind oft motiviert, mit ihrem Geld im peri-urbanen Bereich Land zu erwerben und dort in Plantagenform „spekulative" Kulturen anzubauen. Häufig bekommen die Plantagenarbeiter als Teil ihrer Entlohnung die Erlaubnis, auf diesem Land Nahrung für ihren eigenen Bedarf anzubauen.

- Schließlich können auch Migranten nach ihrer Ankunft in der Stadt im peri-urbanen Bereich ungenutztes Land für sich nutzen, weil sie noch keinen Zugang zu intra-urbanem Land finden. Sie teilen so die Landunsicherheit mit entsprechenden Formen der intra-urbanen Landwirtschaft, haben aber noch den zusätzlichen Nachteil langer Wegezeiten.

Einstellungswandel der Stadtverwaltung gegenüber der städtischen Landwirtschaft

In der Vergangenheit hatte die Stadtverwaltung in allen afrikanischen Staaten eine eindeutig negative Einstellung gegenüber der städtischen Landwirtschaft, was sich häufig auch in der Zerstörung intraurbaner Felder äußerte, wie es Hake für Kenia beschrieben hat.[8] Diese negative Einstellung erklärt sich aus dem verbreiteten Entwicklungsmodell, wonach die Verwaltung hauptsächlich die Aufgabe hätte, die Entwicklung des sekundären und tertiären Sektors der formalen Wirtschaft voranzutreiben. Die öffentliche Verwaltung war mehr an der Landreservierung für die künftige Industrie oder für neue Quartiere mit modernen Gebäuden zu Verwaltungs-, Handels- oder Wohnzwecken interessiert, und sie sah die unerlaubte landwirtschaftliche Nutzung des Landes als Hindernis dafür, als „anarchistisch" und illegal an. Als Erklärungsgrund für die negative Einstellung sollte auch die Tatsache in Betracht gezogen werden, daß die Verwaltung infolge dieser unautorisierten Nutzung keine Steuern erheben konnte. Diese negative Einstellung betraf im allgemeinen nur die intra-urbane Landwirtschaft und nicht Haushaltsgärten, sofern es keine Probleme mit dem Landtitel gab.

Die negative Einstellung der Verwaltungen gegenüber der städtischen Landwirtschaft konnten allerdings nicht historische Veränderungen überstehen. Ein erstes Beispiel für den Einstellungswandel war Lusaka, wo früher Maispflanzen abgeschlagen, Straßenverkäufer verjagt und illegal erbaute Häuser zerstört worden waren. Da diese Aktionen keine Wirkung auf die ständig zunehmende Bevölkerung von Lusaka hatten und die finanzielle Krise der Stadt- und Nationalverwaltung keine Erschließung alternativer Einkommensquellen ermöglichte, wurde ein Politikwechsel vollzogen. Der zambische Präsident Kaunda erklärte im Jahre 1977: „Die 450.000 Einwohner von Lusaka müssen ihr eigenes Gemüse und ihre eigenen Grundnahrungsmittel anbauen".[9] Dieser Erklärung folgte auch der organisierte Verkauf von Saatgut, Werkzeugen und anderen landwirtschaftlichen Inputs.

Zambia war nicht das einzige Land, in dem sich ein Politikwandel vollzog. Es ist v.a. die schwere ökonomische Krise Afrikas in den achtziger Jahren, welche die Verbreitung dieses Einstellungswandels auf andere afrikanische Staaten erklärt, wobei Tansania einer der ersten war. Selbst in Nairobi, wo wegen der festen Hoffnungen auf eine schnelle Industrieentwicklung eine totale Abwesenheit von Toleranz gegenüber der informellen Wirtschaft institutionalisiert war, fand ein Einstellungswandel statt: Die informellen Aktivitäten wurden nun „small scale enterprises" genannt und positiv gesehen. Intra-urbane Landwirtschaft auf öffentlichen Flächen wurde erlaubt, sofern keine Bäume gepflanzt wurden, da diese Ansprüche auf Landbesitz demonstrieren.

Der Widerspruch zwischen den formalen Gesetzen bezüglich des Landrechts einerseits und der Landnutzung durch die anwachsende Stadtbevölkerung für intra-urbane Landwirtschaft aus Motiven der Überlebenssicherung andererseits wurde auf unterschiedliche Weise gelöst. Häufig wurde die alte Gesetzgebung bezüglich der Landnutzung beibehalten, aber es erfolgten keine Sanktionen gegen Verstöße. Statt einer neuen Gesetzgebung, welche positiv auf die städtische Landwirtschaft ausgerichtet gewesen wäre, traten „Laxheit"[10], „schweigende Zustimmung"[11] oder „wohlwollendes Übersehen"[12] hervor. Es können auch Unterschiede zwischen den Verwaltungsebenen beobachtet werden: Die höheren Ebenen der Stadtverwaltung verteidigen die existierenden formalen Regelungen, welche die „illegale" Nutzung von ungenutztem öffentlichen Land verbieten, während die Mitglieder der niedrigsten und lokalen Verwaltungsebenen sie in den armen Vierteln sogar offen unterstützen.

Ein anderer Versuch, diese mit der illegalen Landnutzung – sowohl für die städtische Landwirtschaft wie zu Wohnzwecken – verbundenen Konflikte zu lösen, bestand darin, illegale und informelle Landbesetzung nachträglich zu legalisieren. Diese Politik spielte eine wichtige Rolle bei der HABITAT-Konferenz in Istanbul im Jahre 1996 und ihren Vorkonferenzen. So wurde in der „New Delhi Declaration" die städtische Landwirtschaft ausdrücklich erwähnt. Ebenso ist die Tendenz zur Legalisierung der städtischen Landwirtschaft im „Sustainable Dar-es-Salaam Projekt" des „UN-Centers for Human Settlements" zu finden.

Es ist kein Zufall und auch nicht schlecht, daß das Thema städtische Landwirtschaft unter den Gesichtspunkt der Nachhaltigkeit thematisiert wird. In Harare war es das Department of Natural Resources, welches die Aufmerksamkeit der Stadtverwaltung auf die Abholzung als Resultat illegaler peri-urbaner Landwirtschaft lenkte. Es lud den Oberbürgermeister und einige Abgeordneten zu einem Flug über Harare ein, um ihnen aus der Höhe einen Überblick über die Schäden an Naturressourcen in der Stadt und um die Stadt herum zu bieten, welche durch das Fällen von Bäumen zu Zwecken der intra- und peri-urbanen Landwirtschaft zustande gekommen waren. Der Oberbürgermeister empfahl als Reaktion eine Verschärfung der Gesetze gegen unkontrollierten Anbau, besonders entlang der Flußufer.[13] Diese Gesetze wurden allerdings in Harare von den städtischen Armen nicht befolgt. Das positivste Resultat der Gesetzgebung gegen illegale städtische Landwirtschaft bestand darin, daß die in diesem Bereich Engagierten formale kooperative Organisationen gründeten, um Zugang zu städtischem Land zu erhalten. Eine Schlußfolgerung aus diesen Erfahrungen in Harare wäre, daß eine wirklich nachhaltige Stadtentwicklung bei der Planung neuer Stadtviertel Hausgärten, in denen Obstbäume gepflanzt werden können, sowie peri-urbane Systeme von Agro-Forstwirtschaft mit einbeziehen sollte.

Zwischen der Langzeitperspektive und bloßer Überlebensstrategie gibt es noch die mittlere Perspektive der „zeitweiligen Nutzungslizenzen". Diese kann bei öffentlichem Land Anwendung finden, das für eine andere Nutzung reserviert ist, z.B. bei Land, das für öffentliche Gebäude verplant ist, wo aber die Bauten noch nicht in Angriff genommen worden sind. Die Realisierung solcher Pläne dauert oft viele Jahre, und während dieser Zeit kann das Land landwirtschaftlich genutzt werden.

Städtische Ökologie und städtische Landwirtschaft

Das Thema städtische Ökologie und städtische Landwirtschaft läßt sich in zwei Hauptaspekte unterscheiden: Problematische Effekte der städtischen Umgebung auf die dortige Landwirtschaft einerseits und die ökologischen Vorteile der städtischen Landwirtschaft andererseits.

Die problematischen Effekte der städtischen Umwelt auf agrarische Produktion sind vielfältig: Luft, Boden und Wasser sind sehr viel stärker schadstoffbelastet als im ländlichen Raum. Selbst wenn wegen einer niedrigen Industrie- und Verkehrsentwicklung die Luftbelastung durch chemische Schadstoffe und Autoabgase niedrig ist, kommt es oft vor, daß die Luft abends und nachts stark durch Rauch belastet ist, der von Holzöfen oder von verbrannten Abfällen herkommt. Ferner erzeugt die hohe Bebauungsdichte eine höhere Lufttemperatur und damit Hitzestress. Schließlich erlauben der ökonomische Druck zu einem permanenten Anbau und die Enge des verfügbaren Landes nicht die im ländlichen Raum üblichen Formen der Regeneration der Bodenfruchtbarkeit wie Brache oder rotierenden Anbau. Diese Konstellation negativer Umweltfaktoren führt dazu, daß Pflanzenkrankheiten sowohl für die intra-, aber auch die peri-urbane Landwirtschaft ein gravierendes Problem darstellen. So wurden etwa bei der Befragung in Kisangani Pflanzenkrankheiten mit 30,5 % der Antworten als häufigstes Problem der städtischen Landwirtschaft erwähnt.

Abgesehen von einer Minderheit von Produzenten, welche typischerweise Nahrungsprodukte im peri-urbanen Bereich anbauen und die nicht selten zu viele chemische Pflanzenschutzmittel mit entsprechenden Folgen für die Konsumenten anwenden, werden keine chemischen Produkte für den Pflanzenschutz verwendet. Mit Ausnahme der Mischkultur sind traditionelle Techniken des Pflanzenschutzes, etwa die Verwendung von Exkrementen von Elefanten, wie sie in den ländlichen Gebieten um Kisangani üblich war, im städtischen Bereich nicht realisierbar.

Gleichwohl ist eine Möglichkeit für den städtischen Raum denkbar, welche zugleich ein anderes Problem afrikanischer Städte lösen würde: Abgesehen von Verwaltungs- und Handelszentren und Wohngebieten der Reichen sind viele Städte in Afrika südlich der Sahara sehr schmutzig. Die negative Umweltqualität hat ihr höchstes Ausmaß in Spontansiedlungen, wo die Abwesenheit öffentlicher Dienste auch die Abwesenheit jeder öffentlichen Müllsammlung umfaßt. Abfall verbleibt auf Straßen und unbebauten Flächen oder wird in Flüsse oder ans Ufer geworfen. Dieses Verhalten hat auch Einfluß auf die hygienische Situation dieser Viertel.

Von daher ist es eine attraktive Vorstellung, das Ernährungsproblem in den armen Teilen afrikanischer Städte in integrierter Weise mit dem Hygiene-Problem zu lösen und geeigneten Abfall als Kompost für die städtische Landwirtschaft zu nutzen. Diese integrative Lösung zweier Probleme ist im Prinzip auch für Abwasser denkbar. Das ist wichtig, weil Wasser, besonders in den armen Gebieten, zu einer knappen Ressource wird. Gewiß hat diese Verknüpfung von Müll-Recycling mit Pflanzenschutz und Pflanzenernährung immer auf niedriger Ebene und ohne externe Förderung existiert, und zwar in Hausgärten und durch unorganisierte Müllsammler, die den Abfall zu Plätzen bringen, wo er kompostiert werden kann. Die Idee, die Integration auf höherer Ebene in einer organisierten Form zu fördern und auch externe Hilfe im Kontext der Entwicklungszusammenarbeit auf diesen Bereich zu lenken, wurde in den achtziger Jahren u.a. im Rahmen des „Food Energy Nexus Programme" der Universität der Vereinten Nationen entwickelt.[14] Die Integration ist in städtischen Armenvierteln der Dritten Welt besonders interessant, weil der Anteil an kompostierbarem organischen Material im allgemeinen hoch ist, oft über 50 %, und der Anteil von Plastik, Metall und Glas sehr niedrig. Asche hat auch einen relativ hohen Anteil. Wenn organischer Dünger in einer richtigen Kombination und zur richtigen Zeit angewendet würde, könnte er das Potential der Krankheitsresistenz der Pflanzen erhöhen. Zugleich könnte durch diese Düngung ein Beitrag zur Pflanzenernährung geleistet und eine Alternative zu der häufigen Strategie, immer anspruchslosere Pflanzen anzubauen, geboten werden.

Das Problem der Integration von zwei Problemlösungsstrategien ist ihre Realisierung in afrikanischen Städten, die oft sehr arm sind – nicht nur im Hinblick auf die Bewohner der armen Viertel, sondern auch im Hinblick auf die materielle Ausstattung der Stadtverwaltung.

Die Verbindung von Müllbeseitigung mit Pflanzenschutz und Pflanzenernährung kann im Prinzip in einer eher dezentralisierten oder in einer eher zentralisierten Weise erfolgen. Die erstere, bei der im Extremfall jeder Haushalt seinen organischen Abfall selbst kompostiert, ist nur dort realisierbar, wo genügend Land für Komposthaufen und Haushaltsgärten zur Verfügung steht. Auf der anderen Seite sind zentralisierte Systeme der Müllsammlung vorstellbar: Sie setzen auf einer ersten Ebene den Transport der Abfälle zu lokalen Sammelpunkten voraus – sei es durch die Abfallproduzenten oder mit Handkarren von Müllsammlern. Auf einer zweiten Ebene bedarf es einer Sammlung des Materials durch Müllwagen. Ein großes Problem dieses Systems besteht allerdings darin, daß meist zu wenig Müllwagen zur Verfügung stehen und daß diese häufig nicht mehr funktionsfähig sind, weil sie vom Gewicht des Mülls und der Einsatzzeit überbelastet sind. Da in vielen afrikanischen Staaten das Finanzpotential von der Ebene des Nationalstaates über die mittlere zur lokalen Ebene progressiv abnimmt, und da die knappen finanziellen Mittel primär für Gehälter genutzt werden, ist häufig nicht genügend Geld für Müllwagen und ihre Unterhaltung vorhanden. Der Prozeß des zentralisierten Kompostierens ist auch sehr landintensiv und kann nur mit einfachen Techniken im peri-urbanen Gebiet organisiert werden. Um Gesundheitsprobleme zu vermeiden, ist auch eine Kontrolle des Endprodukts eine absolute Notwendigkeit.

Soziale Aspekte der städtischen Landwirtschaft

Der Ausdruck „Soziale Aspekte" soll hier die Beziehungen zwischen den landwirtschaftbetreibenden Stadtbewohnern beschreiben. Obwohl dieser Aspekt in bisher vorliegenden Forschungen kaum beachtet wurde, ist er ebenso wichtig wie für den Bereich der Landwirtschaft im ländlichen Raum, wo er der Gegenstand langer Forschungstraditionen ist. Die wenigen Forschungsprojekte zur städtischen Landwirtschaft, welche den sozialen Aspekt einbezogen haben, stellen große Unterschiede zwischen ländlicher und städtischer Landwirtschaft heraus:

Im allgemeinen und mit wenigen Ausnahmen wird städtische Landwirtschaft in Afrika ohne Zusammenarbeit oberhalb der Ebene der Kernfamilie praktiziert. Wie die Kisangani-Untersuchung gezeigt hatte, helfen sich nur 15,6 % der Haushalte und 84,4 % arbeiten ohne diese gegenseitig Hilfe.

Die Tatsache, daß dieser Prozentsatz sogar höher ist als der in Nairobi gefunden, wo 93 % *ohne* haushaltsübergreifende Kooperation arbeiten,[15] könnte durch die Sozialstruktur von Kisangani erklärt werden, welche noch Agglomerationen der ursprünglichen Einwohner (*Komo* oder *Mbote*) und von langetablierten Emigranten wie den *Bangwana* (Swahili) enthält.

Dieser niedrige Grad von Kooperation und Koordination steht in scharfem Gegensatz zur Situation in ländlichen Gebieten, wo nicht nur Arbeitstausch weit verbreitet ist. Es existiert auch ein System der Abstimmung im Hinblick auf die Kulturen, um die Ausdehnung von Pflanzenkrankheiten zu verhindern. Man kann daher sagen, daß Betreiber städtischer Landwirtschaft oft in verstreuter Weise existieren. Städtische Landwirtschaft steht nicht nur ökologischen Problemen in einem naturwissenschaftlichen Sinne gegenüber, sondern auch im Sinne der Sozialökologie. Das Fehlen von Kooperation zwischen Pflanzenproduktion und Tierhaltung (das Abfressen von Nahrungsmitteln, etwa durch Ziegen, ist ein Standardproblem) gehört auch in diese Kategorie.

Es ist interessant festzustellen, daß dieses geringere Ausmaß an Kooperation und Abstimmung auch von den städtischen Anbauern als eines der Haupthindernisse bei der Entwicklung der städtischen Landwirtschaft angesehen wird. Es wird nicht akzeptiert von denen, die städtische Landwirtschaft betreiben, besonders nicht von denen, die für den Eigenkonsum produzieren. Diese leiden sehr an ihrer Zerstreuung, und das Leiden schafft den Traum von mehr Zusammenarbeit und Organisation.

Projekte im Bereich der städtischen Landwirtschaft können keinen Erfolg haben, wenn der Aspekt von Kooperation und Abstimmung nicht mit berücksichtigt wird. So verteilt das Projekt *Undugu* („Brüderlichkeit") in Kitui-Pumwani (Nairobi) nicht nur Land oder Saatgut an die Siedler eines sehr armen Slum-Quartiers, sondern widmet auch kommunitären Formen der Entscheidung und Aktion viel Aufmerksamkeit. Der Traum kommunitärer Organisation, der um so ausgeprägter ist, je mehr die Stadt von einer organisierten Stadt zu einer konturlosen Megapolis tendiert, bedeutet nicht die Rückkehr zu sehr alten (ländlichen oder städtischen) Institutionen wie gemeinsamem Landbesitz. Dieser Entwicklungstraum impliziert eine Anpassung an die gegenwärtigen städtischen Bedingungen mit mindestens individuellem oder familiärem Nutzungsrecht.

Auch können gemischte Modelle eine Möglichkeit darstellen. So hatten in einem Aktionsforschungsprojekt in Kisangani die Mitglieder ihrer eigenen Felder, aber sie insistierten auch auf Gemeinschaftsfeldern, wo einige Kulturen und Techniken demonstriert werden sollten. Hierbei war wesentlich, daß diese Felder auch einen eher symbolischen Aspekt kommunaler Aktion hatten.

Forschungsbedarf

Da die städtische Landwirtschaft erst seit einigen Jahren zu einem etablierten Forschungsgegenstand geworden ist, ist noch ein beträchtliches Forschungsdefizit zu vermerken. Die meisten existierenden Studien sind deskriptive und monographische Studien über städtische Landwirtschaft in einzelnen Städten oder sehr abstrakte Verallgemeinerungen. Es steht an, das quantitative Gewicht, die einzelnen Formen und den Entwicklungsgrad der städtischen Landwirtschaft zu erklären, wobei aber die praktische Relevanz ständig zentral bleiben muß. Was einen theoretischen Ansatz schwierig macht, ist die multidisziplinäre Struktur des Gegenstandes: Städtische Landwirtschaft hängt zunächst von natürlichen Bedingungen wie Boden, Wasser und Klima ab. Der ökonomische Aspekt betrifft das Ausmaß und die Preise von städtischen Nahrungsimporten aus dem ländlichen Hinterland und dem Ausland sowie das Einkommen und die Kaufkraft der verschiedenen städtischen Gruppen. Der verwaltungswissenschaftliche Aspekt betrifft u.a. die Frage des Landzugangs, aber auch Fragen einer etwaigen Förderung durch landwirtschaftliche Beratung, die Bereitstellung von landwirtschaftlichen Inputs und die organisierte Sammlung von organischem Abfall. Sozialwissenschaftliche Fragestellungen existieren auf mehreren Ebenen: auf der Mikro- (als der individuellen) Ebene geht es um sozio-ökonomischen Fragen wie Einkommenskombinationen, aber auch um Lernprozesse im Bereich des Anbauwissens, besonders im biografischen Kontext einer Land-Stadt-Wanderung. Auf der Meso-Ebene ist zunächst die Aufgabenzuschreibung innerhalb der Familie zu untersuchen, auf einer höheren Ebene die Frage des Austausches von Inputs, Werkzeugen und Anbauwissen, und schließlich die zentrale Frage einer formalen Organisation, um die Interessen derer, die städtische Landwirtschaft betreiben, auch nach außen verteidigen zu können.

Praktische Schlußfolgerungen

Wie aufgezeigt ist die afrikanische städtische Landwirtschaft trotz ihrer enormen sozialen und ökologischen Bedeutung häufig sehr unterentwickelt.

Im Prinzip stellt die Entwicklung der städtischen Landwirtschaft eine Aufgabe für die afrikanischen Stadtverwaltungen dar. Aber angesichts ihrer chronischen Finanzknappheit können diese die Aufgabe nicht allein lösen. Da die regionalen und nationalen Verwaltungen ebenfalls häufig unter einer deutlichen Finanzkrise leiden, sollte auch internationale Unterstützung ins Auge gefaßt werden.

Klassischerweise betreffen Projekte, welche von der Verwaltung und externen Gebern unterstützt werden, kommerzielle Betriebe, besonders im peri-urbanen Bereich. Die Projekte sind teilweise auch als formale Kooperativen organisiert. Ohne den Sinn solcher Projekte bestreiten zu wollen, sollte aber auch nicht übersehen werden, daß besonders benachteiligte Gruppen, häufig Frauen oder Arme, davon ausgeschlossen sind. Um auch diesen Gruppen zu helfen, muß die zentrale Frage des Landzugangs für die städtischen Armen gelöst werden. Die neuere Tendenz zu mehr „Toleranz", welche bei den Stadtverwaltungen zu finden ist, muß zu mehr Landsicherheit und zu einer aktiveren Förderung entwickelt werden.

Aber die besten technischen Lösungen können fehlschlagen, wenn sie ohne Partizipation der Bevölkerung geplant und durchgeführt werden. Wie es Mabogunje, der bekannte nigerianische Spezialist für Stadtentwicklung, beschrieben hat, herrschen individualistische und auf Plündern ausgerichtete Einstellungen in vielen Stadtverwaltungen von Nigeria vor. Um diese Situation zu verändern und um einen Gemeinschaftssinn zu installieren, schlägt der Autor vor, das britische Modell der „neighbourhood councils" auf nigerianische Städte zu übertragen.[16]

Es scheint, daß solche Institutionen sehr geeignet wären, um eine eher egalitäre Verteilung der Vorzüge einer entwickelten städtischen Landwirtschaft zuwege zu bringen. Vor allem aber könnten solche Institutionen helfen, den allgemeinen Mangel an Zusammenarbeit und Koordination zu überwinden, welcher eines der fundamentalen Probleme der städtischen Landwirtschaft darstellt.

Anmerkungen

1 United Nations Population Fund, Human Population Report 1996, New York, 1996.

81

2   Vgl. F. Streiffeler und Mbaya, Village, ville et migration au Zaire, Paris: L'Harmattan, 1987.

3   United Nations Development Program, Urban Agriculture: Food, Jobs and Sustainable Cities, New York, 1996.

4   Alaruka und Choma, Les Femmes de Kisangani et la pratique agricole, Annales de l'Institut Supérieur de Kisangani, Études, Série A, Nr. 14, Juli 1985, S. 83-95.

5   R.F. Neupert, Extended Households, A Survival Strategy in Poverty, in: C. Goldschneider (Hrsg.), Fertility Transitions, Family Structure and Population Policy, Boulder, Colorado, 1992, S. 197-208.

6   M. O'Deye, Les Associations en villes Africaines, Paris: L'Harmattan, 1985.

7   D. Obara, Urban Agriculture, *African Urban Quaterly*, 1988, Nr. 4, S. 849-870.

8   A. Hake, African Metropolis: Nairobi's Self-Help City, New York: St. Martin's Press, 1977.

9   B. Sanyal, Urban Cultivation in East Africa, Paris: United Nations University/Food Energy Nexus Programme, 1986, S. 9.

10   A.R. Mosha, Urban Farming Practices in Tanzania, *Review of Rural and Urban Planning in Southern and Eastern Africa*, 1991, Nr. 1, S. 83-92.

11   R.E. Stren, African Urban Research since the late 1980s, Responses to Poverty and Urban Growth, *Urban Studies* 29, 1992, Nr. 3/4, S. 533-555.

12   D. Maxwell und S. Zziwa, Urban Farming in Africa, The Case of Kampala, Uganda, Nairobi: African Centre for Technology Studies, 1992.

13   B. Mbiba, Urban Agriculture in Zimbabwe, Aldershot at.al.: Avebury, 1995.

14   I. Sachs und D. Silk, Food and Energy, Strategies for Sustainable Development, Tokyo: United Nations University Press, 1990.

15   Mazingira Institute, Urban Food Production and the Cooking Fuel Situation in Urban Kenya, *African Urban Quarterly*, 1988, Nr. 4, S. 849-870.

16   A.L. Mabogunye, The Organization of Urban Communities in Nigeria, *International Social Science Journal*, No. 125, 1990, S. 355-366.

Entwicklung

Städtische grüne Brachen als illegaler Müllabladeplatz: Das Gleisdreiecksgelände gleich hinter dem Berliner Potsdamerplatz 1989. Photo: Elisabeth Meyer-Renschhausen

Karin Standler

Wie tief muß der Brunnen noch werden?
Gartenprojekte in Burkina Faso auf Kosten von Frauen und Umwelt

Vor gut zehn Jahren wurde in dem Dorf Sane, 30 km südwestlich von der Hauptstadt Ouagadougou, seitens einer privaten österreichischen Entwicklungshilfe-Organisation eine für den Verkauf anbauende Gemeinschaftsgärtnerei „Maraîcherie" gegründet. Neben der ortsüblichen traditionellen Gartenbewirtschaftung für den Eigenbedarf wurde damit zum ersten Mal eine Produktion für den Markt initiiert, deren soziale und ökologische Folgen exemplarisch das Problematische der Entwicklungshilfe beleuchten.[1]

Lebensmittelpunkt ist in Sane das Gehöft. Das Grundprinzip eines Hofes bei den Mossi stellt sich als wiederholendes Prinzip dar: „Ein Hof im Hof und ein Dorf im Dorf". Ein Einzelgehöft besteht aus mehreren runden Lehmziegelhäusern mit Strohdach. Neben den Wohnhäusern gibt es Ställe für Ziegen, Schafe und Schweine. Ein derartiger Rundhof wird von einer einzelnen Familie bewohnt. Meist stehen mehrere Rundhöfe nebeneinander und bilden das Dorf des Familienverbandes. Mehrere dieser Großfamiliendörfer bilden in Form einer Streusiedlung das Dorf.

Die Gartenwirtschaft in Sane – Der Hausgarten

In der traditionellen Gartenwirtschaft Sanes bauen die Frauen in Hofnähe Gemüse und Gewürze für den Eigenbedarf an. Die Anbauzeit richtet sich nach dem natürlichen Wasserangebot und beschränkt sich auf die Regenzeit von Mai bis November. Der Hausgarten bildet das Verbindungsglied zwischen Äckern und Gehöft. Auf den Feldern wird Hirse angebaut, im Garten das Gemüse für das Hauptgericht, den Hirsebrei, und im Hof werden die Produkte verarbeitet.

85

Gartenfrüchte sind vor allem die Gewürze für die Soßen (auf More *sedo*), die zum Hirsebrei gegessen werden. Außerdem werden Sesam, Tabak, eine lokale Tomatensorte und Wurzelgemüse wie Yams, Süßkartoffel, Maniok kultiviert. Saatgut wird durch Selektion selbst gezüchtet. Die angebauten Kulturen sind an die natürlichen Bedingungen wie Boden und Wasserverfügbarkeit angepaßt: es wird eine Vegetationsruhe von fünf Monaten eingehalten, die der Bodenerholung zugute kommt.

Begrenzt wird der Hausgarten von einem lebenden Zaun (Strauch *Wanbangme*), der während der Regenzeit durch dichten Blattbewuchs die Kleintiere abhält. In der Trockenzeit verliert der Strauch die Blätter, der Zaun wird undicht und die Tiere (Ziegen, Schafe, Schweine) können in die Gärten, wo sie die Rückstände fressen und durch das Hinterlassen von Kot und Harn für die Düngung sorgen.

Die Gärten werden von den Frauen im Hackfruchtbau bearbeitet. Mit der Hacke ziehen sie die Furchen für die Saat und mit der Hacke jäten sie. Diese Art der Bodenbewirtschaftung ermöglicht einen nachhaltigen schonenden Umgang mit den Ressourcen der Natur. Mensch, Pflanze und Tier ergänzen sich sinnvoll. Der Hausgarten wird von den Frauen vorwiegend zur Versorgung des Familienverbands bearbeitet, Überschüsse verkaufen sie auf dem Markt.

Weitab von Sanes Marktplatz in nordwestlicher Richtung liegen drei Gartenanlagen, zwei davon sind mit Maschendraht eingezäunt. Sie sind in einzelne Parzellen rasterförmig aufgeteilt. Eine der Anlagen wird sehr intensiv mit Zwiebeln und Kohl bebaut, in einer zweiten liegen einige Parzellen brach, man sieht nur Tomaten. Die dritte Anlage hebt sich von den beiden ersten ab, da sie lebende Zäune besitzt und die Parzellen nicht reißbrettartig strukturiert sind. Es werden jedoch die gleichen Früchte angebaut.

Wie kommen fremde Gemüsepflanzen wie Kohl, Zwiebeln und Tomaten hierher, und warum beschränkt sich deren Anbau auf diese Gartenanlagen?

Der Garten „Maraîcherie" aus Entwicklungshilfegeldern

Vorbild für diese Gemeinschaftsgärten war ein seit 1983 bestehendes Gartenprojekt in Sane, dessen Betreiber die evangelische Kirche ist. Angeregt durch dieses Modell entstand auf Wunsch einiger Dorfbewohner in Übereinkunft mit einer privaten Entwicklungshilfe-Organisation das Gartenprojekt „Maraîcherie". Die Prinzipien des evangelischen Gartenmodells wurden im Entwicklungshilfegarten übernommen.

In der Regenzeit von Mai bis September wird Reis angebaut, von Oktober bis Jänner folgen als Hauptfrucht Tomate, vereinzelt Gewürze und Tabak. In den trockensten Monaten Jänner bis April bauen die Gärtner Tomaten sowie etwas Kohl und Zwiebeln an.

Der Grundgedanke der Projektbetreiber ist, außerhalb der Regenzeit den Anbau von Gemüse trotz fehlender Niederschläge zu ermöglichen. Durch Brunnenbau wird die künstliche Bewässerung der Gärten während der Trockenzeit ermöglicht. Die Begründung für die Förderung war, daß die Ernährungssituation der Bevölkerung verbessert werden könne. Im Jahre 1988 wurden mit österreichischen Spendengeldern 600 Meter Maschendrahtzaun und der Bau von zwei Brunnen finanziert. Außerdem wurde die Ausbildung einer Person aus Sane zum Brunnenbauer ermöglicht.

Infolge von Gebietsstreitigkeiten mit dem Nachbardorf mußte der Garten „Maraîcherie" auf ungünstigem höheren Gelände angelegt werden, wo eine Nutzungsbewilligung vom „Chef de Terre" aus Sane zu erreichen war. Probleme mit der Wasserversorgung waren daher vorhersehbar. Zu Beginn wurden zwei Hauptbrunnen aus Beton in der Mitte des Gartens angelegt. Die damit förderbare Wassermenge reichte zunächst für die ganzjährige Bewässerung des Gartens aus, die aber von Hand mit Kübeln und Gießkannen zu bewerkstelligen war.

Da das Wasser zu den einzelnen Parzellen weit zu tragen war, wurden nach zwei Jahren Projektzeit 1990 auf Wunsch der Parzellen-Besitzer weitere Brunnen angelegt. Ein Entwicklungshelfer unterstützte den weiteren Brunnenbau durch den Kauf von Zement für 20 Brunnen. Im Februar 1993 befanden sich 16 Brunnen auf dem Gartenstück, wobei nur sieben Brunnen betoniert waren. Der Zement hatte im Dorf andere Verwendungen gefunden, z.B. für den Bau von Häusern. Dennoch wurde die Bezahlung für weiteren Zement zugesagt, um die Betonierung aller Brunnen zu ermöglichen.

Die beiden Hauptbrunnen wurden, weil sie plötzlich versiegt waren, Ende 1991 um fünf Meter vertieft, um wieder eine ganzjährige Wasserversorgung zu erreichen. Die Kosten für Zement, Arbeiter, längere Seile zum Schöpfen wurden wiederum durch Spenden aus Österreich gedeckt. Aber im Dezember 1993 führte der Brunnen trotz Vertiefung erneut kaum mehr Wasser. Eine weitere Vertiefung wurde zugesagt. Dieses Mal sollte auch das Ausleihen eines Preßluftbohrers finanziert werden, um Arbeitserleichterung zu schaffen.

Zeitgleich mit der Finanzierungszusage schufen diejenigen Dorfbewohner, die an dem Projekt interessiert waren, eine Organisation, in der sämtliche Funktionen (Gartenchef, Kassamann mit jeweils Stellvertreter) ausschließlich von Männern besetzt wurden, die auch die Parzellen-Besitzer auswählten.

Die Fläche des Gartens beträgt insgesamt 2 ha. Die Parzellenaufteilung erfolgte rastermäßig in gleich große Flächen zu je etwa 200 m^2. Es entstanden 80 Parzellen, deren Inhaber vorwiegend Männer sind. Auffällig ist, daß die Funktionäre sich jeweils gleich mehrere Parzellen gesichert hatten.

Die Vermarktung des im Garten „Maraîcherie" gezogenen Gemüses erfolgt in der 30 km entfernten Hauptstadt. Dafür fahren die Parzellenbesitzer mit dem Fahrrad und einer Kiste Tomaten oder einem Sack Kohl auf den Markt in die Stadt, wo die Ware einem Händler übergeben wird. Um die Vermarktung „effizienter" zu gestalten, bemühte sich ein Entwicklungshelfer um ein Lieferauto, es ist das erste Auto im Dorf –, dessen Chauffeur von der Dorfversammlung ernannt wurde. Er besaß aber keinen Führerschein. Die Entwicklungshilfe finanzierte nun die Führerscheinausbildung eines nach ihrer Meinung geeigneteren Mannes aus Sane. Nach einem halben Jahr war das Auto beschädigt und es wird auf Spendengelder für die Reparatur gewartet.

Zum Zeitpunkt meines Besuchs während der Trockenzeit lagen 30 Prozent der Parzellen brach. Das heißt, daß die Fläche nur für den Reisanbau von Mai bis September genutzt und bis zur folgenden Regenzeit brach liegen gelassen wurde. In seltenen Fällen lagen einzelne Parzellen schon länger brach, wurden also noch nicht einmal während der Regenzeit genutzt. 45 Prozent der Fläche wurde „extensiv" bewirtschaftet. Bis Jänner wurden die Tomatenpflanzen gegossen. Die Tomaten hatten etwa Kirschgröße und der Geschmack war sehr bitter, da die Frucht zu wenig Wasser enthielt. 25 Prozent der Parzellen wurden intensiv bewirtschaftet, auch im Februar noch regelmäßig gegossen und gepflegt.

Die Intensität der Nutzung ist von der Entfernung zum Brunnen unabhängig, d.h. es gibt auch Brachen in Brunnennähe und intensiv bewirtschaftete Flächen weit weg vom Wasser.

Die Gartenbetreiber diskutierten miteinander, ob jene Parzellen, die ganz oder zeitweilig brach liegen, nachbesetzt werden sollten. Die engagierten Parzellenbesitzer wollen mit denjenigen verhandeln, die auch während der Regenzeit nichts mehr anbauen, daß sie ihre Parzellen an andere weitergeben. Sobald Brunnen vorhanden sind, gilt die Brache nicht mehr als sinnvoll für die Bodenregeneration, sondern wird nun als „ineffektiv" gesehen.

Die „wilden" Gärten

Neben den Hausgärten und den beiden Gartenprojekten gibt es eine weitere Form von Gartenwirtschaft, die ich wilde Gärten nenne. Wilde Gärten deshalb, weil das Land stückchenweise für die Bewirtschaftung kultiviert wurde. Um eine Kernparzelle herum dehnt sich das Gartenareal immer weiter aus, zur Zeit meines Besuches umfaßte es etwa 3 ha. Es reihen sich „Parzellen" aneinander, die nicht rastermäßig eingeteilt sind, sondern sehr unterschiedliche Größen und Formen haben. Alle Parzelleneinheiten sind von einem lebenden Zaun umgrenzt, um Tiere fernzuhalten, und jede hat einen eigenen Brunnen.

Die wilden Gärten ahmen die künstliche Bewässerung, die Anbaufrüchte und die Anbaumethoden der Gartenprojekte nach. Sie sind etwa zur gleichen Zeit wie der Garten „Maraîcherie" entstanden. Die Gartenbesitzer sind zum Großteil solche Dorfbewohner, die weder eine Parzelle im evangelischen Gartenprojekt noch im Entwicklungshilfegarten haben.

Es werden ähnliche Produkte wie in den beiden Gartenprojekten angebaut (Tomate, Kohl, Zwiebeln, Aubergine). Alle Parzellen werden intensiv bewirtschaftet und über das ganze Jahr genutzt. Wie in den Projektgärten kommen auch hier Kunstdünger und Insektizide zum Einsatz, die die Gärtner aus eigener Tasche zahlen. Die Parzellen sind um das Zwei- bis Dreifache größer als jene im Gartenprojekt „Maraîcherie", auch die Vielfalt des angebauten Gemüses und der Gewürze ist größer. Die Gärtner probieren verschiedene Anbaumethoden aus, z.B. Gemüse in Mischkultur anzubauen und die Beete zu mulchen. Obwohl der Anbau auch für den Eigenbedarf genutzt wird, handelt es sich im großen und ganzen nicht um Subsistenz-Gärten, sondern um einen Anbau für den Markt.

Auch die Besitzer der wilden Gärten erbaten Entwicklungshilfe zur Finanzierung eines Zauns aus Maschendraht, da lebende Zäune oft Lücken haben, durch die die Tiere hindurchschlüpfen können. Aber eine finanzielle Unterstützung wurde abgelehnt, weil die wilden Gärten ja lediglich eine Eigeninitiative verschiedener Einzelpersonen wären und die Unterstützung also nur Einzelpersonen dienen würde. Außerdem befürchtete man, daß die Unterstützung der „wilden Gärten" zu einer Vernachlässigung des Gartenprojektes „Maraîcherie" führen könnte.

Die Gartenwirtschaft in Form der sogenannten „Gartenprojekte" unterscheidet sich von den traditionellen Subsistenz-Hausgärten und knüpft in keiner Weise an die hergebrachte Tradition des Gartenbaus an. Der grundsätzliche Unterschied zu den Hausgärten und der traditionellen Gartenwirtschaft liegt in der Produktionsweise, der Intensivierung, in der sozialen Organisation und in einer neuen Werthaltung gegenüber der Gartenwirtschaft als Auftakt zu einer neuen Ökonomie, von der Gebrauchswert- zu einer Geldwert-Ökonomie.

Neu eingeführte Produktionsweisen können in ihrer Folge nicht abgeschätzt werden

Neu an der Gemeinschafts-Gärtnerei ist, daß hier versucht wird, die Anbauzeit zu verlängern, was nur mittels einer künstlichen Bewässerung möglich ist. Die Trockenzeit wird durch Bewässerungsmaßnahmen weitestgehend umgangen. Die Versorgung wurde anfangs mit zwei Brunnen betrieben. Die weite Distanz einiger Parzellen zum Brunnen wurde durch vermehrten Brunnenbau reduziert. Da die

Wasserentnahme zunahm, kam es zu einer Grundwasserspiegelab-senkung. Das daraus resultierende Problem war, daß die Brunnen ab Jänner nicht mehr genügend Wasser für die Bewässerung aller Parzellen führten. Die Brunnen wurden vertieft, mit dem selben Effekt: Erneutes Versiegen der Brunnen binnen eines Jahres.

Das Auftreten dieser ökologischen Probleme ist die logische Folge von unüberlegter „Entwicklungshilfe". Das lineare Denken der Europäer zerstörte die geschlossene Kreislaufwirtschaft der Dorfleute. Die Tiere sind nun durch den Maschendrahtzaun daran gehindert, die still liegenden Gärten während der Trockenzeit zu beweiden. Durch das Ausgrenzen der Tiere kommt kein organischer Dünger in Form von Kot und Harn mehr auf die Flächen. Durch das Fehlen von weiterem organischen Material (wie Kompost) ist der Markt-Anbau auf chemische Düngung angewiesen. Die ganzjährige Flächenbewirtschaftung läßt zudem keine Erholung des Bodens mehr zu. In der Fruchtfolge (Tomate − Kohl − Zwiebeln) zeigt keine der Früchte eine bodenverbessernde Wirkung. Der ohnehin karge Boden (Laterit) wird noch mehr ausgelaugt. Da das Saatgut nicht dem Klima angepaßt ist und die Pflanzen daher einem vermehrten Schädlingsbefall ausgesetzt sind, müssen zusätzlich Insektizide verwendet werden. Die Insektizide erhöhen die Produktionskosten und wirken sich im allgemeinen auf die Qualität des Gemüses negativ aus. Ein Teufelskreis ist in Gang gesetzt.

Das neue Geschlechterverhältnis: Geld ist Männersache

Auch in den Gartenprojekten bearbeiten die Frauen den Boden, säen, pflanzen, gießen, hacken und jäten. Aber hier arbeitet die Frau für ihren Mann, die Vermarktung liegt in den Händen der Männer. Die Männer sind es, die in die Hauptstadt fahren und die Produkte verkaufen. Während die Frau die Leistung (Produktion) erbringt, erhält in der neuen Ökonomie allein der Mann den Zugang zum Geld. Die Frau wird aus jenen Handlungsbereichen ausgegrenzt, in denen Geld erworben wird. Der Gegenwert ihrer Leistung entzieht sich ihrer unmittelbaren Kontrolle.

Durch den Gartenbau kommt es zu einer Mischökonomie: Subsistenzproduktion und Marktproduktion, in der es jedoch um eine Marktanbindung um jeden Preis geht. Der Preis der in einer Mischökonomie produzierten Waren kann fast unendlich sinken, ohne daß die Produktion gebremst wird, da die Arbeitskraft aus der nicht als Kosten bewerteten Subsistenzproduktion gedeckt wird. Für die Frau bedeutet die Mischökonomie nicht einmal mehr Subsistenzarbeit, sondern eine Art Lohnarbeit ohne Lohn. Durch die unbezahlte Arbeit der Frau entsteht ein Mehrwert. Diese Leistung gilt als selbstverständlich. Nur weil die Frau keinen Lohn (indirekt geringen Lohn) bekommt, heißt das nicht, daß ihre Produktion (Leistung) außerhalb der Warenökonomie steht.

„Diese Geringschätzung trifft nicht nur die Frauen, sondern all jene – in einer Gesellschaft (Anm. die Verfasserin), die direkt für das Überleben arbeiten. Das ist der Grund weshalb gesagt wird, die Bauern seien dumm, und weshalb die Mehrheit der farbigen Bevölkerung dieser Welt als rückständige Naturvölker betrachtet werden."[2]

Bei einem Gartenprojekt schließen sich mehrere Leute aus unterschiedlichen, aber auch gleichen Familien zusammen, wobei nicht gemeinsam gewirtschaftet wird. Ein bestimmtes Grundstück wird in einzelne Parzellen aufgeteilt, die individuell bebaut werden. Die Großfamilie als Gemeinschaft löst sich hier auf, es kommt zu neuen sozialen Formen. Die Herausbildung der Kleinfamilie als wirtschaftliche Einheit wird durch die individuelle Bewirtschaftung der Parzellen gefördert, genau wie durch den Einfluß der Kirchen die monogame Ehe propagiert wird.

Mit dem Gartenprojekt entsteht eine neue Entscheidungsstruktur. Die Entwicklungshelfer verlangen eine klare Verteilung von Zuständigkeiten, die für die Errichtung und den Fortbestand des Gartens als wichtig erachtet werden. Die Gartenfunktionäre wählen die Personen aus, die eine Parzelle bekommen. Die Kompetenz der Landzuteilung hat im Gartenprojekt nicht mehr der Dorfälteste „Chef de Terre". Während in allen anderen Bereichen, die das Dorf betreffen, die Ältesten die Entscheidungen fällen, werden diese im Falle der Gärten von den Funktionären übernommen. Daß es dadurch zu neuen Machtpositionen kommt, wird an der Inanspruchnahme von zwei Gartenparzellen durch Funktionäre erkennbar. *„Die Macht geht durch die Etablierung entmündigender Berufe (...) in Hände einer selbst ernannten Elite über."*[3]

Der Zusammenschluß verschiedener Personen ermöglicht es, finanzielle Unterstützung seitens ausländischer, kirchlicher oder staatlicher Organisationen zu erhalten. Die finanziellen Belastungen entstehen einerseits durch die Anschaffung eines Zaunes (Maschendraht), der alle Parzellen umgrenzt, andererseits im Brunnenbau. Die veränderte, von der alten deutlich abgesetzte Organisationsstruktur manifestiert sich in der Verwendung neuer Materialien (Zaun, Zement).

Auch für die Vermarktung der Gartenprodukte ist eine neue Form notwendig. Der Umgang mit dem „Hilfsmittel" Lieferauto ist äußerst problematisch. Aufgrund eines technischen Schadens steht der Wagen aber still, solange nicht weitere Hilfsgelder eine Reparatur ermöglichen.

Neue Ökonomie: Die Entwicklungshilfe entwertet die gebrauchswertorientierte Dorfökonomie

„Es ginge um das Hervorbringen konkreter „Gebrauchswerte" bzw. Subsistenzmittel, Lebensmittel für die jeweiligen Menschen, nicht abstrakt für irgendeinen Markt, für irgendwelche Leute, die man noch nie gesehen hat und nie sehen wird."[4]

Das Gartenprojekt trägt dazu bei, eine Region mit überwiegender Kreislaufwirtschaft in die Marktwirtschaft einzugliedern. Die Produkte bekommen Marktwert und werden „Waren" im Sinne einer kapitalistischen Geldökonomie. Sie erhalten den Charakter von Konsumgütern, die im Dorf selbst nicht abgesetzt werden können. Der Grund liegt u.a. in der geringen Kaufkraft innerhalb des Dorfes.

Die Bewirtschaftung eines solchen Gartens richtet sich nach den erzielbaren Marktpreisen und nach der Verfügbarkeit von Saatgut. Dabei geht der Wert des Anbaus von dem, was aufgrund der natürlichen Gegebenheiten möglich ist, verloren. An Bedeutung gewinnt das „Herstellen" von Bedingungen, um eine Produktion durchzusetzen. Die staatlichen landwirtschaftlichen Beratungsstellen unterstützen die Einführung von Marktfrüchten durch Kredite für den Kauf von Dünger und Saatgut und zudem durch Schulungen im Umgang mit neuen Pflanzen.

Im Unterschied zu den Subsistenzgärten wird bei der neuen Gartenwirtschaft der Arbeitskräfteeinsatz in Form von Zeit nun in

„Lohn" gemessen. Dieser Lohn, der aus dem Erlös für die Produkte erzielt wird, hängt ab von den Marktmechanismen, auf die die Kleingärtner keinen Einfluß haben. Diese veränderten „Belohnungsstrukturen" ziehen stark wertende Einstellungen bezüglich Arbeit „für" und „ohne" Geld nach sich.

Die bisherige Gebrauchsökonomie ist im Dorf eine über Jahrhunderte eingeschliffene Gemeinwirtschaft auf Gegenseitigkeit, die nun zerbricht. Die Lage des Gemeinschaftsgartens weist auf Veränderungen hin. Bei der Anlage eines „Gemeinschaftsgartens" wollte man die Möglichkeit nutzen, ein Grundstück nach Bodenqualität und Wasservorkommen auszusuchen, während bei den Hausgärten die Bedingungen, die in unmittelbare Nähe des Hofes vorhanden sind, angenommen wurden.

Die Kriterien für die Artenauswahl im Garten „Maraîcherie" orientieren sich an Nachfrage und Absatzmöglichkeiten in der Hauptstadt. Die neuen Arten wurden erst vor ca. zehn Jahren in Sane eingeführt: Tomaten, Kohl, Zwiebeln. Die neuen Kulturpflanzen sind in erster Linie für den Markt bestimmt, wobei der lokale Markt in Sane für den Absatz eine unbedeutende Rolle spielt. In der Hauptstadt dagegen finden sich finanzkräftige Kunden und setzen sich westliche Ernährungsgewohnheiten durch. Die 30 Kilometer von Sane nach Ouagadougou können relativ leicht mit dem Fahrrad überwunden werden. Andere Märkte in der Umgebung haben nur eine geringe Bedeutung.

Die Erlöse aus dem Gemüseverkauf werden zu einem großen Teil für Grundnahrungsmittel wie Reis ausgegeben. Wenn die Marktfrüchte wegen Mißernten oder Preisverfall weniger Einnahmen bringen, als zum Zukauf von Nahrungsmitteln nötig sind, gefährden die Gärtner ihre eigene Existenz, da sie nicht mehr genug Waren in Subsistenz produzieren. Der Verkauf der Produkte bietet eine Möglichkeit, im Dorf Geld zu erwerben, und baut daher auf einem anderen ökonomischen Modell auf als die traditionelle Dorfökonomie. Durch Anpassung an Marktschwankungen begeben sich die Gärtner in eine starke Abhängigkeit, Risiken wie Preisverfall oder Nachfragerückgang müssen getragen werden.

Maria Mies formuliert die Unterscheidung von Mehrwert- und Subsistenzproduktion, die in meinem Forschungszusammenhang anwendbar ist: *„Bei der Subsistenzproduktion ist das Ziel Leben, bei der Warenproduktion* ist das Ziel Geld, das immer mehr Geld „produziert".[5] Im Gegensatz zu dieser am Geldwert orientierten Produktion steht die Gebrauchsökonomie. Im Dorf Sane ist Subsistenzarbeit die wesentliche Arbeit und Voraussetzung für das Überleben. Ich benutze den Begriff Gebrauchswertökonomie, da für den Gebrauch des unmittelbaren Überlebens produziert wird. Alle bis auf die Lehrer im Dorf sind Kleinbauern.

Das Wesen einer Gebrauchsökonomie wurde von den Bielefelder Soziologinnen mit dem Begriff „Subsistenzproduktion" gekennzeichnet.[6] Ihnen ging es darum, die Beziehung zwischen der Produktion der Kleinbauern in den unterentwickelten Ländern und dem Prozeß der Kapitalakkumulation in den entwickelten Ländern zu klären.[7] Der Grundgedanke dieses Ansatzes ist, daß die eigene Überlebensproduktion ohne eigentlichen Lohn geleistet wird. Sie umfaßt die gesamte Arbeit, die bei der Herstellung und der Erhaltung des unmittelbaren Lebens verausgabt wird und auch diesen unmittelbaren Zweck hat.[8] Die Subsistenzarbeit ist keine Arbeit, die nebenher geleistet wird, sie ist Hauptarbeit zur Sicherung des eigenen Lebens, sowohl in der Dritten als auch in der Ersten Welt. Um dieses Ökonomieprinzip zu verstehen, ist es notwendig, die Subsistenzwirtschaft als tragende Ökonomie, die zugleich Kultur und gesellschaftliche Organisation ist und sich über Jahrhunderte erhalten hat, zu reflektieren. Es gibt im Dorf neben der Subsistenz zusätzliche Arbeit, die geleistet wird, um Waren in Geld zu tauschen. Das Gartenprojekt ist ein Beispiel für diese zusätzliche Arbeit, die sich an der Marktfähigkeit und am Geldwert orientiert. In Sane wird von der zusätzlichen Arbeit als primäre Arbeit gesprochen, die es zu verbessern und effektiver zu gestalten gilt. Es wird so getan, als existiere gar keine Subsistenzarbeit oder als wäre sie nicht notwendig oder als sei sie ersetzbar. Die Subsistenzproduktion zur Selbstversorgung wird mit „zurückgeblieben" oder „unterentwickelt" verbunden,[9] von ihr müssen die Kleinbauern durch Entwicklungshilfe „befreit" werden. Die Gefahr der Zerstörung von Wissen und Fertigkeiten betont auch Sigmar Groeneveld: *„Die Entwicklungsstrategien von staatlichen, kirchlichen oder privaten Agenturen führen somit in allerletzter, gravierender Konsequenz in eine sukzessiv eintretende Zerstörung subsistenzorientierten Denkens."*[10]

95

Die Entwicklungshilfe verlangt neue Fertigkeiten, neues Wissen und andere Sichtweisen

Die Abhängigkeit der angebauten Feldfrüchte von einem „besseren" Boden und von einer „besseren" Wasserversorgung hat zur Folge, daß die natürlichen (Ertrags-)Grenzen u.a. durch chemischen Einsatz überwunden werden müssen. Die Entwicklungshilfe unterstützt das Überschreiten der natürlichen Grenzen zugunsten einer Wachstumsförderung. Die ökologischen Folgen durch den Anbau von wasserzehrenden Kulturen zu einer Zeit, wo allgemeine Wasserknappheit herrscht, sind die Absenkung des Grundwassers, die Versalzung der Böden und die Abnahme der Bodenfruchtbarkeit. Die Versalzung tritt durch die im Bewässerungswasser enthaltenen Salze, aus z.b. salzhaltigem verwitterten Gestein, auf. Infolge der unter ariden Verhältnissen gegebenen Aufwärtsbewegung des Wassers fallen die mitgeführten Salze nach Wasserzufuhr an der Oberfläche aus.[11] Es bildet sich zunächst ein Horizont mit vermehrter Salzanreicherung, der mit der Zeit zu einer festen Kruste anwachsen kann und dadurch eine erhebliche Degradierung des Bodens sowie im weiteren Rißbildung und Verminderung der Durchlüftung und Wasserdurchlässigkeit mit sich bringt.[12] Die Unterstützung des Gartenprojektes, ohne Beachtung der hydrogeologischen Verhältnisse, zeigt die unreflektierte Werthaltung gegenüber der Produktion unter Verschleiß von Ressourcen.

Das Entwicklungshilfeprojekt sieht in dieser Anbaumethode keine Bodenregeneration vor. Die ganzjährige Nutzung ohne Ausgleichsmaßnahmen hat zur Folge, daß die Fruchtbarkeit des Bodens daher mittel- bis langfristig gefährdet ist. Die Verwendung von Kunstdünger muß unter dem Aspekt der fremden Wissensaneignung betrachtet werden. Die chemische Düngererzeugung ist an das Wissen der Industrieländer gekoppelt. Die Herstellung des Düngers ist an moderne Technik gebunden, die in Burkina Faso nicht zu finden ist. Die Anwendung fremden Wissens fördert nicht nur individuelle Abhängigkeit, sondern es wird auch die Abhängigkeit von den Industrieländern verstärkt. Das Wissen über die negativen Auswirkungen von chemischer Düngung und Insektiziden auf die Bodenqualität, auf das Grundwasser und auf die Nahrungsmittelqualität ist im ländlichen Afrika so gut wie nicht vorhanden, in Europa aber hinreichend bekannt. Außerdem fehlen den GärtnerInnen Erfahrungen mit der chemischen Zusammensetzung des Düngers und der Spritzmittel und mit deren Gefährlichkeit für den Menschen. Oftmals werden diese Produkte ohne Beschriftung verkauft, über die Wirkstoffe in den Mitteln wird offenbar nicht aufgeklärt.[13]

Nach Aussagen des Agrarministeriums wird NPK-Dünger aus Frankreich importiert. Informationen bezüglich der Wirkstoffe der eingeführten Insektizide konnten mir nicht erteilt werden. Die Düngemenge, der Zeitpunkt der Ausbringung und die Aufnahmefähigkeit der Pflanze sind Kriterien für eine Düngewirtschaft, die in Europa ständiger Forschungsgegenstand sind. Die Aufklärung über einen chemischen Einsatz im Garten „Maraîcherie" erfolgt in keinerlei Hinsicht. Die Entwicklungshelfer fühlen sich dafür nicht zuständig.

Bereits im Jänner äußert sich der Grundwassermangel im Austrocknen der Brunnen, ausgelöst durch die fortgesetzte Bewässerung. Wasser ist daher nicht ohne weiteres verfügbar. Es sind enge Grenzen gesetzt, die neue Techniken der Wassernutzung durch besonders tiefes Graben und besonders starke Wasserentnahme zu überwinden suchten. Damit wurden nicht nur die Grenzen überschritten, die der Wasserkreislauf der Natur setzt, sondern auch Bräuche und Wissen verletzt, die sich während der Jahrhunderte als Überlebensstrategie unter Bedingungen eines knappen Wasserangebots herausgebildet hatten. Beim Anbau von Nahrungsfrüchten wurde darauf geachtet, daß deren Nährwert hoch und deren Wasserverbrauch niedrig war. Traditionell bauten die Einwohner von Sane viele nahrhafte Wurzelfrüchte (Yams, Süßkartoffel, Maniok) an, die weniger Wasser brauchen als oberirdische Früchte wie Tomaten und Kohl. Mit dem neuen steil ansteigenden Wasserverbrauch in der Gartenkultur geht der Raubbau am Grundwasser einher, der zur Dürre führt, selbst wenn keine meteorologische Dürre existiert. Der sinkende Grundwasserspiegel wird als Folge der globalen Klimaveränderungen gedeutet, aber er ist lediglich ein Beweis für eine Übernutzung natürlicher Ressourcen. Die Lösung kann daher nicht lauten: Tiefer bohren! Die Trinkwasserverschwendung für den wasserintensiven Anbau wird nicht aus Gründen des Überlebens betrieben, in Sane steht sie im Zusammenhang mit dem Anbau für den Markt.

„Die Sucht nach Wachstum zerstört gleichzeitig die Chance, erworbenes Wissen* in Form von gebrauchswertorientierter Technologie darzustellen, die in kleinen, für jeden handhabbaren Einheiten zur Verfügung steht, ohne daß aus diesem Wissen Herrschaftsansprüche abgeleitet werden könnten."[14]

Die neuen Anbaumethoden und die notwendige Vermarktung sind durch Nichtbeachtung der natürlichen Rahmenbedingungen mit kapitalintensiveren Produktionsweisen (Dünger, Insektizide, Auto, Zaun, Brunnen) verbunden. Die Rahmenbedingungen für die Produktion werden also erst künstlich geschaffen. Das notwendige Kapital dafür wird einerseits von der Entwicklungshilfe zur Verfügung gestellt und andererseits subventioniert die Subsistenzwirtschaft in Form von Arbeitskraft und -zeit diese Art des Gelderwerbs.

Die Vermarktung der Produkte in der Hauptstadt ist mit weiteren Kosten verbunden. Wer das gekaufte Auto für den Transport nutzen will, muß dafür zahlen. Es gibt keine gemeinsame Vermarktung, jeder will selbst vermarkten. Die Projektinitiatoren wünschten sich eine gemeinsame Vermarktung. Dies funktioniert allerdings nicht, da der Wunsch nach Eigenverantwortlichkeit bei Anbau und Vermarktung groß ist und ein anderes Verständnis von gemeinsamer Arbeit besteht. Das gemeinsame Arbeiten ist allgemein in Afrika sehr ausgeprägt. Es steht aber im Zusammenhang mit der Erhaltungsökonomie eines Familienverbandes. Das Gartenprojekt steht außerhalb eines Familienverbandes und damit außerhalb einer Erhaltungsökonomie.

Die durch das Gartenprojekt ermöglichte Warenproduktion und deren weitläufig beschriebenen Folgen, tragen nicht zu einer Verbesserung der Lebensbedingungen der Bevölkerung bei, wie vom verantwortlichen Entwicklungshelfer vorgegeben wurde. Ein weiteres Beispiel für die gut gemeinte Hilfe, die dann aber ihr Ziel verfehlte, ist die postulierte „verbesserte Ernährungssituation". Ein Grund für die Förderung des Gartenprojektes war die Annahme, daß die Ernährungssituation derer verbessert würde, die auf einer Parzelle Gemüse anbauen können. Die Ernährungslage der Maraîcherie-Gärtner und ihrer Familien hat sich jedoch nicht verbessert, da sie nicht für den Eigenbedarf sondern für den Markt produzieren.

Von einer vielfältigeren Produktion, die den Speiseplan „bereichern" würden, kann ohnehin nicht gesprochen werden, da der Anbau sehr einseitig ist. In Monokultur werden nacheinander Tomaten, Kohl und Zwiebeln angebaut. Die „bessere" Ernährung ist außerdem

Ausdruck einer europäischen Werthaltung. Die Nahrungsmittel, die nun in Burkina Faso mittels chemischer Düngung und Pflanzenschutzmittel produziert werden, sind anscheinend besser als jene Lebensmittel, die dort traditionell angebaut werden. Die Verbreitung europäischer Ernährungsgewohnheiten wird durch die Entwicklungshilfe unterstützt, ihre unreflektierte Sichtweise entwertet die afrikanischen Ernährungsgewohnheiten. Die Nahrungssituation wird nur in indirekter Weise – durch die finanzielle Unterstützung – verbessert. Der zusätzliche Erlös aus dem Gemüseanbau wird u.a. auch zum Kauf für den unmittelbaren Bedarf (Reis, Salz, ...) verwendet. Hier beginnt ein Kreislauf, wo Subsistenzprodukte durch Geld ersetzt werden, um sich dann wiederum das zu kaufen, was die Subsistenz nicht mehr leistet. Ist das „andere" wertlos, rückständig, stagnierend? Muß (an)erkanntes Vorhandenes durch Projekte ersetzt werden?

„In welcher Gestalt die Subsistenz auch immer auftritt, sie wird auch in Zukunft die Grundlage von Leben, Ökonomie und Gesellschaft bilden. Von der modernen Warenproduktion kann man dies nicht behaupten. Nicht die Subsistenz-, sondern die Warenproduktion ist das, was wir uns schon bald nicht mehr werden leisten können, weil sie nichts hervorbringt, sondern lediglich Vorhandenes zerstört. Dies wird an der Ökologiefrage und an der sogenannten Rohstofffrage besonders deutlich. Denn es sind ja nicht die wie auch immer gearteten Bedingungen der Subsistenz, sondern die der Warenproduktion, die zu derartiger Verschwendung und Vernichtung, Verelendung und Entfremdung geführt haben."[15]

Dennoch wird in der Zwischenzeit die Subsistenz der „Modernisierung" durch die Projekte in einem noch nicht absehbaren Maß zum Opfer fallen. Sie wird der Warenproduktion untergeordnet und immer wieder von ihr ausgesaugt werden. Subsistenzproduktion nimmt unter den Warenproduktionsverhältnissen eine andere Form an, ganz wesentlich aber ist, daß sie dabei nach außen hin nicht mehr sichtbar wird (Hausarbeit), scheinbar verschwindet, marginalisiert wird. Subsistenzarbeit wird inzwischen ihrer geistigen, emotionalen und kulturellen Grundlagen beraubt, sie wird zur Last gemacht, von der man/frau sich so weit wie möglich zu befreien versucht. Zehn Jahre wird es Hilfe geben und zehn Jahre lang werden die Projekte finanziert. Zehn Jahre werden die Leute in Sane von der Entwicklungshilfe „versorgt", danach soll der Markt die Versorgung mit Geld übernehmen und die Entwicklungshilfe ersetzen.

Zusammenfassung: Eine Fortschrittsdebatte

„Als kulturell befangenes Projekt zerstört diese Entwicklung (diese Entwicklungshilfe; Anm. der Verfasserin) ganzheitliche und tragfähige Lebensstile und löst so konkret erfahrbare, materielle Armut aus. Mit anderen Worten: Dieses Projekt läßt Elend entstehen, indem es die Voraussetzungen für das Überleben negiert und alle verfügbaren Ressourcen für die Warenproduktion abzieht."[16]

Die Entwicklungshilfe importiert den Fortschrittsgedanken nach Sane und damit den europäischen Zeitgeist. Die importierten Ideen könnten möglicherweise Früchte tragen, wenn permanent Entwicklungshilfe geleistet würde, d.h. alte Projekte durch neue unterstützt würden. Garten und Schule sind die ersten Projekte, die weiteren sind Krankenstation, Getreidebank und eine Straße. Die Brunnen müssen jedoch immer tiefer gegraben werden, um dem Gartenprojekt weiter dienen zu können. Dazu reicht die menschliche Arbeitskraft nicht mehr aus, der Preßluftbohrer muß importiert werden usw.

Es wird also versucht, eine „europäische" Infrastruktur in das Dorf zu bringen. Daß das Dorf aber eine eigene gewachsene Infrastruktur hat, wird von den Entwicklungshelfern zu wenig erkannt. Der Hof, die Arbeits- und Wirtschaftsorganisation, die gegenseitige Unterstützungsstruktur bilden bereits eine funktionierende Infrastruktur. Das Wesen des Fortschrittes ist, daß Strukturen geschaffen werden, die nicht auf den tragenden Strukturen der Dorfgemeinschaft aufbauen. Da dieser Fortschritt nicht aus dem Dorf heraus entstehen kann, kann er auch nicht ohne zusätzliche Hilfe aufrecht erhalten werden. Die Entwicklungshilfe reproduziert sich selbst, sie ist nachhaltig im negativen Wortsinn. Die „Hilfe" erzeugt Unfruchtbarkeit. Dieses Verständnis von „Nachhaltigkeit", die der ständigen „Außenförderung" bedarf, um „Entwicklung" hervorbringen zu können, ist ein Wesen des Wachstumsglaubens. Dem gegenüber findet man ein ganz anderes Verständnis von Nachhaltigkeit im Dorf Sane. Die dortige Gesellschaft hat das Bestreben, sich selbst zu erhalten. Aufgrund ihrer Religion – Verehrung der Vorfahren – war den Menschen in Sane der Begriff „Fortschritt" und erst recht die Fortschrittsgläubigkeit fremd. Das Prinzip der Nachhaltigkeit, das durch die Verehrung der Vorfahren die Lebensbedingungen für die Nachkommen gewährleistet, ist das Prinzip des qualitativen Wachstums. *„In Fortschrittskulturen stellt sich die Zukunft als Expansion dar. Sie schauen nach vorn, weil die Zukunft immer größere Hoffnungen bietet. In einer Überlebenskultur stellt sich die Zukunft als eine Folge wiederholter Überlebensakte dar."*[17]

100

Angel erzählte uns ihre Zunkunftsvorstellungen:

Bereits im Kindesalter wurde sie seitens ihres Vater einem Mann versprochen. Während sie aus der Familie Kabore stammt, einer ehemaligen Adelsfamilie, ist der anvisierte Ehemann Sprößling der Königsfamilie in Ouagadougou. Sie weigert sich jedoch diesen Mann zu heiraten, da er bereits 52 Jahre ist und sie seine dritte Frau wäre. Außerdem ist er Muslim, während Angel protestantischen Glaubens ist. Ihre Vorstellungen gehen in Richtung Monogamie, sie spart bereits auf ein weißes Hochzeitskleid (12.000 Francs CFA = 35 Euro), obwohl sie ihren Zukünftigen noch nicht ausgewählt hat. Sie stellt sich zwei bis drei Kinder vor.

Sie ist nun 17 Jahre und arbeitete bis vor kurzem als Köchin bei einem Lehrer, der ihr auch gefallen würde. Der sucht aber eine gleichrangige Frau, die ebenfalls zu den lokalen Würdenträger gehört oder zumindest Französisch lesen und schreiben kann. Angel versteht zwar Französisch, aber spricht es nicht sehr gut. Sie hat keine Schule besucht.

Derzeit arbeitet Angel für ihren Bruder, sie hat für ihn die Gartenparzelle im Kirchengarten übernommen, zwölf kleine Beete und acht große Beete. Dort werden Zwiebeln, Kohl und afrikanische Tomate angebaut und die Früchte sind für den Markt bestimmt. Angel hat die tägliche Arbeit im Garten satt: Während sie alle Gieß- und Jätarbeiten allein macht, teilt sie sich mit dem Bruder lediglich die Arbeit des Verkaufs. Obwohl sie die meiste Arbeit macht, sieht sie vom Verkaufserlös nur wenig. Die Parzellen werfen in einem Jahr folgende Erlöse ab:

Paprika	5.000 CFA (15 Euro),	davon bekommt Angel	nichts
Kohl	12.000 CFA (35 Euro),	davon erhält Angel	2.000 CFA (6 Euro)
Zwiebeln	10.000 CFA (30 Euro),	davon gehen an Angel	2.000 CFA (6 Euro)
Tomate	8.000 CFA (25 Euro),	davon an Angel	1.000 CFA (3 Euro).

Einnahmen Bruder: 35.000 CFA	Einnahmen Angel:	5 000 CFA

Von ihrem Geld kauft sie Nahrungsmittel wie Reis, Zucker, Maggi oder Soßenfrüchte. Sonderausgaben sind Medikamente, wenn ihre Mutter krank ist. Zur Zeit spart sie außerdem auf eine Petroleumlampe (1.200 CFA) für ihre Mutter, damit sie auch nach Einbruch der Dunkelheit Baumwolle verspinnen kann. Das ist wiederum das Einkommen der Mutter. Für einen Knäuel spinnt ihre Mutter etwa drei Tage und bekommt dann 150 CFA (am Markt) bis 300 CFA (im Privatverkauf z.b. an Weiße).
Zusätzliches Einkommen erhielt Angel von der Entwicklungshilfegruppe. Sie kochte und wusch die Wäsche für die Gruppe. Sie bekam für die eine Woche 4.500 CFA. Also fast gleich viel wie sie in einem Jahr am Garten verdient. Angels Geld wird von ihrer Mutter verwaltet. Neben dem Hochzeitskleid spart Angel auf ein Fahrrad.

Anmerkungen

1   Kurzfassung von: Karin Standler, Das Dorf Sane und seine Entwicklungshilfe: Wie tief muß der Brunnen noch werden? Diplomarbeit an der Universität für Bodenkultur Wien, 1993

2   Maria Mies, in: Birgit Hehn, Hrsg, Kleinbauern zwischen Subsistenz und Marktwirtschaft, Arbeitsberichte des Fachbereiches Stadtplanung, Landschaftsplanung – GHK Kassel, Heft 96, Kassel 1990

3   Ivan Illich, Entmündigung durch Experten, Reinbek bei Hamburg: Rowohlt, 1979.

4   Vgl. Claudia von Werlhof, Wenn die Bauern wieder kommen, Bremen 1995.

5   Maria Mies, in: Claudia von Werlhoff, Maria Mies und Veronika Bennholdt-Thomsen, Frauen, die letzte Kolonie – Zur Hausfrauisierung der Arbeit, Reinbek bei Hamburg: Rowohlt, 1983/1988, S. 109.

6   Vgl. Claudia von Werlhoff, Maria Mies und Veronika Bennholdt-Thomsen, Frauen, die letzte Kolonie – Zur Hausfrauisierung der Arbeit, Reinbek bei Hamburg: Rowohlt, 1983/1988.

7   vgl. Arbeitsgruppe Bielefelder Entwicklungssoziologen (Hrsg.), Subsistenzproduktion und Akkumulation, Saarbrücken: Breitenbach, 1979.

8   Maria Mies, Subsistenzproduktion, Hausfrauisierung, Kolonisierung, in: Die „Subsistenz-Perpektive" ein Weg ins Freie? Zum Verhältnis von Frauen-, Bauern-, Ökologie- und Kolonialfrage, Evangelische Akademie Bad Boll, 1988.

9   Vgl. Claudia von Werlhoff, Was haben die Hühner mit dem Dollar zu tun? Frauen und Ökonomie. München: Frauenoffensive, 1991.

10   Sigmar Groeneveld, Agrarberatung und Agrarkultur, Gesamthochschul-Bibliothek Kassel, 1984.

11   Knud Caesar, Einführung in den tropischen und subtropischen Pflanzenbau, Frankfurt: DLG-Verlag, 1980.

12   Herkendell und Koch, Bodenzerstörung in den Tropen, München: C.H. Beck, 1991.

13   Ob es sich bei dem eingesetzten Insektizid im Garten „Maraîcherie" um den Wirkstoff DDT handelt, der in den meisten westlichen Ländern bereits aufgrund der Risiken für die menschliche Gesundheit verboten ist, konnte von mir nicht exakt in Erfahrung gebracht werden. Nach Aussagen eines Entwicklungshelfers, der in Sane tätig war, wurden Präparate mit DDT zum Einsatz gebracht.

14   Harald Mang und Wilfried Ring, Guter Rat ist nicht teuer, Diplomarbeit am Fachbereich 13, Stadt- und Landschaftsplanung, Gesamthochschule Kassel, 1989. Vandana Shiva, Das Geschlecht des Lebens. Frauen, Ökologie und Dritte Welt, Berlin: Rotbuch, 1989.

15   Claudia von Werlhof 1991, a.a.O., S.

16   Vandana Shiva 1989, a.a.O., S. 22.

17   John Berger, Sau Erde, Geschichten vom Lande, Frankfurt: Ullstein, 1984.

Anne Holl

Die neuen Gemüsegärten von Havanna Staatlich verordnete soziale Bewegung zwecks Planerfüllung?

Vor wenigen Jahren noch gab es in kubanischen Städten kaum Nutzgärten und andere Formen von Kleinlandwirtschaft, mit deren Hilfe Teile der Bevölkerung ihren Lebensunterhalt bestritten. Wozu auch? Die Revolution hatte allen KubanerInnen gleichberechtigten Zugang zu Bildung, Gesundheits- und Sozialdiensten und natürlich auch Nahrung zu subventionierten Preisen gebracht. Diese Nahrungsmittel wurden entweder in der heimischen, stark vorleistungsabhängigen Landwirtschaft der Staatsbetriebe produziert oder aus sozialistischen Bruderökonomien importiert. Eigeninitiative in der Nahrungsmittelproduktion wurde als Zeichen mangelnden Vertrauens in die Revolution gedeutet, und den wenigen verbliebenen Privatbauern wurden strikte Planvorgaben auferlegt.

Mit dem unerwarteten Zusammenbruch des Ostblock änderte sich die Situation in Kuba schlagartig: Über Nacht lösten sich die alten Handelsvereinbarungen auf. Das Land stürzte in eine tiefe Wirtschaftskrise und Fidel Castro rief im August 1990 die Spezialperiode in Friedenszeiten aus (*periodo especial en tiempos de paz*). Spätestens hier wurde sichtbar, auf welch wacklichem Gerüst die gesellschaftlichen Errungenschaften und der relative Wohlstand des nachrevolutionären Kubas gestanden hatten. Der Karibikinsel war innerhalb der sozialistischen Arbeitsteilung die Rolle eines hochspezialisierten Zuckerlieferanten zugekommen, und im Gegenzug wurde sie von den Bruderökonomien zu Vorzugsbedingungen mit Erdöl, Industriegütern, landwirtschaftlichen Betriebsmitteln und Nahrungsmitteln versorgt. Immer wieder seit der Revolution hatte die kubanische Führung vergeblich ehrgeizige Pläne zur Erhöhung des Selbstversorgungsgrades aufgestellt, zuletzt ab 1986 das sogenannte *programa alimentario*, dessen Umsetzung jedoch in den Wirren der Wirtschaftskrise unterging. So importierte das Land nach Angaben der US-amerikanischen Kubaexpertin Carmen

Deere zum Ende der 80er Jahre 57 Prozent seines Kalorienverbrauchs, davon wiederum mehr als zwei Drittel aus dem Ostblock. Importiert wurden vor allem Weizen (der im randtropischen Klima Kubas kaum gedeiht) und Nahrungsfette, aber auch bei den traditionellen Grundnahrungsmitteln Reis und Bohnen bestand eine Importabhängigkeit von 50 bzw. 90 Prozent.[1] Diese Mengen fielen zwischen 1989 und 1991 nahezu ersatzlos weg. Das Ausbleiben von Betriebsmittelimporten aus dem Ostblock legte zudem die heimische Landwirtschaft lahm. Aufgrund des US-Handelsembargos und des chronischen Devisenmangels schied die Möglichkeit von Mehrimporten vom Weltmarkt zur Lösung der akuten Versorgungskrise aus.

So war die kubanische Führung gezwungen, das Nahrungsproblem durch Reformen im heimischen Agrar- und Ernährungssektor zu lösen. Die wichtigsten Schritte auf diesem Weg waren die Aufteilung der meisten Staatsfarmen in kleinere, unabhängigere Produktionseinheiten, die sogenannten Unidades Basicas de Producción Cooperativa (UBPC) im Herbst 1993 und die Wiedereröffnung freier Bauernmärkte knapp ein Jahr später,[2] auf denen bei freier Preisbildung von Privatbauern, landwirtschaftlichen Kooperativen und Staatsbetrieben Gemüse, Obst, Reis, Bohnen, Knollenfrüchte und Schweinefleisch angeboten werden. Weiterhin wurde ein Teil ehemaliger Zuckerrohrfelder für die Nahrungsmittelproduktion umgewidmet. Neu ist außerdem, daß die kubanische Landwirtschaft heute nahezu ohne chemische Dünge- und Pflanzenschutzmittel auskommen muß und Ochsen den Traktorenpark ersetzt haben, so daß manche Autoren gar von einer flächendeckenden Umstellung auf ökologischen Landbau sprechen.[3]

Die Neuorientierung der kubanischen Agrarpolitik macht nicht vor den Städten halt: In den städtischen Konsumzentren — insbesondere in der Hauptstadt Havanna, wo mit 2,2 Mio. Einwohnern rund ein Fünftel aller Kubanerinnen leben — fördert das Landwirtschaftsministerium eine intensive gärtnerische Produktion. Die Erhöhung der städtischen Selbstversorgung war bereits im eben erwähnten programa alimentario als Ziel festgeschrieben worden, seine Umsetzung wurde aber erst in der Spezialperiode angegangen.

Die Gärten der Hauptstadt

Seit Ende des Jahre 1991 vergeben die Bezirksverwaltungen Havannas kleine Parzellen an interessierte Anwohner, die darauf Nahrungsmittel zum Eigenverbrauch oder zum Verkauf anbauen. Heute sind mehr als 27.000 solcher Parzellen in der Hauptstadt registriert. *Huertos populares* oder auf deutsch „Volksgärten" heißen sie in Kuba. Diese Gärten auf öffentlichem Land werden der Bevölkerung zum *usufructo* oder „Nießbrauch" übertragen. Das bedeutet, die Bewirtschafterin erhält ein unbefristetes Nutzungsrecht, muß keine Pachtzahlung entrichten und ihr gehört, was sie produziert. Zu den *huertos populares* hinzu kommen 4.300 Gärten von nicht-landwirtschaftlichen Staatsbetrieben, Schulen, Krankenhäusern und hunderte neu entstandener *organopónicos*, das sind Anlagen mit intensiver Gemüseproduktion, auf die weiter unten noch näher eingegangen wird.[4]

Die *agricultura urbana* boomt: das kubanische Landwirtschaftsministerium hat eine eigene Abteilung für städtische Landwirtschaft, die *Dirección de Agricultura Urbana* (DAU) eingerichtet; einmal pro Quartal treffen sich Vertreter aller Provinzen, um die Arbeit in *organopónicos* und Intensivgärten zu koordinieren; es werden T-Shirts bedruckt, die von der Bewegung künden; die Regierungszeitung *Granma* berichtet mindestens einmal pro Monat von neuen Erfolgen der städtischen Gemüseproduktion; Wissenschaftler und Funktionäre sprechen von einem „movimiento popular", einer Volksbewegung. Von dieser Euphorie haben sich auch westliche Nichtregierungsorganisationen und Ökoaktivisten anstecken lassen: die Zahl der Projekte in- und ausländischer Nichtregierungsorganisationen in der städtischen Landwirtschaft wächst.[5] Die Zeitung der Deutschen Welthungerhilfe berichtete innerhalb eines Jahres gleich zweimal von den begeisterten neuen Gärtnern Havannas und weckte damit mein Forschungsinteresse.[6]

In Havanna angekommen ließen mich Spaziergänge, Gespräche und Beobachtungen jedoch bald an der Angemessenheit des Labels „popular" für Nutzgärten und die urbane Landwirtschaft an sich zweifeln. In den zahlreichen Vorgärten der Innenbezirke wächst fast nichts Eßbares, ein paar Obstbäume vielleicht. Passanten, nach den *huertos populares* befragt, haben noch nie davon gehört. „Landwirtschaft in Havanna? Nein, da bist Du falsch, da mußt Du aufs Land." oder „Gärten, aha. Das findest Du interessant?!" waren Standardreaktionen auf meine Fragen.

Einen größeren Bekanntheitsgrad in der Bevölkerung genießen hingegen die mehr oder weniger staatlich organisierten *organopónicos* und Intensivgärten, die als hektargroße Anlagen an den Hauptausfallstraßen der Hauptstadt sichtbar werden. Die *organopónicos* sind auf vorher nicht landwirtschaftlich nutzbaren Flächen entstanden. Dazu wurden etwa 1 m breite und 30 cm tiefe Kübel aus Beton konstruiert, die mit einem 1:1-Gemisch aus Boden und organischer Substanz (von ihr rührt der Name dieser Anbauform) angefüllt sind. Nach jeder Ernte werden die Beete mit organischer Substanz aufgefüllt, damit entfällt jede weitere Düngung.[7] Auf dem Substrat werden Gemüsekulturen wie Tomaten, Gurken, Salat, Kohl, Spinat, Zwiebeln, Buschbohnen, Möhren, Radieschen etc. gezogen, sogenannte *hortaliza*-Kulturen (im Deutschen nur ungenau mit Grün- oder Blattgemüse zu übersetzen), zu denen Hülsenfrüchte oder Knollengemüse explizit nicht gehören. Die Erzeugnisse werden meist noch vor Ort an die Anwohner verkauft. Betrieben werden diese Gartenanlagen von Arbeitskollektiven, Massenorganisationen oder Ministerien. 190 *organopónicos* zählt das kubanische Agrarministerium zur Zeit in der Hauptstadt,[8] hinzukommen noch vom Verteidigungs- und Innenministerium betriebene Anlagen sowie *organopónicos* nicht-landwirtschaftlicher Staatsbetriebe, die nur für die Betriebsangehörigen Gemüse produzieren. Weitere Formen von Landwirtschaft und Gartenbau sind seit Anfang der 90er Jahre innerhalb der Stadtgrenzen neu entstanden: Sogenannte Intensivgärten, die ähnlich wie die *organopónicos* organisiert sind, jedoch das Gemüse im gewachsenen Boden produzieren. Weiterhin experimentiert das Agrarministerium in größerem Umfang mit Hydrokulturen und Unterglasanbau. Außer all dieser jüngeren Initiativen in der urbanen Landwirtschaft Havannas existieren in den Randgebieten der Hauptstadt 30.000 ha Ackerfläche, die schon vor der Spezialperiode von Staatsfarmen, Kooperativen und etwa 2.200 Privatbauern bewirtschaftet wurden.[9]

Auf in die Produktionsschlacht

In den Agrarforschungszentren Kubas sind die *huertos populares* weitgehend ein Unthema. Im Zentrum der Aktivitäten staatlicher Agrarforschung sowie der *Dirección de Agricultura Urbana*, die mit einer straffen Programmplanung die Produktion und den Konsum von Grüngemüse in Kuba ankurbeln will, stehen die *organopónicos*. Die kubanischen Agrarstrategen orientieren sich hier an dem von der FAO empfohlenen Richtwert von 300 g Gemüsekonsum pro Tag und Kopf, der spätestens im Jahr 2001 auch in Kuba Realität sein soll. Ausgehend von den 300 g kalkulieren sie ein jährliches Produktionsvolumen von fast 1 Mio. Tonnen Gemüse, um den Bedarf der mehr als 11 Mio. KubanerInnen zu decken. Pro kultiviertem Quadratmeter in *organopónicos* und Intensivgärten wird ein jährlicher Durchschnittsertrag von 20 kg angestrebt (möglich durch Intercropping und mehrere Ernten). Da eine Kubanerin 110 kg Gemüse im Jahr verzehren soll, müssen folgerichtig pro Kopf 5,5 m² Nutzfläche bebaut werden, die nach Möglichkeit unmittelbar am Wohnort der jeweiligen Konsumentin liegen sollen.[10]

Hiermit soll dem Transportproblem beigekommen werden, denn Treibstoff ist knapp und das Einsammeln der Nahrungsgüter auf dem Land war schon immer die Schwachstelle im kubanischen Versorgungssystem. In den städtischen Ballungsgebieten sind landwirtschaftliche Nutzflächen jedoch rar, freie Grundstücke sind versiegelt oder verseucht, so daß Anbauformen gewählt werden müssen, die ohne natürlich gewachsenen Boden auskommen.

Unkrautfrei und vorzeigbar: Modell-Organopónico des Verteidigungsministeriums im Bezirk Playa. Photo: Anne Holl

Quartalsmäßig wird von einer *Comisión de Agricultura Urbana* überprüft, inwieweit gesteckte Ziele bereits erreicht worden sind. So titelt im Juni 1998 die *Granma Internacional* in Berufung auf die Kommission: „Noch 68 Gramm bis zu den 300 empfohlenen der FAO!"[11] Im folgenden Artikel wird detailliert dargelegt, daß 46 Prozent der durchschnittlich produzierten 232 Gramm Gemüse pro Kopf aus der städtischen Landwirtschaft stammen und welche Provinzen noch wie weit von der Plangröße 5,5 m^2 Anbaufläche je Einwohner entfernt sind.

Wie die Kommission zu diesen Daten gekommen ist, die nicht nur *organopónicos* sondern auch die Volksgärten, andere landwirtschaftliche Staatsbetriebe, Kooperativen und private Bauernhöfe umfassen sollen, ist allerdings unklar. Denn die Bewirtschafter der *huertos populares* führen in der Regel kein Buch über ihre Erträge, die sie in erster Linie für den Eigenkonsum produzieren. Um die Realitätsnähe der errechneten 232 Gramm in Frage zu stellen, bedarf es jedoch keiner komplizierten „Prozeßkontrolle" der Erhebungsmethoden, hier genügt ein einfacher Blick auf das Konsumverhalten kubanischer Haushalte.

Das Volk will mehr Brot? Soll es doch Gemüse essen!

Nach einer kubanischen Umfrage aus dem Jahr 1987 besteht das Leibgericht der Bevölkerung aus vier Komponenten: Reis, Bohnen, Fleisch und *viandas* (das sind stärkereiche Wurzel- und Knollenfrüchte wie Maniok, Yams, Süßkartoffel, Taro, aber auch Bananen). Die gleichen Konsumgewohnheiten habe ich im Frühjahr 1998 in kubanischen Familien beobachten können, wenn Bekannte mich nach Hause einluden. Hülsenfrüchte, Reis, ein kleines Stück Fleisch – sofern das Geld ausreicht – und *viandas*. Wie zentral die Stellung dieser Knollen im kubanischen Speiseplan ist, macht vielleicht am besten die deutsche Übersetzung deutlich: *vianda* bedeutet nichts anderes als Nahrung, Speise. *Hortalizas* hingegen spielen – abgesehen von Knoblauch und Zwiebeln – nur eine untergeordnete Rolle oder fehlen ganz.

Die kubanische Ernährungskultur ist das Produkt eines vielfachen Erbes: Von den Grundnahrungsmitteln der Indianer haben sich Maniok, Mais, Bohnen und andere Leguminosen halten können. Afrikanische Sklaven bauten in ihren Gärten Yams, Reis und Kichererbsen an. Chinesische Vertragsarbeiter für die Zuckerrohrplantagen brachten den intensiven Gemüseanbau mit. Die Spanier führten Kulturpflanzen wie Weizen und Zitrus ein, ebenso die Viehhaltung im großen Stil. Maßgeblich für die Ausbildung der gegenwärtigen Konsumpräferenzen war jedoch die kubanische Ernährungspolitik seit der Revolution. Vor 1959 bestand die Kost der breiten Masse aus Reis, Bohnen und *viandas*. „Ein Hauptziel der Revolution war es, jedem eine angemessene Ernährung zu garantieren. Für die Führung bedeutete dies nicht nur eine ernährungsphysiologisch angemessene Kost, sondern auch eine gesellschaftlich akzeptable, die auf das Kopieren der Ernährungsweise der Reichen abzielte."[12] Brot, Fleisch, Milchprodukte und Fette fanden so Eingang in die Standarddiät der Kubaner.

Seit der Revolution garantierte der Staat seinen Bürgern eine monatliche Ration an Lebensmitteln, die zu subventionierten Preisen gekauft werden konnten und die in den 80er Jahren fast die Grundversorgung abdeckten.[13] Zur Standarddiät gehörten in großem Umfang auch Brot, Fleisch, Milchprodukte und Nahrungsfette, die entweder importiert wurden oder deren inländische Produktion von importierten Vorleistungen, insbesondere Futtermitteln, abhing. In der *periodo especial* sind diese Güter nahezu verschwunden (Fleisch gibt es nur noch alle vierzehn Tage, oft mit Soja gestreckt, Milch nur noch für Kinder), die Lebensmittel der Zuteilungskarten reichen noch für knapp einen halben Monat. Selbst bei den Grundnahrungsmitteln sind die Rationsmengen zusammengeschrumpft: Nur noch fünf Pfund Reis kann eine Kubanerin im Monat rationiert einkaufen, ein Pfund Bohnen, dagegen sechs Pfund Zucker (die den Kubanern jedoch nicht ausreichen), die Pro-Kopf-Zuteilung an Weißbrot ist innerhalb der letzten zehn Jahre von 250 auf 30 Gramm pro Tag gesunken.

Um überhaupt überleben zu können, ist also praktisch jeder Haushalt auf den Zukauf der Grundnahrungsmittel Reis, Bohnen und *viandas* auf den neu entstandenen Bauernmärkten angewiesen. Auf den Bauernmärkten werden auch andere Produkte wie Fleisch, Obst und Gemüse angeboten, doch bei einem durchschnittlichen Monatslohn von etwa 200 Peso können sich die Wenigsten einen ausgiebigen Einkauf dort leisten, wenn ein Pfund Schweinefleisch 25 Peso kostet, ein Pfund der billigsten Bohnen oder ein Bund Zwiebeln sieben Peso. Will man gar Fette, Zucker, Rindfleisch oder Milchprodukte verzehren, so braucht man dafür unbedingt Devisen, sprich US-Dollar (die seit 1993 in Kuba legales Zahlungsmittel sind), denn solcher Luxus kann nur in den neu entstandenen Dollarsupermärkten oder gar auf dem Schwarzmarkt erstanden werden.

In den Verkaufsständen vor den *organopónicos* können die EinwohnerInnen Havannas Gemüse zu einem Preis einkaufen, der bis zur Hälfte unter dem der Bauernmärkte liegt. Dieses Angebot wird aber nur von den jeweiligen Anwohnern rege genutzt, während in den bevölkerungsreichsten Innenbezirken der Hauptstadt diese Bezugsmöglichkeit von Gemüse fehlt. Wer fährt (bei Havannas marodem öffentlichen Nahverkehr eher: läuft) schon kilometerweit für ein paar Gurken oder einen Kohlkopf, wo Grünzeug sowieso nicht zu den Lieblingsgerichten der *habaneros*[14] gehört? Weder in Familien noch in öffentlichen Kantinen oder Peso-Restaurants kommt auch nur annähernd soviel Gemüse auf den Tisch, wie Kubas Agrarplaner sich das wünschen. Da helfen auch riesige Plakate an den Gemüsebauanlagen nichts, die mit Aufforderungen wie „Achten Sie auf Ihre Gesundheit! Essen Sie Gemüse!" der Bevölkerung die neue Kost schmackhaft machen wollen.

Gurken aus Playa und Kohl aus Habana del Este statt ukrainischem Weizen und ostdeutschem Milchpulver. Photo: Anne Holl

111

Für die kubanische Führung liegt der nur zögerliche Gemüsekonsum im Preisniveau begründet. Gerade deshalb strebt das Agrarministerium die Produktionsausweitung an, um über Kostensenkungen auch eine Senkung der Verbraucherpreise zu bewirken. Doch werden niedrigere Preise allein die KubanerInnen zum Verzehr der anvisierten 300 Gramm Gemüse täglich bewegen? Wer es sich heute durch den Zugang zu Devisen schon wieder leisten kann, der komplettiert seine Basiskost nicht etwa mit Vegetabilien, sondern kauft in den Dollar-Supermärkten Fleisch, Milchprodukte und Süßigkeiten.

Die neuen Bauern von Havanna

Daß Grüngemüse nicht zum Leibgericht der KubanerInnen gehört, belegt auch der Blick in die 27.000 *huertos populares*. Die Bewirtschafter kultivieren vor allem *viandas*, daneben Mais, Bohnen, Heilkräuter und Obst. Die Gärtner begründen die Kulturwahl mit ihren eigenen Ernährungsgewohnheiten, denn sie produzieren vor allem für den Eigenbedarf, aber auch der relativen Anspruchslosigkeit dieser Pflanzen im Vergleich zu den Grüngemüsen, die im subtropischen Klima der Karibikinsel einer Bewässerung bedürfen und krankheitsanfälliger sind. Dem Agrarministerium mißfallen die Anbaustrukturen der *parceleros*,[15] und es versucht inzwischen, die Bewirtschafter stärker in sein Gemüsebauprogramm einzubinden. Die Gärtner erhalten die Auflage, zumindest für den Eigenbedarf ihrer Familien ausreichend Grüngemüse zu produzieren, d.h. pro Kopf 5,5 m². Während in den Anfangsjahren der Direktverkauf in den Volksgärten an die Nachbarn erlaubt war, wird dieser heute von der DAU als Schwarzmarktgeschäft bezeichnet (das allerdings noch geduldet wird). Die Gärtner sollen ihre Überschüsse an einem kommunal organisierten Verkaufsstand anbieten, wo sie eine fünfprozentige Umsatzsteuer abführen müssen.

Die meisten Gärtner haben sich zu Vereinen oder Klubs zusammengeschlossen: 1997 waren nach der Statistik 18.317 *parceleros* Mitglied in einem der 908 Gärtnerklubs von Havanna.[16] Der Zusammenschluß erfolgt freiwillig, in der Regel auf Initiative des jeweils zuständigen Beraters der *Dirección de Agricultura Urbana*, dem dadurch die Betreuung erleichtert wird. Die Vorteile der Gärtnerklubs liegen auf der

Hand: Schulungsangebote der DAU werden nur für Gruppen angeboten, und die meisten in Havanna tätigen NROs arbeiten ausschließlich mit Vereinen zusammen. So berichtete der Vorsitzende eines Gärtnerklubs mit 26 Mitgliedern, gerade zusammen mit elf weiteren Vereinen für ein Projekt der Deutschen Welthungerhilfe ausgewählt worden zu sein. Die Organisation wird dem Klub ein Gewächshaus für Setzlinge bauen und in der Nähe der Kolonie ein Zentrum für die Produktion von organischem Dünger errichten.

Berücksichtigt man schließlich den Personenkreis, der an der urbanen Landwirtschaft tatsächlich aktiv beteiligt ist, wird endgültig deutlich, wie weit das Gärtnern in Havanna von der angeblichen Volksbewegung entfernt bleibt. Land- und Gartenarbeit, egal ob in der Stadt oder auf dem Land, wird von der kubanischen Mehrheit verachtet. Das belegen nicht nur meine eigenen Befragungen mit nicht-gärtnernden *habaneros*, sondern auch Untersuchungen anderer Autoren. Die französische Geographin Denise Douzant-Rosenfeld konstatiert bei einer Analyse der ersten Jahre der *huertos populares*: „Die habaneros haben keine bäuerliche Seele", die Ernten waren enttäuschend.[17] Die landwirtschaftlichen Genossenschaften im ganzen Land melden weiterhin Arbeitskräftemangel – allein in der Zuckerproduktion sind 40.000 Stellen unbesetzt –, und das obwohl kubanische Experten eine offene Arbeitslosigkeit von 30 Prozent für das Jahr 1998 voraussagten.[18] Der französische Politologe Jean-Pierre Garnier hat bereits vor 25 Jahren festgestellt, daß sich die Einwohner Havannas nicht einfach mit sozialistischen Appellen zu begeisterten Landarbeitern machen lassen.

Die heutige Förderung städtischer Landwirtschaft ist seit der Revolution der zweite großangelegte Versuch der kubanischen Führung, die Hauptstadt zu „ruralisieren". Der sogenannte *Plan Cordón de La Habana* von 1967 sah die landwirtschaftliche Nutzung aller kultivierbaren Flächen rund um die Stadt vor. ArbeiterInnen und StudentInnen aus Havanna wurden mobilisiert, um auf 30.000 ha des Grüngürtels Obstbäume, Kaffeesträucher und Zuckerrohr zu pflanzen sowie Weideland und Erholungsparks anzulegen. Allein im April 1968 wurden insgesamt eine halbe Million *habaneros* zur Frühjahrssaat auf das Land gekarrt. In der Hauptstadt selbst wurden gleichzeitig Kneipen, Nachtklubs und Kulturzentren geschlossen und dadurch das eigentliche städtische Leben unterbunden.

Auf den ersten Blick war das Ziel des *Plan Cordón* ökonomischer Natur: Havanna sollte für den Großteil der von ihm konsumierten Agrarprodukte zum Selbstversorger werden. Der Plan ziele jedoch auf eine tiefgreifende politische Neuordnung des Stadt-Land-Verhältnisses ab, die Garnier mit „Urbanisierung des ländlichen Raumes" und „Detertiarisierung und Ruralisierung der Stadt" charakterisiert. Zwar hat das Programm den umliegenden Kleinbauern eine Modernisierung ihres Lebens gebracht – Parzellen wurden zusammengelegt, der Staat baute den Bauern neue Häuser -, doch die urbane Mentalität der Hauptstädter hat es nicht zu verändern vermocht. Die meisten Anpflanzungen wurden bald wieder sich selbst überlassen.[19]

Doch warum diese Ablehnung von Land- und Gartenarbeit damals wie heute? Allein durch das wirtschaftspolitische System, das die Grundversorgung mit Nahrungsmitteln organisierte und garantierte und damit private (Eigenbedarfs-) Landwirtschaft verdrängte, ist die Geringschätzung nicht zu begründen. Denn in den ehemals sozialistischen Staaten Mittel- und Osteuropas sind privat bewirtschaftete Parzellen niemals verschwunden. Die Ursachen für die Ablehnung der Landarbeit müssen früher in der Vergangenheit gesucht werden: Zum Zeitpunkt der Revolution gab es nur noch etwa 20.000 Kleinbauern, den Großteil der ländlichen Bevölkerung bildeten landlose Tagelöhner (500.000) und Pächter (110.000) mit ihren Familien.[20] Eine „kleinbäuerliche Tradition" war bereits bei Ankunft der spanischen Kolonialherren zerstört worden, die sich das Land aneigneten und ihre Plantagen von Tagelöhnern und Sklaven bewirtschaften ließen. Unter dem starken US-amerikanischen Einfluß seit Ende des 19. Jahrhunderts wurde zudem ein großer „Dienstleistungssektor" (Handel, Banken, Tourismus, Glücksspiel, Prostitution) auf der Insel aufgebaut, der die Bevölkerung in die städtischen Zentren zog und 1959 in der Hauptstadt mehr als 60 Prozent der *habaneros* beschäftigte.[21] Auch heute noch begreifen sich die dortigen Einwohner eben als „Hauptstädter", als „modern", als Teil einer urbanen Gesellschaft, die sich nicht um Jahrhunderte zurückgeworfen sehen will.

Wer heute in der Stadt das Gärtnern aufnimmt, der zeichnet sich in den meisten Fällen durch seine Zugehörigkeit zu bestimmten gesellschaftlichen Gruppen und/oder seine ländliche Herkunft aus. Die Mehrheit der von mir in den *huertos populares* interviewten Gärtner sind bzw. waren Angehörige der Streitkräfte, die meisten standen schon in Rente. Die zweitstärkste Berufsgruppe sowohl in den Volksgärten als auch den *organopónicos* sind ehemalige Lehrer. Bedeutet das Übergewicht von Lehrern und Militärs, daß diese Gruppen besonders begeisterungsfähig für die Ideen der Regierung sind? Oder bedeutet es, daß jene Kreise bevorzugt mit Land oder Arbeit versorgt werden?

Des weiteren waren die meisten der von mir befragten Gärtner keine gebürtigen *habaneros*, sondern während der vergangenen 40 Jahren aus verschiedenen Provinzen in die Hauptstadt gezogen, einer war ausgebildeter Phytopathologe, zwei waren auf einem Bauernhof aufgewachsen. Somit verfügte also der Großteil der Interviewpartner über einen ländlichen oder gar landwirtschaftlichen Hintergrund.

Wenn gerade immer wieder nur von Gärtnern in der männlichen Form gesprochen wurde, so liegt das darin begründet, daß ich tatsächlich ausschließlich Männer in den *huertos populares* angetroffen habe. Ein Experte einer kubanischen Nicht-Regierungsorganisation bezifferte den Anteil der Frauen, die bei der Stadtverwaltung eine Parzelle beantragen, auf unter fünf Prozent. In *organopónicos* hingegen habe ich hin und wieder Arbeiterinnen gesehen und gesprochen, zweimal waren sie sogar die Betriebsleiterinnen. Ihr Hauptmotiv, im Gartenbau tätig zu werden, lag in der Arbeitslosigkeit sowie in Versorgungsvorteilen, die aus der Anstellung in einem *organopónico* erwachsen.[22]

So ist die städtische Landwirtschaft keineswegs die breite „Volksbewegung", zu der sie von der kubanischen Führung deklariert wird. Im Gegenteil, sie ist die Aktivität einer kleinen, privilegierten Gruppe von neuen Gärtnern, deren Zusammenschlüsse an gutbürgerliche Kleingartenvereine hierzulande erinnern. Vor allem werden die wirklich Bedürftigen nicht erreicht, diejenigen, die weder Zugang zu staatlichen Privilegien noch zu US-Dollar haben, um aus eigener Kraft ihre kritische Versorgungslage zu verbessern. Die Regierung bestreitet die Existenz von Armut im Land, doch bettelnde Kinder und Alte sowie die Slums in Havanna verweisen auf das Gegenteil.

Die Erfolge der städtischen Landwirtschaft

Hinter all diesen Argumenten, die Zweifel am Postulat der *agricultura urbana* als Volksbewegung aufkommen lassen, sollte jedoch nicht vergessen werden, daß die Förderung städtischer Landwirtschaft auch unbestreitbar positive Resultate hervorgebracht hat. Sollten die Ertragsstatistiken stimmen, dann werden heute in Kuba mehr *viandas* und Grüngemüse als je zuvor produziert.[23] Da der Anstieg der Gemüseproduktion von Versorgungsengpässen bei nahezu allen anderen Nahrungsmitteln begleitet wird, sehen kubanische Agrar- und Ernährungswissenschaftler in der heutigen Krise eine Chance für einen „Erziehungseffekt" an den Ernährungsgewohnheiten des Volkes: weg von einer ungesunden fett- und kohlenhydratreichen Kost.

Wer einen *huerto popular* bewirtschaftet, der spart eine Menge Geld und Zeit für den Einkauf von Gemüsen und *viandas*. Wird im Garten außer für die Subsistenz auch noch für den Verkauf produziert, dann kommen zu den Versorgungsvorteilen noch monetäre Einkünfte hinzu. Für die Familien, die hinter den 27.000 Volksgärten stehen, bedeutet der Aufschwung der urbanen Landwirtschaft also gewiß eine verbesserte Ernährungssituation. Sämtliche von mir interviewten *parceleros* waren begeisterte und stolze Gärtner, die auch schon einmal die Richtung der staatlichen Gartenbaupolitik kritisierten.

Durch die Umwandlung ehemals ungenutzter Brachflächen in Gärten und *organopónicos* ist Havanna merklich grüner geworden, wenn auch weniger in den inneren als äußeren Bezirken. Die neuentstandenen Gärten summieren sich immerhin auf mehr als 6.000 ha und haben damit sicherlich einen positiven Umwelteffekt. Kubanische AgrarwissenschaftlerInnen gehen in ihrer Bewertung noch weiter. Für sie ist städtische Landwirtschaft gleichzusetzen mit organischer Landwirtschaft. Tatsächlich hat die Betriebsmittelknappheit in Stadt und Land fast flächendeckend eine Form der Landbewirtschaftung hervorgebracht, die ohne chemische Dünger und Pflanzenschutzmittel auskommt. In den Agrarforschungsinstituten sind hunderte von WissenschaftlerInnen damit beschäftigt, die Düngung mit organischer Substanz wie Kompost oder Humus und den Einsatz von Biopestiziden weiterzuentwickeln. In den Gärten habe ich jedoch immer wieder Kritik an der ökologischen Ausrichtung der Landwirtschaft vernommen: „Es ist ein schlechtes Geschäft, mit biologischen Mitteln zu arbeiten. Wenn der Staat will, daß wir damit arbeiten, dann muß sich das auch rechnen." oder „Wenn ich einmal an chemische Produkte kommen kann, dann kaufe ich die." Diese Stimmen weisen darauf hin, daß Scott Chaplowes Befürchtung Realität werden könnte, „daß Kuba bei Aufhebung des US-Embargos zu einer chemisch intensiven Landwirtschaft und Nahrungsimporten zurückkehren wird, um insbesondere städtische Zentren wie Havanna zu versorgen".[24]

Die Selbstversorgung bleibt vorerst ein Traum

Trotz all dieser positiven Effekte der urbanen Landwirtschaft in Havanna – Produktionsausweitung bei Gemüse, potentiell gesündere Ernährungsgewohnheiten der Kubaner, Ökologisierung der Landbewirtschaftung und Ergrünen der Hauptstadt –, zu einer Verbesserung der Versorgungslage der breiten Bevölkerung trägt sie wenig bei. Das Versorgungsproblem der *habaneros* wird über andere Kanäle gelöst – oder eben nicht. Lange Schlangen vor den Zuteilungsläden, der Schwarzmarkt, die Bauernmärkte, der Tauschhandel und die Devisensupermärkte, das sind die aktuellen Versorgungswege der Kubaner. So gesund Salat, Tomaten oder Knoblauch auch sein mögen, sie allein machen nicht satt. Daher bleibt unverständlich, warum die kubanische Regierung nicht auch stärker den Anbau von Nahrungsmitteln fördert, die auf den Bauernmärkten am stärksten nachgefragt werden: Reis, Bohnen, *viandas* und tierische Produkte. So bleibt die tägliche Suche nach Nahrung ein Einzelkampf der VerbraucherInnen, der sich am leichtesten mit den nötigen Devisen in der Tasche gewinnen läßt.

Sicherlich wäre es vermessen anzunehmen, eine Millionenstadt wie Havanna ließe sich allein aus den eigenen Gärten ernähren. Darum muß neben die Erfolgsmeldungen aus der *agricultura urbana* endlich auch eine Landwirtschaft in der Provinz treten, die sich stärker als bisher auf die Nahrungsmittelproduktion für den Binnenmarkt konzentriert. Doch leichter gesagt als getan angesichts all der ideologischen und ökonomischen Zwänge Kubas. Sie bewegt sich, die kubanische Agrarpolitik, wie die Landvergabe zum *usufructo*, die Aufteilung der riesigen Staatsfarmen oder die Umwidmung ehemaliger Zuckerrohrfelder für Nahrungskulturen belegen. Nur: erst wenige Jahre sind seit Einleitung dieser (zu?) zaghaften Reformen vergangen und die äußeren Umstände waren alles andere als vorteilhaft. Darum unterbleibt an dieser Stelle eine endgültige Bewertung der allgemeinen Selbstversorgungsbestrebungen Kubas.

Um jedenfalls die städtische Landwirtschaft dem Volk näher zu bringen und ihre Versorgungspotentiale wirklich auszunutzen wären zwei Szenarien denkbar: Wenn der Staatsapparat seine geistige und politische Führungsrolle behaupten kann, dann wird der Erfolg der *agricultura urbana* maßgeblich davon abhängen, inwieweit es der Regierung gelingt, Einstellungen in der Bevölkerung zu verändern. Für unser Beispiel hieße das konkret: Im Bewußtsein der KubanerInnen müßte die Landarbeit aufgewertet werden, die Konsumpräferenzen müßten sich verschieben weg von importierten Nahrungsmitteln und einer fleischzentrierten Kost hin zu ökologisch produziertem, heimischen Gemüse. Oder aber der Staat gibt seine Vorherrschaft und seine Bevormundung auf und räumt seinen BürgerInnen echte Partizipationsmöglichkeiten ein. Dann erhielte die urbane Landwirtschaft sicherlich ein neues Gesicht, würde sie gar ganz verschwinden?

Die Gärten der Zukunft? Huerto popular im Bezirk Vedado schräg gegenüber dem Devisenhotel „Habana Libre". Photo: Anne Holl

Vielleicht hat sie sogar schon heute ein zweites Gesicht, welches mir als Fremder verborgen geblieben ist. Die kubanischen Agrarforschungsinstitute, an die ich angebunden war, haben auch meine Forschung immer wieder zu ihren Prioritäten hin gelenkt, so daß ich nur selten hinter die offizielle Variante der *agricultura urbana* geschaut habe. Gibt es neben dieser von oben gesteuerten, durchorganisierten Gartenbewegung eine informelle Nahrungsproduktion, an der vielleicht auch Frauen viel stärker beteiligt sind? Kubanische Behörden und Forschungseinrichtungen bestreiten dies. Meine eigenen Befragungen und Beobachtungen konnten ebenfalls keine „wilden" Gärten ausmachen.

Selbst in den Alltagsgesprächen mit KubanerInnen blieb für mich oft genug offen, ob sie ihre eigenen oder von der staatlichen Informationspolitik geprägten Positionen äußerten. So läßt sich nur eines mit Gewißheit sagen: So wie die Gärten Havannas und die Gartenpolitik heute schon ein Spiegel der gesellschaftlichen Verhältnisse im Land sind, so werden auch die Gärten der Zukunft die gesamtgesellschaftlichen Entwicklungen Kubas widerspiegeln.

Anmerkungen

1   Carmen Diana Deere, Socialism on one Island?, Cuba's National Food Program and its Prospects for Food Security, Working Paper Series No. 124, Den Haag: Institute of Social Studies, 1992, S. 12f.

2   Ausführlich dargestellt bei Bert Hoffmann, Die Rückkehr der Ungleichheit, Kubas Sozialismus im Schatten der Dollarisierung, in: ders. (Hrsg.), Wirtschaftsreformen in Kuba, Konturen einer Debatte, Schriftenreihe des Instituts für Iberoamerika-Kunde Hamburg, Bd. 38, 2., aktualisierte Auflage, Frankfurt/Main: Vervuert, 1996, S. 101-151. Hans-Jürgen Burchardt, Kubas Bauern brauchen faire Preise, *Der Überblick*, 3/1997, S. 95-98. Carmen Diana Deere, Die Reform der kubanischen Landwirtschaft, *Lateinamerika Analysen und Berichte* 21, Land und Freiheit, 1997, S. 109-132.

3   Diese Auffassung wird insbesondere von den US-amerikanischen Ökoaktivisten Rosset und Benjamin vertreten. „Das kubanische Experiment ist der breitest angelegte Versuch in der Menschheitsgeschichte, konventionelle Landwirtschaft auf organischen oder semiorganischen Landbau umzustellen." Peter Rosset und Medea Benjamin (Hrsg.), The Greening of the Revolution, Cuba's Experiment with Organic Agriculture, Melbourne: Ocean Press, 1994, S. 82. Etwas kritischer

wird das „Experiment" bei Scott G. Chaplowe, Havana's Popular Gardens: Sustainable Urban Agriculture, *WSAA Newsletter*, Fall 1996, Vol. 5, No. 22, sowie Carina Weber und Jürgen Knirsch, Ökolandbau in Kuba, Fiktion oder Wirklichkeit?, Hamburg: Pestizid Aktions-Netzwerk, 1998, diskutiert.

4   Der Beitrag basiert auf meiner Arbeit „Urbane Landwirtschaft in Havanna zwischen staatlicher Planung und movimiento popular", Diplomarbeit im Studiengang Agrarwissenschaften, Landwirtschaftlich-Gärtnerische Fakultät der Humboldt-Universität zu Berlin, 1998.

5   Allein bei meinem Recherchen stieß ich auf die folgenden: Die Fundación de la Naturaleza y el Hombre (Kuba) in enger Kooperation mit Green Team/Permaculture International (Australien); der Consejo Ecuménico Kubas unterhält enge Kontakte zu Brot für die Welt (BRD); CIERI (Kuba, Guatemala); Cuba Sí (BRD); Food First (USA); Pesticide Action Network; CARE (Kanada); Oxfam (Kanada); diverse spanische und italienische Hilfsorganisationen sowie das SANE-Programm (Sustainable Agricultural Networking and Extension) des UNDP. Am bekanntesten schienen die Projekte der Agroacción Alemana, dahinter verbirgt sich die Deutsche Welthungerhilfe, die mit der kubanischen Asociación Cubana de Producción Animal (ACPA) zusammenarbeitet.

6   Martin Beutler, Che Guevaras Träume, *Welternährung*, 1/1996, S. 3. Lutz Warkalla, Marktwirtschaft im Sozialismus, *Welternährung*, 2/1997, S. 3.

7   Die Anleitung zur Konstruktion und Bewirtschaftung eines *organopónicos* gibt das Manual „Instructivo técnico de organopónicos" des kubanischen Landwirtschaftsministeriums, das gerade seine dritte Neuauflage erfuhr. Tatsächlich entsprachen alle von mir besuchten Anlagen exakt den Vorgaben dieser Broschüre. Ministerio de la Agricultura (MINAGRI), Instructivo técnico de organopónicos, Ciudad de La Habana, 1995.

8   Informe oficial, VIII. Plenaria Nacional de Organopónicos y Huertos Intensivos, Cienfuegos, 5-7 de febrero de 1998.

9   Kosta Mathéy, Kurzbericht zu Urban Agriculture in Kuba, unveröffentlichtes Manuskript, 1997.

10   Grupo Nacional de Organopónicos y Huertos Intensivos, Lineamientos de trabajo en organopónicos y huertos intensivos hasta el año 2002, Ciudad de La Habana, 1997. Nelso Companioni, Adolfo Rodríguez Nodals, Miriam Carrión, Rosa Alonso, Yanet Ojeda und Elizabeth Peña, La Agricultura urbana en Cuba: Su Participación en la seguridad alimentaria, in: Conferencias del III Encuentro Nacional de agricultura orgánica, Universidad Central de Las Villas, Villa Clara, Cuba, 14 al 16 de mayo de 1997. S. 9-13.

11   Antonio Paneque Brizuelas, A 68 gramos de los 300 indicados por la
      FAO, *Granma Internacional*, 7/6/1998. S. 5.
12   Peter Rosset und Medea Benjamin (Hrsg.), a.a.O, S. 23. An gleicher
      Stelle verweisen die Autoren auf die „epidemiologische Transition",
      die Kuba bereits vollzogen hat. Im Gegensatz zu anderen Entwick-
      lungsländern sind hier nicht Infektionskrankheiten die häufigste To-
      desursache, sondern wie bei uns „Zivilisationskrankheiten" wie Herz-
      und Kreislauferkrankungen oder Krebs. Mehr zur kubanischen
      Ernährungskultur auch bei Denise Douzant-Rosenfeld, Thierry Linck
      und Mario Zequeira, Se Nourrir à Cuba: Les Enjeux de l'agriculture
      dans la région de La Havane, *Cahiers des Amériques Latines*, No. 19. 1994,
      S. 35-64.
13   Die Ration sicherte 1983 etwa 1.900 kcal. pro Kopf und Tag ab. Eine
      detaillierte Auflistung der zu beziehenden Nahrungsmittel sowie Nä-
      heres zur kubanischen Ernährungspolitik seit 1959 findet sich bei
      Peter Utting, Economic Reform and Third World Socialism, A Political
      Economy of Food Policy in Post-Revolutionary Societies, New York:
      St. Martin's, 1992, S. 123ff.
14   Kubanische Bezeichnung für die Einwohner Havannas.
15   Von „parcela", die Parzelle, abgeleitete Bezeichnung der Gärtner in
      den *huertos populares*.
16   Nelso Companioni et al., a.a.O., S. 12.
17   Denise Douzant-Rosenfeld et al., a.a.O., S. 54.
18   Hans Jürgen Burchardt, Kuba, der lange Abschied von einem Mythos,
      Stuttgart: Schmetterling, 1996, S. 209f.
19   Jean-Pierre Garnier, Une Ville, une revolution: La Havane, De l'Urbain
      au politique, Paris: éditions anthropos, 1973, S. 154ff.
20   Enrique Pérez und Eduardo Muñoz, Agricultura y alimentación en
      Cuba, Ciudad de La Habana: Editorial de Ciencias Sociales, 1991, S. 59.
21   Mario Coyula Cowley, La Habana de enero: La Herencia de los años
      cincuenta, *Revista Bimestre Cubana*, Vol. 79, 1996, S. 65.
22   Seit Jahren beklagt die kubanische Landwirtschaft einen chronischen
      Arbeitskräftemangel. Mal versuchte man dem mit moralischen Arbeits-
      anreizen und Massenmobilisationen zu begegnen, mal mit materiel-
      len Verlockungen. Auch heute sind es wieder finanzielle und
      Versorgungsvorteile, die die Bürger zur Land- und Gartenarbeit moti-
      vieren sollen.
23   1996 waren es knapp 1,8 Mio. Tonnen, 1989 nur 1,3 Mio. Tonnen.
      Vgl. Raisa Pages, Tenemos que desatar todo lo que limita el desarrollo
      de las fuerzas productivas, *Granma*, 30/12/1997. S. 3.
24   Scott G. Chaplowe, a.a.O., S. 3.

Verteidigung

Wahlplakate zwischen verkommenem städtischen Grün: vertrocknete Bäume einer Berliner Hauptverkehrsstraße 1996. Photo: Elisabeth Meyer-Renschhausen

Irmtraud Grünsteidel

Community Gardens
Grüne Oasen in den Ghettos von
New York

In vielen Ländern der Dritten Welt ist die Garten- und Kleinstlandwirtschaft für die ärmere Bevölkerung von existentieller Bedeutung. Sie erhöht das kärgliche Einkommen und gewährt ein Mindest-
maß an Unabhängigkeit und Selbstachtung.

Mexiko und Bangladesch sind Länder, die einem in diesem
Zusammenhang sofort einfallen, oder die „Jardins des femmes" – die
Gärten der Frauen – in Mali. So gut wie nie verbindet man mit Garten-
und Kleinstlandwirtschaft die Vereinigten Staaten von Amerika – eines
der reichsten Länder der Erde. Aber es gibt sie auch in den USA, sogar
mitten in New York City, dort wo man es am allerwenigsten erwartet.
In den ärmsten Stadtteilen betreiben die Ghettobewohner die von ihnen selbst ins Leben gerufenen Community Gardens. Anders als in den
Ländern der Dritten Welt sind diese Gemeinschaftsgärten nicht aus
Mangel an lebensnotwendigen Nahrungsmitteln entstanden, sondern
in erster Linie, weil die Bewohner dem ständig fortschreitenden Verfall
ihrer Nachbarschaft etwas entgegensetzen wollten. Demzufolge steht
bei den Community Gardens die soziale Bedeutung im Vordergrund.

Hintergründe und Entstehung der Community
Gardens

Viele der Grundstücke, auf denen wir heute Community Gardens
finden, stammen noch aus den 60er und 70er Jahren, als die Stadtverwaltung versuchte, dem steigenden Haushaltsdefizit unter anderem
durch höhere Grundsteuersätze zu begegnen. Viele Hausbesitzer konnten damals in den ärmeren Stadtteilen die hohen Unkosten, vor allem
die Grundsteuer, nicht mehr auf die Mieten umlegen. Sie vernachläs-
sigten ihre Häuser, bis sie nicht mehr bewohnbar waren, und ließen
sie schließlich an die Stadt fallen, die sie oft nur noch abreißen konnte.

Die so entstandenen Brachgrundstücke – 1978 besaß die Stadt schon ca. 25.000 davon – verkamen sehr schnell zu Müllabladeplätzen, wurden von Gangs als Schießübungsplatz benutzt und dienten als Treffpunkt für Drogengeschäfte. Sie haben eine erschreckende Ausstrahlungskraft: Benachbarte Hauseigentümer vernachlässigen ihre Häuser ebenfalls oder geben sie ganz auf. Wer es sich leisten kann, zieht weg. Wenn einmal der Verfall einer Straße eingesetzt hat, greift die Zerstörung sehr schnell um sich. Um diesen Effekt aufzuhalten, ergriffen Anwohner die Initiative und verwandelten diese Brachgrundstücke mit viel Phantasie und harter Arbeit in fruchtbare Gärten.

Die ersten Community Gardens in New York entstanden Anfang der 1970er Jahre. Aus den Einzelaktionen entwickelte sich mit der Zeit eine breite Bewegung. Heute (1999) gibt es in New York City etwa 1.000 Community Gardens, an denen sich 25.000 bis 30.000 New Yorker beteiligen und zahlreiche Organisationen, die die Community Gardens unterstützen.

Die Größe der Gärten reicht von schmalen Grundstücken, die zwischen zwei Wohnhäuser eingezwängt sind, bis hin zu mehrere hundert Quadratmeter umfassenden Freiflächen. Zusammen beanspruchen sie etwa 85 Hektar des Stadtgebiets. Das entspricht ungefähr einem Viertel der Fläche des Central Park.

In den kleineren Gärten – etwa 70 Prozent sind nur 100 bis 700 Quadratmeter groß – arbeiten etwa 20, in größeren Gärten, wie dem Taqwa Garden in der South Bronx, bis zu 80 Leute aus der Nachbarschaft. Auffallend ist, daß die Community Gardens nicht gleichmäßig über die Stadt verteilt sind, vielmehr sind die Gegenden, in denen sich die meisten Community Gardens befinden, identisch mit den ärmsten Stadtteilen New Yorks. Diese Stadtteile sind u.a. dadurch gekennzeichnet, daß dort überwiegend Schwarze und Hispanics leben und der Anteil der Bevölkerung, der von öffentlichen Wohlfahrtsleistungen abhängig ist, am größten ist. Die meisten Community Gardens findet man in den Stadtteilen Bedford Stuyvesant, Bushwick, East New York und Brownsville in Brooklyn, in der South Bronx, in East und Central Harlem und der Lower East Side in Manhattan.

Die Community Gardens –
ein Gemeinschaftsprojekt

Erfahrungsgemäß sind es zunächst nur ein oder zwei engagierte Anwohner, die auf die Idee kommen, daß man auf einem Brachgrundstück einen Community Garden anlegen könnte. Sie sind es auch, die die Initiative ergreifen und Informationen einholen, wie sich so etwas bewerkstelligen läßt. Bei der Suche nach dem Eigentümer – in 75 Prozent der Fälle die Stadt New York – stoßen sie unweigerlich auf GreenThumb. GreenThumb ist ein Büro, das – auf Drängen der Gardeners, die bis dahin die Grundstücke illegal besetzt hatten – von der Stadt New York 1978 eingerichtet wurde, und Pachtverträge an Nachbarschaftsgruppen, die einen Community Garden anlegen wollen, vergibt. Darüber hinaus stellt GreenThumb den Gardeners kostenlos Baumaterial, Erde, Pflanzen und Gartengeräte zur Verfügung.

Eine der Grundvoraussetzungen für einen Pachtvertrag besteht darin, mindestens fünf Personen, die nicht miteinander verwandt sind, zusammenzubringen. Folglich ist der nächste Schritt, weitere Interessierte in der Nachbarschaft zu finden, damit der Pachtvertrag unterzeichnet werden kann. Das ist nicht sehr schwierig, denn über das verwahrloste Grundstück haben sich schon viele geärgert. Es fehlte bis jetzt nur jemand, der die Initiative ergreift.

Wenn der Vertrag abgeschlossen ist, säubern die Gardeners in einer ersten gemeinsamen Aktion das gepachtete Grundstück von ausgebrannten Autowracks, Bauschutt, Abfall, Injektionsnadeln, Crackampullen und allem erdenklichen Wohlstandsmüll. Danach errichten sie einen mannshohen Zaun mit einem abschließbaren Tor, um weiteres Abladen von Müll zu verhindern und Drogendealern, Prostituierten und Kleinkriminellen den Zugang zu dem Gelände zu verwehren. Das am Zaun befestigte GreenThumb-Schild und ein Hinweis, wo nähere Informationen über das Projekt und der Schlüssel zu bekommen sind, dokumentieren, daß sich Anwohner um das Grundstück kümmern. Einen Schlüssel kann jeder bekommen, der sich an dem Garten beteiligen möchte.

Das Gemüse wird in Hochbeeten gepflanzt, denn der Boden ist unter anderem durch bleihaltige Wandfarben, die in den Häusern verwendet wurden, verseucht. Die Beete bestehen aus 2,50 m x 2,50 m großen Holzrahmen, in die die von GreenThumb kostenlos gelieferte schadstofffreie Erde gefüllt wird.

Außer an GreenThumb können sich die Gardeners noch an zahlreiche weitere Organisationen wenden. Bei den Green Guerillas z.B. bekommen sie kostenlos Pflanzen, die von Gärtnereien oder reichen New Yorkern gespendet werden. Die Green Guerillas waren die erste einer ganzen Reihe von privaten Organisationen, die die Gardeners unterstützen. Sie finanzieren sich durch Spenden und Mitgliedsbeiträge und stellen ihre Fachkenntnisse kostenlos zur Verfügung. Sie zeigen den Gärtnern zum Beispiel wie man Obstbäume beschneidet, einen Kompost anlegt, ohne den Einsatz von Pestiziden auskommt und welche Heilwirkung die verschiedenen Kräuter haben.

Eine weitere Bedingung für einen Pachtvertrag ist, daß die Gardens zu bestimmten Zeiten der Öffentlichkeit zugänglich gemacht werden. Aber auch außerhalb der Öffnungszeiten sind Passanten herzlich willkommen, und die Gardeners zeigen ihnen stolz, was alles wächst.

Der „Five Star Garden", W 121 Street, Central Harlem, September 1995. Photo: Georg Bischoff

Die verschiedenen ethnischen Gruppen bauen unterschiedliches Gemüse an. Deshalb sieht man in den Gardens in der Bronx, in der mehr Hispanics leben, vor allem Auberginen, Mais, Kohl und Bohnen und in Central Harlem, wo viele Schwarze aus den Südstaaten wohnen, Okra, Tomaten, verschiedene Kohlsorten und Senfgemüse. Manchmal versuchen die Gardeners auch, Tabak, Erdnüsse und Baumwolle anzupflanzen. Auch Sonnenblumen sind sehr beliebt. Abhängig von der vorhandenen Fläche und den Lichtverhältnissen gedeihen in manchen Gardens auch Apfel-, Pfirsich-, Kirsch- und Pflaumenbäume und die verschiedensten Beerensträucher.

Neben den Gemüsebeeten, von denen jeweils eines von einer Person oder einer Familie bewirtschaftet wird, gibt es das Kräuterbeet, die Kompostecke oder eine Sitzecke, die von allen genutzt und gemeinsam betreut werden. Manchmal findet man auch einen Bereich für die Kinder zum Spielen und einen Grillplatz.

Trotz vieler Gemeinsamkeiten reflektieren die Community Gardens den kulturellen und ethnischen Hintergrund der Gardeners und sind so verschieden wie die Menschen, die sich daran beteiligen.

Die Gardeners

Zu den Gardeners zählen alle, die ein Beet haben und regelmäßig an den Aktivitäten ihres Gardens teilnehmen. Entsprechend der Bevölkerung der Stadtteile, in denen die Community Gardens liegen, sind etwa 50 Prozent der Gardeners Schwarze und 45 Prozent Hispanics. Sie stammen meist aus den Südstaaten, aus Lateinamerika und der Karibik, aber nur zu einem geringen Teil aus Asien und Europa. Natürlich ist auch ein Teil von ihnen in New York geboren oder dort aufgewachsen.

Die Altersstruktur der Gardeners ist gemischt. Die älteren und vor allem die Frauen, die häufig Erfahrungen aus der Landwirtschaft mitbringen und aus den Südstaaten oder der Karibik stammen, geben ihr Wissen an die jüngeren weiter. Denn wer in New York aufgewachsen ist und in einem der Ghettos wohnt, hatte bislang keine Gelegenheit, sich mit Gartenarbeit zu beschäftigen. Schulkinder sind oft begeisterte Gardeners. Häufig stehen den Schulen aus der Nachbarschaft ein oder mehrere Beete zur Verfügung, oder sie legen selbst auf einem der zahlreichen Brachgrundstücke einen Schulgarten an.

Die Gardeners wohnen fast ausschließlich in der Nachbarschaft. Unter den Ghettobewohnern sind sie meistens diejenigen, die noch Arbeit haben. Viele kennen ihr Viertel noch aus besseren Zeiten. Weil sie oft schon mehr als zwanzig Jahre dort leben, wollen sie nicht wegziehen. Sie hätten auch nicht die finanziellen Mittel dazu.

Die herausragende Bedeutung der Community Gardens für die Gardeners kann man aber nur begreifen, wenn man sich das soziale Umfeld vor Augen führt, in dem sie leben müssen.

Das soziale Umfeld der Gardeners

Etwa 40 Prozent der Ghettobewohner sind von öffentlichen Wohlfahrtsleistungen abhängig. Die, die Arbeit haben, verdienen meist nur den Mindestlohn, der 1997 lediglich 5,15 Dollar betrug.

70 Prozent der Familien bestehen aus alleinerziehenden Frauen und ihren Kindern. Eine alleinerziehende Mutter mit zwei Kindern erhielt 1995 in New York City Unterstützung in Höhe von 577 Dollar in bar, die für vier Wochen reichen mußten. Zusätzlich bekam sie Lebensmittelgutscheine im Wert von 239 Dollar pro Monat, die sie in Geschäften und auf dem Markt einlösen konnte. Von den 577 Dollar mußten Miete, Heizkosten und die Stromrechnung bezahlt werden, bis zu 500 Dollar im Monat.

Jugendliche verlassen die Schule vielfach ohne Abschluß. Mehr als die Hälfte von ihnen ist ohne Arbeit. So ist es nicht verwunderlich, daß sie fast zwangsläufig in Drogengeschäfte involviert werden, die oft die einzige Möglichkeit darstellen, für sich und die Familie Geld zu verdienen.

Die desolaten Verhältnisse in den Slumgebieten greifen zwangsläufig in den Alltag der Bewohner ein. Angst ist allgegenwärtig. Aus Angst, von rivalisierenden Gangs versehentlich erschossen oder von Drogenabhängigen überfallen zu werden, trauen sich vor allem ältere Menschen nicht mehr auf die Straße. Und das nicht nur nachts, sondern sogar am Tage.

Eltern trauen sich nicht, mit ihren Kindern in die nahe gelegenen Parks zu gehen, weil sie sie für gefährlich halten. Die Angst vor Gewalt und Kriminalität zwingt die Bewohner, jedem zu mißtrauen und sich abwehrend zu verhalten. Crack macht Drogenabhängige unberechenbar. So versucht man, jeglichen Kontakt zu meiden, um einen möglicherweise unter Drogeneinfluß Stehenden nicht zu reizen.

Die Apartments in den Slums sind klein, in schlechtem Zustand und häufig überbelegt. Sanitäre Einrichtungen und Heizung funktionieren meist nicht mehr richtig. Oft sind die Fensterscheiben zerbrochen. Aufgegebene und verfallene Häuser, zugemauerte Hauseingänge, mit Brettern vernagelte Fensteröffnungen und überall herumliegender Müll gehören zum Alltag in diesen Stadtteilen.

Hoffnung und Zerstörung liegen eng nebeneinander: Aufgegebene Häuser hinter einem Community Garden, Midtown Manhattan. Photo: Georg Bischoff

Das Leben für die Bewohner hat natürlich auch eine „normale" Komponente. Auch hier eilen Menschen mit Bus und U-Bahn zur Arbeit, werden Kinder zur Schule gebracht und lärmen auf dem Schulhof. Aber der innere wie äußere Verfall überwiegen. Kein Wunder, daß in einer solchen Umgebung, die von Armut, Gewalt, Drogen, Angst und Trostlosigkeit gekennzeichnet ist, die Community Gardens grüne Oasen, im wirklichen wie im übertragenen Sinn, sind.

Die Bedeutung der Community Gardens für die Gardeners

Die größte Bedeutung eines Community Gardens liegt zunächst ganz einfach darin, daß dieses Brachgrundstück kein Müllabladeplatz mehr ist. „Unser Garten ist ein Blickfang. Die Leute, die vorbeilaufen, bleiben stehen und sagen immer wieder, wieviel Freude er ihnen macht", berichtet Juanita, eine Gärtnerin in der Lower East Side. Daß der Schandfleck beseitigt ist, ist vor allem für die Gründungsmitglieder eines Community Gardens besonders wichtig. Für neue Mitglieder, die erst später dazukommen und nicht am Aufbau des Community Gardens beteiligt waren, stehen oft ganz andere Aspekte im Vordergrund, die aber mit der Zeit auch für die „erste Generation" immer wichtiger werden.

Wer im Garden arbeitet, ist an der frischen Luft und an der Sonne. „Unser Garten ist ein wunderbarer Ort. Dort treffen wir uns mit unseren Familien und mit Freunden, und genießen es, draußen zu sein", sagt Clair aus Queens.

Der Garden stellt für die Gardeners die engste Verbindung zur Natur dar, die sie kennen, denn im Gegensatz zu den besser gestellten New Yorkern, die in die Catskill Mountains oder an die Strände von Long Island fahren, verbringen sie auch die Wochenenden in ihrer Nachbarschaft.

Der blühende Garden steht im Kontrast zu den verfallenen Häusern. Er ist „Balsam für die Seele" der Gardeners, aber auch für die der Nachbarn, die aus ihrem Fenster auf ein Stück Natur inmitten der Verwüstung blicken oder täglich daran vorbeikommen. „An einem sonnigen Morgen in den Garten zu gehen ist eine wahre Freude. Jeden Tag überrascht er mich mit etwas Neuem. Wenn ich dort bin, mag ich gar nicht mehr weg." So geht es nicht nur Lena aus West Harlem. Für die meisten Gardeners ist es ihr „eigenes" Stückchen Land, das sie bearbeiten. Obwohl es ihnen nicht gehört, fühlen sie sich sehr eng mit ihm verbunden. Martha, eine Gärtnerin in Brooklyn, nennt ihren Garden liebevoll „My Paradise!"

Durch die Arbeit im Garden lernen die Gardeners ihre Nachbarn kennen und sind weniger isoliert. Mit der Zeit wissen sie, wer zur Nachbarschaft gehört und wer nicht. Persönliche Kontakte bauen sich auf, das allgegenwärtige Mißtrauen reduziert sich. Da der Garden mit einem hohen Zaun umgeben ist, wird er zu einem sicheren Ort vor allem für ältere Menschen, deren Radius eingeschränkt ist. Aber nicht nur für die Alten ist der Garden ein sicherer Platz, sondern auch für die Kinder. Er ist für sie oft die einzige Alternative zur Straße. Der 14jährige Nigel aus Brooklyn schildert in dem Dokumentarfilm „City Farmers" seine Situation und die seiner Freunde so: „Im Garten gibt es immer etwas zu tun. Er bewahrt uns vor Schwierigkeiten, vor Gewalt und ähnlichen Sachen. Ohne ihn wären die meisten von uns längst im Gefängnis."

Die Gardeners werden Vorbilder für die Kinder, die Jugendlichen und auch manche Erwachsene. Die Alten geben ihre Kenntnisse an die Jungen weiter.

Einwanderer aus der Karibik und der Dominikanischen Republik, die über Erfahrungen in der Landwirtschaft verfügen, werden in New York zu „City Farmern". Für sie bedeutet der Garden ein Stückchen Heimat.

Nicht zu unterschätzen ist auch, daß der Garden es den Gardeners ermöglicht, Geld, das sie sonst für Lebensmittel ausgeben müßten, zu sparen oder für andere Dinge zu verwenden. Besonders für arbeitslose und sehr arme Familien bedeutet dies eine reale Steigerung ihres Einkommens. „Dieses Jahr haben wir 200 Pfund Tomaten und 75 Pfund grüne und rote Paprika geerntet." Daß es im nächsten Jahr noch mehr werden, das wünscht sich Ramon von der Fancy Flower Community Association in der Bronx. Obst und Gemüse aus dem Garden sind außerdem frischer als alles, was man im Supermarkt bekommt. Viele Gardeners haben angefangen, Heilkräuter anzupflanzen. Selbstgezogene Kamille, Baldrian und Pfefferminze sind billiger als Medikamente und helfen bei kleineren Problemen genauso gut.

Durch den Community Garden machen viele Gardeners zum ersten Mal die Erfahrung, in ihrem Umfeld etwas verändern zu können. Daraus schöpfen sie Selbstbewußtsein, Stolz und Hoffnung. Die Pflanzen fragen nicht, welche Hautfarbe und welche Ausbildung derjenige hat, der sie gießt. Auf der Suche nach weiteren Informationen über Anbaumethoden und Pflanzen finden manche den Weg in öffentliche Bibliotheken oder andere Institutionen, die sie vorher noch nie von innen gesehen haben. Sie erwerben damit, unabhängig von

Schule und Beruf, Fähigkeiten, die ihnen neue Perspektiven eröffnen können.

Die Gardeners lernen auch andere Menschen außerhalb ihres Stadtviertels kennen und durchbrechen die Isolation des Ghettos. Dazu gehören die Mitarbeiter der verschiedenen Organisationen, die sie mit Rat und Tat unterstützen, Gardeners aus anderen Stadtteilen oder auch Künstler, mit denen sie z.B. ein Wandgemälde an einer Hauswand ihres Gardens gestalten. Journalisten, Photographen und Filmemacher, die sich für ihr Projekt interessieren, zählen ebenfalls zu denen, die nicht unbedingt in den ärmsten Stadtteilen New Yorks leben.

Gardener des „Five Star Garden", W 121 Street, Central Harlem, September 1995
Photo: Georg Bischoff

Aufgrund dieser positiven Erfahrungen sind mit der Zeit immer mehr Gardeners bereit, neue Verantwortung zu übernehmen und sich für die Verbesserung der Lebensqualität in ihrer Nachbarschaft einzusetzen.

Die Auswirkungen der Community Gardens auf die Nachbarschaft

Das äußere Erscheinungsbild und die ökonomische Stabilität eines Wohnviertels hängen eng zusammen. Wenn die Geschäftsleute und die Bewohner mit ihrem Wohnumfeld zufrieden sind und an die „Gesundheit" ihres Stadtteils glauben, werden sie eher dort bleiben. Der Niedergang einer Nachbarschaft erschüttert diesen Glauben. Die Risikobereitschaft sinkt. Es wird weniger investiert, und eventuell verläßt man die Gegend ganz.

Freiwillige Nachbarschaftsinitiativen, zu denen die Community Gardens zählen, haben eine stabilisierende Wirkung auf die Nachbarschaft, weil sie die Zufriedenheit der Bewohner und den Glauben an die Nachbarschaft fördern und schließlich zu neuen Investitionen führen.

Zunächst fängt es ganz klein an. Ein ehemaliges Brachgrundstück, das in einen Community Garden verwandelt worden ist, demonstriert, daß sich hier jemand aus der Straße um das Grundstück kümmert. Dieses Signal verändert das Bewußtsein der Nachbarn. Das äußert sich unter anderem darin, daß sie weniger Müll auf die Straße werfen. Mit der Zeit werden die ersten Häuser gestrichen und ein paar sogar renoviert. Häufig entstehen in unmittelbarer Umgebung eines Community Gardens neue Gardens, und es kann – wie in der 121st Street in Central Harlem – sogar geschehen, daß nach einigen Jahren in der betroffenen Straße kein Brachgrundstück mehr existiert.

Wird den Drogendealern und Kleinkriminellen durch den Garden der Zugang zu dem Grundstück und den angrenzenden aufgegebenen Häusern verwehrt, sind sie gezwungen, sich einen neuen Unterschlupf zu suchen. Sie werden ihre Geschäfte zwar nicht aufgeben, aber sie verschwinden wenigstens aus dieser Straße. Die Verhältnisse in der Straße normalisieren sich. Was die Stadtverwaltung und die Polizei nicht geschafft haben, gelingt, wenn auch auf begrenztem Raum, den Community Gardens.

Nicht zu unterschätzen ist auch, daß zwischen dem allgegenwärtigen Verfall der Garden eine Augenweide ist, Schatten spendet und für bessere Luft sorgt.

Da es kaum soziologische Studien über die Auswirkungen der

Community Gardens gibt, muß man im wesentlichen auf die Aussagen der Gardeners, der Anwohner und der Mitarbeiter der Organisationen, die die Gardeners unterstützen, zurückgreifen. Alle – auch die örtliche Polizei – sind sich darin einig, daß die Community Gardens die sozialen Beziehungen in der Nachbarschaft verändern: Sie tragen dazu bei, daß die Menschen nicht mehr so isoliert sind. Sie fördern den Kontakt unter den Bewohnern und zwischen den verschiedenen ethnischen Gruppen.

Der Garden fördert die Identifikation mit dem Viertel, man fühlt sich mit ihm verbunden. Der gesteigerte Gemeinschaftssinn drückt sich auch dadurch aus, daß viele Gardeners einen Teil ihrer Ernte an bedürftige Familien, an ältere Menschen und an Suppenküchen in ihrer Umgebung verschenken.

Vandalismus, sonst in Parks und öffentlichen Anlagen in New York ein großes Problem, ist in den Community Gardens so gut wie unbekannt, da sie in die Nachbarschaft integriert sind. Die Anwohner hüten „ihren" Garden und registrieren jeden Fremden. Sie wissen, wer dazugehört und wer nicht. Im Gegensatz zu früher achtet man viel mehr auf das, was in der Straße vor sich geht. Eine positive Form sozialer Kontrolle ist zurückgekehrt.

Die Eigentumsverhältnisse

Die Eigentumsverhältnisse bei den Community Gardens sind das größte Problem für die Gardeners. Fast nie sind sie die Eigentümer des Grundstücks, auf dem sie mit viel Mühe ihren Garten angelegt haben, denn es ist zu teuer, als daß sie es kaufen könnten.

Etwa Dreiviertel der Gardens haben einen Pachtvertrag mit der Stadt New York. Die anderen stehen auf privaten oder kirchlichen Grundstücken. Der Pachtvertrag für städtische Grundstücke mit einer Laufzeit von einem Jahr und zum symbolischen Preis von einem Dollar wird normalerweise verlängert, es sei denn, das Grundstück soll in naher Zukunft verkauft oder bebaut werden. Für die Gardeners bedeutet dies eine ständige Ungewißheit. Nur wenige haben einen Pachtvertrag über zehn Jahre oder gar einen parkähnlichen Status, was bedeutet, daß sie von der Liste der zum Verkauf oder der Bebauung vorgesehenen städtischen Grundstücke gestrichen werden.

Bei den Behörden ist das Interesse an den Community Gardens sehr einseitig. Da New York unter chronischem Geldmangel leidet, sehen die Stadtväter die Community Gardens nur als eine vorübergehende Nutzungsmöglichkeit an, bei der nebenbei auch noch Kosten für die regelmäßig wegen Seuchengefahr notwendige Müllabfuhr eingespart werden. Außerdem werten die Community Gardens die Straße auf und machen sie für Investoren attraktiver. Wenn es darum geht, ihnen einen permanenten Status zu garantieren, stehen die finanziellen Interessen der Stadtverwaltung im Vordergrund. Einnahmen durch den Verkauf von Grundstücken und die danach regelmäßig fälligen Grundsteuern sind wichtiger als die Erhaltung der Community Gardens.

Mit dem wirtschaftlichen Aufschwung New Yorks und der damit verbundenen stärkeren Nachfrage nach Bauland in den 1990er Jahren sind die Gardens gefährdeter denn je. Die Stadt ist fest entschlossen, etwa 3.000 von ihren mehr als 11.000 Brachgrundstücken so schnell wie möglich zu veräußern und zur Bebauung freizugeben. Auf einem Teil von ihnen liegen Community Gardens. Allein 1997 wurden mehr als 20 Gardens von Bulldozern zerstört, und für viele wurde der Pachtvertrag nicht mehr verlängert. Im Mai 1999 plante die Stadtverwaltung, 112 Community Gardens auf einer Auktion an den Meistbietenden zu veräußern. Die Gardeners protestierten: Sie zogen vor das Rathaus, schrieben Petitionen, telefonierten mit Politikern, informierten die Presse, leiteten gerichtliche Schritte ein und schlossen sich mit anderen New Yorkern zusammen, um eine stärkere Lobby für die Community Gardens zu bilden. In letzter Sekunde brachten die Künstlerin Bette Midler und der Trust for Public Land zusammen das von der Stadt festgelegte Mindestangebot auf. Damit konnte der Verkauf dieser 112 Gärten verhindert werden. Die anderen sind nach wie vor bedroht.

Obwohl die Gardeners bei der Unterzeichnung des Pachtvertrags davon in Kenntnis gesetzt wurden, daß sie das Grundstück nur vorübergehend nutzen können, ist es nur zu verständlich, daß sie ihren Garden nicht aufgeben möchten. Sie fordern, daß Grundstücke mit Gärten gesondert gekennzeichnet werden, denn häufig erfahren potentielle Investoren nicht, daß auf dem Grundstück ein Community Garden existiert. Auch sollten erst alle Möglichkeiten ausgeschöpft werden, andere Standorte für neue Wohnhäuser zu finden.

Community Gardens sind sicher nicht in der Lage, alle Probleme einer Nachbarschaft zu lösen. Aber der Garden ist häufig der einzige Lichtblick, der einzige Hoffnungsträger, der den Menschen zeigt, daß sie selbst etwas verändern können. In Gegenden, in denen jeder Fremde als potentieller Feind angesehen werden muß, kein Baum und kein Strauch wächst und sich jeder nur um sich selbst kümmert, ist sein positiver Einfluß nicht hoch genug einzuschätzen.

Trotzdem muß man sich darüber im klaren sein, daß der Einfluß von Community Gardens begrenzt ist. Die Verhältnisse im nächsten Block stehen schon wieder auf einem ganz anderen Blatt. Die Drogendealer und Gangs, die die Straße verlassen haben, sind nicht endgültig verschwunden; sie haben ihr Tätigkeitsfeld nur verlagert. Die Menschen in den Ghettos bleiben nach wie vor arm, schlecht ausgebildet und bekommen – wenn überhaupt – die schlechtesten Jobs. Ihre Probleme werden durch die Schaffung der Community Gardens nicht gelöst, deren Ursachen nicht behoben. Auch die Ursachen für den Niedergang ganzer Stadtviertel sind nicht verschwunden. Auch heute noch werden in New York Häuser aufgegeben und fallen Grundstücke brach.

Ein Community Garden hat aber gegenüber anderen Selbsthilfeprojekten den großen Vorteil, daß er jederzeit und für alle sichtbar ist. Da, wo früher ein verwahrlostes Grundstück war, ist jetzt ein blühender Garden, und das nur, weil ein oder mehrere Anwohner die Verantwortung für dieses Grundstück übernommen haben. Initiative und Verantwortung sind in den von Perspektivlosigkeit und Apathie gezeichneten Ghettos eine Seltenheit. Der Garden demonstriert: Es läßt sich etwas verändern! Diese Signalwirkung kann er aber nur haben, weil er von den Ghettobewohnern selbst gegründet wurde.

Ein Community Garden ist ein positives Beispiel in einer Umgebung, die keine positiven Beispiele zu bieten hat. Er ist für die Gardeners eine ständige Quelle von Selbstbewußtsein und Stolz und erhöht ihre Bereitschaft, Verantwortung zu tragen. Er ruft weitere Selbsthilfeprojekte hervor und durchbricht den Circulus vitiosus des immer weiter fortschreitenden Verfalls der Nachbarschaft.

In Deutschland oder sogar an New Yorks Upper West Side wäre die Bedeutung eines Gartens gering, aber in den Ghettos wird er häufig zur einzigen stabilisierenden Kraft einer Straße.

138

Anmerkungen

Tom Fox, Ian Koeppel und Susan Kellam, Struggle for Space, The Greening of New York City, 1970-1984, New York: Neighborhood Open Space Coalition, 1985.

Irmtraud Grünsteidel, Community Gardens in New York, Magisterarbeit am John F. Kennedy Institut für Nordamerikastudien der Freien Universität zu Berlin, 1996.

H. Patricia Hynes, A Patch of Eden, America's Inner-City Gardeners, White River Junction, Vermont, 1996.

Karen Schmelzkopf, Urban Community Gardens as Contested Space, The Geographical Review, Vol. 85, No. 3, July 1995.

Jane Weissman (Hrsg.), City Farmers, Tales From the Field, Stories by GreenThumb Gardeners, New York: GreenThumb, 1995.

Adrienne Windhoff-Héritier, City of the Poor, City of the Rich, Politics and Policy in New York City, Berlin und New York, 1992.

Dokumentarfilm „City Farmers" von Meryl Joseph. Zu beziehen über: Wing & a prayer , Box 545, Monterey, MA 01245 (USA). Tel.: 001-413-528-4839, Fax: 001-413-528-3148.

Gert Gröning

Kampfesmutige Laubenpieper Kleingärten und Politik in Berlin zwischen 1985 und 1995

Soll man sich als Nichteinfamilienhausbesitzer in einem Verein organisieren, wenn man einen Kleingarten in der Stadt nutzen will? Sollen sich diese Vereine wiederum in Bezirksverbänden und die in Landesverbänden und gar einem Bundesverband organisieren? Reicht es nicht hin, mit einem Grundbesitzer auf privater Basis eine Übereinkunft für die Pacht eines Kleingartens zu erzielen? In ländlichen oder kleinstädtischen Gebieten mag die in der letzten Frage angesprochene Regelung ausreichend sein. In großen, von einer dynamischen Entwicklung geprägten Städten wohl kaum. Die Bedeutung vereinsmäßiger und übergeordneter Zusammenschlüsse zeigt sich nicht zuletzt dann, wenn in Landes- und Bundesgesetzen Bedingungen für urbane Gartenkultur festgeschrieben werden. Mit den folgenden Ausführungen will ich zeigen, daß die im Privaten vielfach so friedlich und apolitisch daherkommende Kleingärtnerei in den öffentlichen Auseinandersetzungen einer Großstadt politischen Kampf bedeutet. Im folgenden beschränke ich mich beispielhaft auf die Zusammenhänge zwischen Politik und Kleingärten in Berlin im Zeitraum zwischen 1985 und 1995.

Der statistische, organisatorische und administrative Rahmen für die Kleingartenpolitik in Berlin

Im Dezember 1995 zählte Berlin 3.471.418 Einwohner und 82.149 Kleingärten.[1] Statistisch entfiel damit auf 42 Einwohner ein Kleingarten. Insgesamt nehmen die Kleingärten in Berlin rund vier Prozent der Landesfläche ein.[2] 62.000 Kleingärten liegen auf landeseigenem Gelände. Die Miete je Quadratmeter und Jahr beträgt nicht in allen, aber doch sehr vielen Fällen 2,50 DM. Die Gartengrößen variieren beträchtlich zwischen rund 150 und 800 Quadratmetern, viele Gärten sind um 350 m² groß.

Der Landesverband Berlin der Gartenfreunde e.V. besteht aus 891 Vereinen, von denen 812 in 18 Berliner Bezirksverbänden zusammengeschlossen sind.[3] Da die historischen Erfahrungen gezeigt haben, wie schwierig es ist, sozial verträgliche Pachtpreise zu garantieren, fungieren die Bezirksverbände als Zwischenpächter, d.h. sie verwalten das Land, das ihnen vom Land Berlin oder anderen Eigentümern zur Weiterverpachtung an die Kleingärtner überlassen wird. Die Bezirksverbände sind diesbezüglich den politischen Vertretern der Bezirke wie auch dem Berliner Senat verantwortlich.[4] Den Bezirksverbänden obliegt die für den Erhalt der Gärten so bedeutsame Öffentlichkeitsarbeit. Ihr wichtigstes Instrument sind die „Gartentage". Dort können einer breiten städtischen Öffentlichkeit die sozialen Dimensionen dieser Art der urbanen Gartenkultur verdeutlicht werden. Dabei geht es im wesentlichen darum, das immer wieder einmal als antistädtisch bezeichnete Interesse an Gartenkultur als durchaus stadtverbunden darzustellen. Vor allem gilt es deutlich zu machen, daß Gartenkultur eben nicht als eine vorübergehende, sondern als eine wesentlich städtischer Existenz zugrunde liegende Aktivität anzusehen ist. Ohne die bewußte Teilhabe am politischen Geschehen in der Stadt wären Verluste an Gartenland, die aus unterschiedlichen Gründen zu verzeichnen sind, jedoch kaum durch entsprechende Neuausweisungen und andere Maßnahmen wettzumachen.

Viele von denen, die in der Stadt einen Kleingarten pachten, tun das auf mittel- und längerfristige Sicht. Sie wollen den Garten, ganz wie ihre Wohnung, nicht nur eine Saison, sondern viele Jahre nutzen. Sie treten der verbreiteten Vorstellung entgegen, daß nur die oder der städtisch wohne, die/der mehr oder weniger freiwillig ihr/sein Interesse an einem privat nutzbaren Freiraum aufgegeben bzw. sonstwie sublimiert habe. Als Kompensation zum Wissen um die reduzierte Form des Wohnens wird vielfach das Leben in unvollständigem Wohnraum, also einer Wohnung ohne Garten, Terrasse, Balkon oder Loggia, als das eigentlich städtische ausgegeben. Diese auszugrenzen suchende Sichtweise ist ahistorisch, anti-städtisch und zeugt bestenfalls von selektiver Wahrnehmung. Sie ist durchaus verbreitet und erfordert von denen, die stadtverbunden sind und ihren Anspruch auf urbane Gartenkultur nicht aufgeben, öffentlichkeitswirksames Engagement. Damit wird einsichtig, daß die individuelle Pacht eines Kleingartens in einer Großstadt vielfach gleichzeitig den überindividuellen Zusammenschluß in einem Verein, einem Bezirks- und einem Landesverband erfordert. Das mag aufwendig erscheinen, hat allerdings auf längere Sicht durchaus Vorteile. Daher sollen kurz die Aufgaben der Landes- und Bezirksverbände der Kleingärtner dargestellt werden.

Der Landesverband hat drei Aufgaben.[5] Zum einen repräsentiert er die Gartenfreunde auf der staatlichen, d.h. der Ebene des Bundeslandes. In Berlin pflegen die Repräsentanten des Landesverbandes besonders die Kontakte zu Senatoren und Abgeordneten, in anderen Bundesländern zu Ministern und Landtagsabgeordneten. Des weiteren ist der Landesverband daran interessiert, allgemeine Aspekte der Kleingartenpolitik den Bezirksverbänden, den Vereinen und den einzelnen Mitgliedern immer wieder zu verdeutlichen, so z.B. die Notwendigkeit, Kleingartenanlagen für erholungsuchende Spaziergänger öffentlich zugänglich zu halten. Schließlich berät der Landesverband in gesetzlichen und rechtlichen Fragen und ist mit der Ausarbeitung der allgemeinen Anweisung für die Anlage, Verpachtung und Verwaltung der Gärten befaßt.[6] Zu diesen allgemeinen Anweisungen gehört auch der Zwischenpachtvertrag mit den Bezirksverbänden der Gartenfreunde. Auf der Basis des Zwischenpachtvertrags schließt der einzelne Kleingärtner den Unterpachtvertrag für seinen Garten ab. Der Landesverband veranstaltet auch Ausstellungen, so ist er z.B. für die Ausrichtung des kleingärtnerischen Beitrags auf der jährlich stattfindenden Internationalen Grünen Woche in Berlin zuständig.

Die 23 Bezirke Berlins verwalten sich selber. Die für die Gartenfreunde zuständige Bezirksverwaltung ist das Naturschutz- und Grünflächenamt. Innerhalb dieses Amts gibt es eine Stelle für das Kleingartenwesen. Da Berlin sowohl eine Stadt als auch ein Land ist, gibt es auch auf Landesebene eine Verwaltung mit einer entsprechenden Stelle für die Belange der Gartenfreunde. Die Verankerung des Kleingartenwesens auf kommunalpolitischer Ebene geht auf die Kleingarten- und Kleinpachtlandverordnung (KGO) aus dem Jahr 1919 zurück, die erstmals und wohl bislang auch das einzige Mal Aspekte der Bodenreform aufgriff und umsetzte.[7] Die Ausführungsbestimmungen zu dieser Verordnung vom 27. Januar 1920 legten den Kommunen nahe, Kleingartenämter zur Regelung kleingärtnerischer Angelegenheiten einzurichten. Damit war dieser Zweig urbaner Gartenkultur zu einer gesetzlich geregelten und in der kommunalen Selbstverwaltung verankerten Angelegenheit geworden.

Das gewichtigste Instrument der hauptstädtischen Kleingärtner in ihrem Kampf um den Erhalt der Parzellen ist die Zeitschrift *Berliner Gartenfreund*, die 1981 erstmals erschien. Die Zeitschrift wurde zum offiziellen Mitteilungsblatt, die jedem organisierten Mitglied einmal im Monat zugestellt wird. In einem kurzen geschichtlichen Rückblick charakterisierte Rolf-Diether Bathe, der langjährige Chefredakteur, die Zeitschrift als „Kampfblatt" und prophezeite, daß sie von dieser Rolle auch zukünftig nicht Abstand nehmen könne. Viele Artikel und Leserzuschriften bestätigen diese Funktion der Zeitschrift. Gleichzeitig spiegeln sich darin auch die sozialen, die kommunikativen und konvivialen sowie die historischen Aspekte dieser Form der urbanen Gartenkultur wieder, die für die Laubenpieper mindestens ebenso bedeutsam sind.

Der Landesverband wie auch die Bezirksverbände vertreten die Interessen der Gartenfreunde in Berlin. Sie sind Dienstleistungsorganisationen. Das politische Gewicht dieser Zusammenschlüsse der Kleingärtner wird von der langjährigen sorgfältigen Pflege von Beziehungen zu den Vertretern unterschiedlicher Organisationen und Institutionen bestimmt. Die Vertreterinnen der politischen Parteien, die Vorsitzenden von kommunalen Ausschüssen, die für bestimmte Verwaltungen zuständigen Senatoren und Bezirksräte, so z.B. die Bau-, die Finanz- und die Umweltverwaltung, die Bezirksverwaltung und nicht zuletzt die Bezirksbürgermeister, die in Berlin Stadtbezirke mit mehreren Hunderttausend Einwohnern repräsentieren, gehören dazu. Dieser Rahmen strukturiert die Beziehungen zwischen Politik und Parzelle in Berlin. Träger resp. Vertreter kleingärtnerischer Interessen in Berlin ist neben den Vereinen der Gartenfreunde, den Bezirksverbänden und dem Landesverband die „Wilhelm-Naulin-Stiftung".

143

Die Wilhelm-Naulin-Stiftung

Die Wilhelm-Naulin-Stiftung wurde 1975 in Berlin begründet. Sie wurde nach Wilhelm Naulin (17.9.1890-7.7.1975), einem leidenschaftlichen Gärtner, Städter und einer herausragenden Persönlichkeit im Berliner Kleingartenwesen des 20. Jahrhunderts benannt. Die beiden in den Statuten festgehaltenen Ziele der Stiftung sind die Förderung und der Erhalt der Kleingärten sowie der Erhalt und die Vergrößerung der öffentlichen Freiflächen in Berlin. Diese Ziele sollen durch Öffentlichkeitsarbeit und vor allem durch die Verleihung des Wilhelm-Naulin-Preises – einer Plakette und eine Geldsumme – an Personen, die sich Verdienste um das Kleingartenwesen erworben haben und sich auch zukünftig für diese Gärten einzusetzen versprechen, erreicht werden. So wird der Name Wilhelm Naulin in Erinnerung gehalten und die, die um den Erhalt der Gärten in Berlin kämpfen, haben ein weiteres Mittel, um öffentlichkeitswirksam darauf aufmerksam zu machen. Die Stiftung war allerdings während der ersten zehn Jahre ihrer Existenz in der Öffentlichkeit kaum sichtbar. Das änderte sich als Gerhard Naulin, der Sohn von Wilhelm Naulin, ein früherer Staatssekretär und heutiger „Stadtältester von Berlin", sich der Aufgabe annahm. Gerhard Naulin begründete namens der väterlichen Stiftung das mit einem Schuß Selbstironie sogenannte „Berliner Laubenpieperfest". Seit 1984 findet es alljährlich mit Unterstützung des Landesverbands und der Bezirksverbände statt. Auf diesem „Kleingartenfest auf höherer Ebene" treffen Landes- und Stadtpolitiker, bisweilen auch Bundespolitiker, zusammen und bekommen aus erster Hand einen Eindruck von den Nöten und Wünschen der Gartenfreunde in Berlin. Politische Erklärungen über die Zukunft urbaner Gartenkultur, ein öffentlicher Vortrag über ein Gartenthema, eine Feier, auf der die Wilhelm-Naulin-Plakette verliehen wird, die Krönung einer Ernte-Königin und die Verleihung verschiedener Preise, die bei kleingärtnerischen Wettbewerben gewonnen wurden, sind charakteristische Elemente dieser Laubenpieperfeste. Das „Laubenpieperfest" stellt nicht nur die einzige und recht wirksame öffentliche Veranstaltung dar, bei der Landes- wie Bundespolitikern die Gartenwünsche einer städtischen Bevölkerung nahegebracht werden können, sondern hält auch die Erinnerung an Wilhelm Naulin wach.

Wilhelm Naulin war in den 1920er Jahren Vorsitzender zweier Kleingartenvereine in Berlin. Darüber hinaus war er im Verband der Arbeitergärten des Roten Kreuzes in Berlin aktiv. Nachdem die Nationalsozialisten 1933 an die Macht gekommen waren, wurde er gezwungen, von seinen Ämtern zurückzutreten und sich jeglicher politischer Tätigkeit zu enthalten. Nach der Befreiung vom Nationalsozialismus gehörte er zu den ersten, die 1948 an die Tradition der in der Weimarer Republik begründeten großstädtischen Ausstellung der Grünen Woche anknüpften, auf der die Berliner Kleingärtner ihre Belange in der Öffentlichkeit darstellen konnten. Schon 1945 hatte Wilhelm Naulin eine erste Kleingartenausstellung in Berlin organisiert.

1946 begründete er zusammen mit anderen den ersten Landesverband der Gartenfreunde in Berlin. Am 8. März 1946 wurde er kommissarischer Präsident des Provinzialverbands Berlin-Brandenburg der Kleingärtner und Kleinsiedler und im Juni des gleichen Jahres zum ersten Präsidenten gewählt. Gleichzeitig wurde der offizielle Name der Organisation in „Zentralverband der Kleingärtner, Siedler und bodennutzenden Grundbesitzer" geändert. Der Sitz des Zentralverbandes war in Berlin-Mitte. Ab 1949 setzte Naulin sich auch für die Gründung eines Bundesverbandes der Gartenfreunde ein.[8]

Die zunehmenden politischen Spannungen im Verlauf des sogenannten Kalten Kriegs zwischen den Westmächten und der Sowjetunion führten in Berlin zur Trennung der Ostbezirke von den Westbezirken. Berlin-Mitte, ein Bezirk, der zum sowjetischen Sektor Berlins gehörte, wurde ein Teil Ostberlins. Naulin floh daraufhin mit allen Unterlagen des Landesverbands, derer er habhaft werden konnte, 1948 nach Westberlin. Dort fing er in angemieteten Räumen, die bis 1998 der Sitz des Landesverbandes blieben, wieder an. Seit 1998 verfügt der Landesverband der Gartenfreunde Berlin e.V. über ein eigenes Haus, in dem die Verwaltungs- und Schulungsarbeit erfolgt. Wilhelm Naulin blieb bis zu seinem Tod 1975 Vorsitzender des Landesverbands.

Aspekte der politischen Realität und des Erhalts von Kleingärten im Rahmen der Bauleitplanung in Berlin

Wenngleich die Erfindung der Bauleitplanung im letzten Viertel des 19. Jahrhunderts schon mit dem preußischen Fluchtliniengesetz von 1875 eine gesetzliche Grundlage bekam, wurde doch erst 1960 ein Bundesbaugesetz als Grundlage für die kommunale Bauleitplanung verabschiedet. Nach diesem Gesetz erfolgt die Bauleitplanung in zwei Stufen. Die erste Stufe ist der vorbereitende Bauleitplan, der auch *Flächennutzungsplan* genannt wird. Er ist behördenverbindlich, aber nicht rechtsverbindlich. D.h. auf dieser Ebene setzen sich im wesentlichen die zuständigen Behörden auseinander und stimmen Planungsmaßnahmen ab. Die zweite Stufe ist der verbindliche Bauleitplan, der auch *Bebauungsplan* genannt wird. Die darin festgesetzten Nutzungen sind rechtsverbindlich, d.h. einklagbar. Die Inhalte eines Bebauungsplans sollen, so ist es im Bundesbaugesetz vorgesehen, denen des Flächennutzungsplans folgen. Im vom Gemeinderat verabschiedeten Flächennutzungsplan wird gezeigt, wie das Gemeindegebiet derzeit genutzt wird und zukünftig genutzt werden soll. Dort kann also z.b. der Bau von Wohnhäusern, Industrie- und Gewerbebauten, Schulen usw. auf Flächen dargestellt sein, die faktisch noch Äcker, Wiesen und Wälder sind.

Weil die betreffenden Grundstücke für die beabsichtigte Nutzung erst in Zukunft in Anspruch genommen werden sollen, wurde derartiges „Bauerwartungsland" vielfach für Grabeland, Kleingärten, Parkplätze und dergleichen mehr verwendet. Je länger der Zeitraum der „Bauerwartung" sich hinzog, desto unglaubwürdiger wurden entsprechende Planungen, zumal dann, wenn auch andernorts noch Flächen für Bauland vorgehalten wurden. So wie sich Flächen als Bauland ausweisen lassen, können sie auch als Gartenland ausgewiesen werden. In einem Flächennutzungsplan ausgewiesene Kleingärten können, müssen jedoch nicht, als Flächennutzung gesichert sein. Eine solche Ausweisung besagt nur, daß die entsprechenden Flächen in der behördeninternen Abstimmung als Kleingärten gelten. Rechtsverbindlich gesichert sind Kleingärten nur dann, wenn sie als Dauerkleingärten in einem Bebauungsplan ausgewiesen sind.

146

Der Flächennutzungsplan 1965, der erste vorbereitende Bauleitplan für West-Berlin, wies 950 Hektar für Kleingärten aus. Tatsächlich wurden damals jedoch in West-Berlin 2.000 Hektar kleingärtnerisch genutzt, 1.050 ha waren also gefährdet. Zwanzig Jahre später galt dieser Plan als ziemlich überholt und in Berlin setzte die Arbeit am Flächennutzungsplanentwurf 1984 ein. Bezüglich der Kleingärten wurde darin euphemistisch angekündigt, daß zukünftig ein beträchtlich höherer Anteil der Flächen für Kleingärten erhalten werden sollte. Die Erfahrungen der seit mehreren Generationen großstädtisch sozialisierten Gartenfreunde widersprachen dem allerdings. Sie wußten, daß ihnen allein zwischen 1949 und 1984 rund ein Drittel ihrer Gartenfläche verlorengegangen war. Zudem waren weitere große Verluste zugunsten von Gewerbe- und Industrieanlagen zu befürchten,[9] denn nach dem neuen Kleingartengesetz von 1983 konnten private Grundbesitzer Gärten, die auf privatem Grund lagen, bis zum 31. März 1987 kündigen.[10] Das einzige Mittel, diese Gärten dauerhaft zu sichern, war ihre Ausweisung in Bebauungsplänen. 1984 hatten in West-Berlin nur fünf Prozent der Kleingärten den Status von Dauerkleingärten, waren also in Bebauungsplänen als solche ausgewiesen.[11]

Der Kampf um den Erhalt der Gärten im Rahmen der Flächennutzungsplanung

Seit einer Änderung des Bundesbaugesetzes im Jahr 1977 sind die Gemeinden dazu verpflichtet, „die allgemeinen Ziele und Zwecke der Planung öffentlich darzulegen", z.B. in Annoncen der lokalen Tageszeitungen, und müssen „allgemein Gelegenheit zur Äußerung und zur Erörterung" geben. „Öffentliche Darlegung und Anhörung", so heißt es weiter im Gesetz, „sollen in geeigneter Weise und möglichst frühzeitig erfolgen; dabei sollen auch die voraussichtlichen Auswirkungen der Planung aufgezeigt werden. Soweit verschiedene sich wesentlich unterscheidende Lösungen für die Neugestaltung oder Entwicklung eines Gebiets in Betracht kommen, soll die Gemeinde diese aufzeigen."[12] Damit wurde die öffentliche Teilnahme an der behördlichen Bauleitplanung bedeutend verbessert.

Die Kleingärtner in Berlin machten davon regen Gebrauch und

beteiligten sich am Verfahren der sogenannten „vorgezogenen Bürger-beteiligung", um den Erhalt der Gärten im Rahmen der Arbeiten am Flächennutzungsplanentwurf 1984 zu sichern.[13] Schon im Frühjahr 1986 hatte die Zeitschrift *Berliner Gartenfreund* die Bezirksräte gebeten, sich zum gesetzlichen Status der Kleingärten in den jeweiligen Bezirken zu äußern.[14] Zum Entsetzen der Laubenpieper waren die diesbezüglich veröffentlichten Antworten großenteils katastrophal. Weniger als zehn Prozent der Gärten waren als Dauerkleingärten sicher. Nun erst wurde deutlich, wie gefährdet sehr viele der Berliner Kleingärten waren.[15]

Der Flächennutzungsplan 1984 kam nicht über das Stadium des Entwurfs hinaus, weil er keine politische Mehrheit fand. 1987 wurde ein neuer Versuch als „Flächennutzungsplan 1987" angekündigt. Auch nach den Vorstellungen in diesem Plan waren viele Gärten gefährdet. So fragte Jürgen Hurt, der Präsident des Landesverbands Berlin der Gartenfreunde, ob 1987 ein „Schicksalsjahr" für die Berliner Kleingartenbewegung würde. Anlaß zu dieser Frage waren die Befürchtungen, die der Entwurf zum Flächennutzungsplan bei vielen ausgelöst hatte. Sie hatten darin vergeblich nach ihren Gärten Ausschau gehalten. Wie sich herausstellte, waren kleingärtnerisch genutzte Flächen unter drei Hektar in diesem Entwurf nicht als solche dargestellt worden. Die Verwaltung redete sich damit heraus, daß anders die Lesbarkeit des Plans gelitten hätte.

Angesichts der nunmehr öffentlich bestätigten Befürchtungen wurde diese Erklärung den Behörden nicht abgenommen. Der *Berliner Gartenfreund* veröffentlichte eine unvollständige Liste von Gartenanlagen, die, weil als Flächen für industrielle Nutzung ausgewiesen, gefährdet waren. Gebiete, auf denen seit Jahrzehnten in der Großstadt gegärtnert wurde, sollten nun gewerblicher Nutzung weichen. Im März 1987 riefen zwei Bezirksverbände der Kleingärtner zu Protestveranstaltungen auf. Über 7000 kamen und gingen für ihre Gärten auf die Straße. Die Wilhelm-Naulin-Stiftung unterstützte diese Proteste.[16]

Gleichzeitig wurde zum erstenmal in fünfzig Jahren eine Versammlung der Vorstände aller Vereine der Gartenfreunde einberufen. 700 Vorstandsmitglieder, die 465 Vereine repräsentierten, kamen. So wurden die Proteste gegen die mangelhafte Berücksichtigung der Par-

148

zellen im Flächennutzungsplan auf eine breite Basis gestellt. Unter der Überschrift „Prüfen, Prüfen, Prüfen, Einspruch, Einspruch, Einspruch" hatte der Landesverband eine Liste von ungefähr 150 gefährdeten Gartenanlagen in Berlin und die Namen der Mitglieder des Abgeordnetenhauses, in deren Wahlbezirken die Gärten lagen, mit ihrer Parteizugehörigkeit veröffentlicht.[17] Dazu druckte der *Berliner Gartenfreund* beispielhaft einen Protestbrief gegen den Flächennutzungsplan ab.

Anhand eines ebenfalls über die Zeitschrift verbreiteten Formulars sollten die Kleingärtner mit Hilfe ihrer Ortskenntnis genaue Angaben über nicht oder kaum genutzte gewerbliche und industrielle Grundstücke machen, weil wieder einmal, wie schon so häufig in der Geschichte des Kleingartenwesens, gewerbliche und industrielle Interessen angeblich die Aufgabe von Gartenland notwendig machten. Der Vorsitzende des Bezirksverbands Berlin-Süden schrieb im *Berliner Gartenfreund* einen offenen Brief an den Senator für Stadtentwicklung und Umweltschutz, und sein Verband veröffentlichte eine Liste von Anlagen mit rund 2.000 Gärten, die zukünftig anderen Landnutzungen weichen sollten.[18] Darüber hinaus wurde die Aktion „Bürger besuchen Abgeordnete" eingeleitet. Die für den eigenen Wahlbezirk zuständigen Abgeordneten sollten während ihrer Sprechstunden aufgesucht und die Bedeutung der Gärten im unmittelbaren Gespräch vermittelt bekommen. Solche Besuche machten die Laubenpieper in großer Zahl, auch bei vergleichbaren späteren Aktionen. Das Titelblatt der Septemberausgabe 1987 des *Berliner Gartenfreund* brachte den Ärger der Gartenfreunde auf den Punkt. Es zeigte trotz massiver Proteste geschleifte Gärten in einer Anlage, die 77 Jahre bestanden hatte. Die Flächen waren für eine andere Nutzung vorgesehen. Um den sich formierenden Protest nicht ausufern zu lassen, hatte Jürgen Starnick, der damalige Senator für Stadtentwicklung und Umweltschutz, schon im Januar 1987 versucht, die Wogen zu glätten, und er warnte vor überzogenen Forderungen bei der Ausweisung von Industrie- und Gewerbegebieten.[19]

Im Abgeordnetenhaus brachten die Sozialdemokraten einen Dringlichkeitsantrag ein, in dem gefordert wurde, den Entwurf für den Flächennutzungsplan zurückzuziehen. Die Grünen koordinierten eine „Grüne Initiative" gegen den Flächennutzungsplan 1987. Viel zu spät, um die anwachsende Protestwelle gegen den Flächennutzungsplan noch aufhalten zu können, riefen auch die Christdemokraten zu einer Bürgeraktion „Rettet Berlins Grün" auf. Im ganzen Jahr 1987 war der Protest gegen den Flächennutzungsplan ein ständiges Thema in der Presse. Anfang September 1987 fand eine große Protestdemonstration von mehr als 20.000 Kleingärtnern statt.[20] Der Bundesverband versicherte die Berliner der Unterstützung der Gesamtheit der 450.000 Gartenfreunde in der damaligen Bundesrepublik. Trotz des beträchtlichen Widerstands gegen den Flächennutzungsplan verabschiedete das Abgeordnetenhaus von Berlin am 16. Juni 1988 eine nur leicht modifizierte Version, in der die Interessen der Kleingärtner keineswegs wie gefordert berücksichtigt worden waren. Die nächsten Wahlen am 29. Januar 1989 standen in nur wenigen Monaten bevor.

Aufgrund der Veröffentlichung im *Berliner Gartenfreund* waren den Laubenpiepern die Namen der Mitglieder des Abgeordnetenhauses, ihre Parteizugehörigkeit und ihre Abstimmung für oder gegen den Flächennutzungsplan seit November 1988 bekannt.[21] Gleichsam in letzter Minute erschienen Anfang 1989 sowohl von den Sozialdemokraten, von den Grünen als auch von den Christdemokraten Anzeigen im *Berliner Gartenfreund*, mit denen sie die Wahlentscheidung zu ihren Gunsten zu beeinflussen suchten.

Die Christdemokraten und die Freien Demokraten verloren die Wahl und an ihre Stelle trat eine Rot-Grüne Koalition. Ein wichtiges Ergebnis der Koalitionsverhandlungen war die Vorlage eines überarbeiteten Flächennutzungsplans, der dann am 3. Oktober 1989 vom Senat bestätigt wurde. Um die Schwierigkeiten beim Erhalt der Gärten zu überwinden, hatte das Abgeordnetenhaus beschlossen, einen Kleingartenentwicklungsplan aufzustellen. Das war im Sinne der Gartenfreunde, die die Aufstellung eines solchen Plans durch die Wilhelm-Naulin-Stiftung betrieben hatten und damit einverstanden waren, wenn sie daran beteiligt würden.[22] Obwohl die neue Senatorin für Stadtentwicklung und Umweltschutz, Michaele Schreyer, von den Grünen gestellt wurde, blieben die Beziehungen zwischen den Laubenpiepern und dem Berliner Senat gespannt. „Frau Dr. Schreyer", so stellten die Gartenfreunde fest, machte sich „bei den Kleingärtnern mehr als rar ... Weder zum Feiern, noch wenn es Probleme gab, war die Spitze des Hauses an der Basis zu finden."[23]

Für den 4. November 1989 hatte der Landesverband Berlin der

Gartenfreunde die Vorstände der Vereine zu einer Versammlung gerufen. Ungefähr 1.500 folgten der Einladung und wollten vom Berliner Senat wissen, wie die geforderten Veränderungen in den Flächennutzungsplan aufgenommen würden.

Die Hassemer-Ära der Berliner Kleingartenpolitik

Dann kam der 9. November 1989 und jeder in Deutschland und besonders in Berlin wurde von den Ereignissen völlig überrascht. Die Mauer fiel und Berlin wurde „wiedervereinigt". 1990 war klar, daß neu gewählt werden mußte. Die Wahl fand im Dezember 1990 statt und führte zur Bildung einer großen Koalition aus Sozialdemokraten und Christdemokraten. Volker Hassemer von den Christdemokraten, der bereits von 1981 bis 1983 dieses Amt innehatte, wurde wieder Senator für Stadtentwicklung und Umweltschutz. Dank des engagierten Einsatzes von Hassemer gelang es in dessen Amtszeit, die ich mit dem Begriff der „Hassemer-Ära der Berliner Gartenpolitik" belegen will, „Kleingartenflächen in einem Ausmaß zu sichern, das es noch nie zuvor in der Geschichte des Berliner Kleingartenwesens gab".[24] Diese Ära begann 1991 und endete mit Hassemers Ausscheiden aus dem Senat im Januar 1996.

Für die Gartenfreunde in Berlin erwies sich diese Zeit als außerordentlich erfolgreich. Da eine große Koalition regierte, war die Opposition relativ schwach. Das brachte einige dazu, die Gründung einer spezifisch auf ihre Interessen zugeschnittenen Partei zu fordern, allerdings ohne Erfolg. Andere wurden den Eindruck nicht los, daß die im Flächennutzungsplan 1987 gegebenen Versprechen, ihre Gärten zu sichern, gebrochen worden waren, und drohten damit, dies bei den Wahlen deutlich zu machen.

Ziemlich schnell nach der Wiedervereinigung der beiden Berliner Stadthälften mußten die Laubenpieper in Ostberlin begreifen, daß die Zukunft ihrer Gärten stark in Frage gestellt war. Mit der Bildung eines ersten gemeinsamen Ausschusses der Kleingärtner in Ost- und Westberlin, aus dem schließlich am 8. Juni 1991 der neue gemeinsame Berliner Landesverband hervorging, war einerseits die Gefahr der Spaltung überwunden und andererseits das politische Gewicht der kleingärtnerischen Organisation beträchtlich erhöht worden.

151

Im August 1991 drängten die Sozialdemokraten und die Christdemokraten auf die Verabschiedung eines Kleingartenkonzepts bis zum 1. Oktober 1991.[25] Das war nicht leistbar, doch reagierten die Parteien damit auf den wachsenden Unwillen der Kleingärtner. Am 4. Mai 1993 schließlich stimmte der Senat dem Kleingartenkonzept als Teil des neuen Flächennutzungsplans 1991 zu.[26]

Im ehemaligen Ostberlin war die Lage besonders schwierig, weil dort nach der Wiedervereinigung und der allzu raschen Übernahme alt-bundesrepublikanischer Gesetze – also auch des Bundesbaugesetzes, das die Flächennutzungsplanung regelt – nicht ein Garten „planungsrechtlich" sicher war. Keiner dieser Gärten war durch einen Flächennutzungsplan oder gar einen Bebauungsplan abgesichert. Die Gartenfreunde und die Bezirke reagierten darauf mit der Einrichtung von Kleingartenbeiräten auf Bezirksebene.[27] Der Bezirksbeirat in Charlottenburg z.b. besteht aus 15 Personen, dem Bezirksbürgermeister, dem Bezirksbaurat, dem Bezirksfinanzrat, je einem Vertreter des Naturschutz- und Grünflächenamts, des Liegenschaftsamts, der in der Bezirksverordnetenversammlung repräsentierten politischen Parteien und je drei Mitgliedern vom Bezirksverband der Gartenfreunde und von Naturschutzorganisationen.

Im Juni 1991 ließ der gartenfreundliche Senator Hassemer die Gartenfreunde wissen, „daß beträchtlicher Druck (auf die Flächennutzung, G.G.) die nächsten 20 bis 30 Jahre ... in Berlin kennzeichnen wird".[28] Sowohl der sozialdemokratische Bausenator Wolfgang Nagel[29] als auch der christdemokratische Verkehrssenator hatten ein Auge auf kleingärtnerisch genutzte Flächen geworfen, die sie ihren jeweiligen „innerstädtischen Bauvorhaben" opfern wollten. Damit waren Proteste seitens der Kleingärtner gleichsam vorprogrammiert.

Wiederholt veröffentlichte der *Berliner Gartenfreund* den Zeitplan für den nun „Flächennutzungsplan 1991" genannten Plan, dem das Abgeordnetenhaus gegen Ende des Jahres 1994 zustimmen sollte, und forderte die Gartenfreunde dazu auf, gegebenenfalls ihren Protest öffentlich zu machen. In den östlichen Stadtbezirken von Berlin drohten zwischen knapp 20 und knapp 40, in den westlichen knapp 20 Prozent der Kleingartenflächen verlorenzugehen.[30]

Am 20. Dezember 1993 überreichten die Gartenfreunde dem Senator für Stadtentwicklung und Umweltschutz über 24.000 Unterschriften, Einsprüche, Einwände, Anregungen und Bedenken gegen den Flächennutzungsplan. Die unmißverständliche Botschaft lautete, eine gesetzliche Grundlage für den Erhalt der Gärten zu schaffen. Weitere Aktionen standen bevor. Am 4. Juni 1994 fand eine große Versammlung mit 3.200 Vereinsvorständen, Bezirksverbandsvorsitzenden und Ausschußvorsitzenden sowie Politikern statt, die ihre Vorstellungen über Gärten in der Stadt artikulieren sollten.[31] Am 11. Juni fanden stadtweit in Berlin Straßenaktionen statt, auf denen die Gartenfreunde für den Erhalt ihrer Gärten in der Öffentlichkeit warben.[32]

Im *Berliner Gartenfreund* nahmen die Bezirksbürgermeister in einer Reihe von Beiträgen zum Erhalt und zur Sicherheit der Gärten in ihren Bezirken Stellung.[33] Für den 23. Juni 1994, den Tag, an dem das Abgeordnetenhaus dem Flächennutzungsplan zustimmen sollte, planten die Gartenfreunde eine große Demonstration vor dem Abgeordnetenhaus. Sie fand nicht statt, weil der geplante Ort der Demonstration in den Bereich der Bannmeile fiel.[34] Letztlich stimmte das Abgeordnetenhaus dem Flächennutzungsplan zu. Er trat am 1. Juli 1994 in Kraft und sicherte auf behördenverbindlicher Ebene 85 Prozent der Flächen, auf denen die Gärten der Gartenfreunde lagen. Bezüglich der 15 Prozent, die dort nicht als solche ausgewiesen waren, wurde eine politische Übereinkunft erzielt, nach der diese Gärten noch weitere zehn Jahre bestehen bleiben, bevor sie dann möglicherweise anderen Flächennutzungen weichen sollen.

Senator Hassemer machte den Gartenfreunden die Konsequenzen sehr deutlich und sagte: „Jeder Verband wäre schlecht beraten, wenn er davon ausginge, daß diese zehn Jahre einen Aufschub bedeuteten. Diese zehn Jahre sollten dazu verwendet werden, den Übergang so klug und weise und finanziell erträglich zu gestalten, daß die davon Betroffenen so wenig wie möglich darunter zu leiden haben."[35] In den September- und November-Ausgaben von 1994 dokumentierte der *Berliner Gartenfreund* die Namen der Abgeordneten, ihre Zustimmung bzw. Ablehnung zum Flächennutzungsplan und gab die entsprechenden Passagen aus der Plenarsitzung wieder.

Nach den Wahlen im Jahr 1996 kam es wieder zu einer Koalition zwischen Christdemokraten und Sozialdemokraten, doch Hassemer stand als Senator nicht mehr zur Verfügung. Er mochte den Eindruck gewonnen haben, daß der Kampf um den Erhalt der Gärten in

Berlin, deren Zahl er von bislang 80.000 auf 100.000 erhöhen wollte, nicht wie von ihm geplant fortgeführt werden konnte.[36] Peter Strieder von den Sozialdemokraten folgte Hassemer am 25. Januar 1996 im Amt nach. Im August 1996 war der erste Protestmarsch der Gartenfreunde in dieser Legislaturperiode unterwegs.[37]

Im Juli 1997 beklagte Wolf Jobst Siedler, ein in Berlin bekannter Autor und Verleger, die Berliner Neigung zur Selbstzerstörung und schrieb: „Nun sieht sich Berlin einem neuen Anschlag gegenüber. Man will die Stadt zu Geld machen, wo immer es geht. Den Laubenkolonien im Stadtinnern droht die Bebauung, und einigen Schrebergärten sind die Verträge schon gekündigt."[38]

Ausblick

Der Kampf um Kleingärten als Teil der urbanen Gartenkultur geht weiter. Er wird neue Dimensionen bekommen, weil Berlin allmählich seine Rolle als Bundeshauptstadt übernimmt und damit neue Ansprüche an Flächennutzungen auslöst. Die Rolle des *Berliner Gartenfreund* wird es auch zukünftig sein, aufzuzeigen, wie mit dem Problem des Erhalts von Freiräumen in der Gestalt von Kleingärten in Berlin umgegangen wird, welche Beschlüsse für oder gegen urbane Gartenkultur gefaßt werden und welche Folgen sich daraus ergeben.

Wie notwendig die Organisation entsprechender Interessen ist, läßt sich durch einen Blick ins außereuropäische Ausland leicht erkennen. In den Vereinigten Staaten von Amerika feierten die in gewisser Weise mit den Kleingärten vergleichbaren *community gardens*, die Gemeinschaftsgärten, 1999 das zwanzigjährige Bestehen ihrer bundesweiten Organisation, der American Community Gardening Association.[39] Obschon die *community gardeners* in den USA überlokalen, regionalen und gar nationalen Zusammenschlüssen sehr zurückhaltend gegenüberstehen, wird das Interesse daran mit jedem Fall erzwungener, als ungerechtfertigt empfundener Aufgabe von jahrelang bewirtschafteten Gärten größer. Die spektakulärste Aktion diesbezüglich fand anläßlich der beabsichtigten Kündigung von Hunderten von Gärten 1998/ 99 in New York statt.[40] Daraufhin wurden insgesamt drei Gesetzesvorlagen zur Sicherung der Gemeinschaftsgärten in New York eingebracht, die konfliktentschärfend wirken sollen. Zwei davon betrafen lokale

Gesetze, die von den Bezirken Brooklyn und Bronx verabschiedet werden sollen. Die dritte betrifft den Staat New York, der entsprechend auf die Stadt New York einwirken soll.[41] Im Mai 1999 zeichnete sich ein gewisser Erfolg bei der Sicherung der Gärten in New York ab. Der *Trust for Public Land* und das *New York Restoration Project*, dem die auch in Deutschland bekannte Schauspielerin Bette Midler vorsteht, haben die Flächen, auf denen die gefährdeten Gärten liegen, übernommen und damit ihre Zukunft gesichert.[42] Doch sind damit noch längst nicht alle Schwierigkeiten in New York behoben. Viele der in den USA gegen Ende des 20. Jahrhunderts entstandenen und wohl auch das beginnende 21. Jahrhundert kennzeichnenden Konflikte um städtische Gartennutzung wecken Erinnerungen an ähnliche Auseinandersetzungen im Deutschland des frühen 20. Jahrhunderts. Nicht zuletzt deswegen wird in den USA der Entwicklung in Deutschland zusehends mehr Aufmerksamkeit zuteil. Auch in Japan, wo sich erst im ausgehenden 20. Jahrhundert eine städtische Kleingartenbewegung entwickelt hat, deren gesellschaftliche Anerkennung noch ganz am Anfang steht, wird die Situation in Deutschland genau beobachtet. „So etwas müßte es auch bei uns geben", stellte eine Gruppe japanischer Besucher im Juli 1999 beim Besuch der Kleingartenanlage „Südpark" in Berlin-Steglitz fest.[43] Erste gesetzliche Regelungen über *shimin-noen*, so werden in Japan kleingartenähnliche Landnutzungen bezeichnet, sind ausdrücklich an vergleichbaren deutschen Bestimmungen orientiert.[44] Die Chancen für Kleingärten als Teil einer urbanen Gartenkultur des 21. Jahrhunderts stehen nicht schlecht, sie müssen allerdings genutzt und auch erkämpft werden, in den Schoß fallen werden sie nicht, das machen die Beispiele aus Berlin deutlich.

Anmerkungen

1   Vgl. Statistisches Landesamt Berlin (Hrsg.), Bevölkerungsentwicklung und Bevölkerungsstand in Berlin, Dezember 1996, Berliner Statistik, Statistischer Bericht A I 1, Nr. 12-96, 5, Tabelle 1, Berlin, 1997. Vgl. Statistisches Landesamt Berlin (Hrsg.), Statistisches Jahrbuch 287, Tabelle Kleingartenkolonien in Berlin im Dezember 1995, nach Bezirken, Berlin, 1996. 1991 wurden 83.833 Kleingärten gezählt, davon 36.082 in 339 Vereinen auf 1.695 ha in Ostberlin und 47.751 in 577 Verei-

nen auf 1.816 ha in West Berlin. Vgl. Tabelle in *Berliner Gartenfreund*, 11.Jg., 1991, 12, S. 7.

2   Die Gesamtfläche von Berlin beträgt 89.085 ha, die der Kleingärten 3.536 ha, vgl. Statistisches Landesamt Berlin (Hrsg.), Gebiet und Bevölkerung, Statistisches Jahrbuch, 20, Berlin, 1996. Vgl. Statistisches Landesamt Berlin (Hrsg.), Bevölkerungsentwicklung und Bevölkerungsstand in Berlin, Dezember 1996, *Berliner Statistik, Statistischer Bericht A I 1*, Nr. 12-96, 5, Tabelle 1, Berlin, 1997.

3   Der Vorstand des Landesverbands wird auf drei Jahre gewählt. Insgesamt umfaßt er 21 Personen: einen Präsidenten, zwei Stellvertreter, einen Schatzmeister, einen Geschäftsführer, zwei Assistenten für Büroaufgaben, zwei Delegierte und zwei Stellvertreter für den Bundesverband, einen Delegierten und einen Stellvertreter für den Bundesverband der Siedler, drei Kassenprüfer und zwei Stellvertreter, einen professionellen Berater für Hausfrauen, einen professionellen Berater für Gartenbau, den Vorsitzenden des Landesverbands der Schreberjugend. Vgl. Der neue Vorstand 1987 des Landesverbandes Berlin der Gartenfreunde e.V., *Berliner Gartenfreund*, 7.Jg., 1987, Nr. 7, S. 4.

4   Die Zahl der in einem Verband repräsentierten Kleingärtner schwankt beträchtlich von Bezirk zu Bezirk. In Berlin-Zehlendorf z.B. mit beinahe 100.000 Einwohnern gibt es 1.240 Kleingärten. In Berlin-Neukölln mit mehr als 300.000 Einwohnern gibt es 10.006 Kleingärten. Vgl. Anonym, Kleingärten im Bezirk, *Berliner Gartenfreund*, 16.Jg., 1996, Nr. 5, S. 4f.

5   Die 19 Landesverbände der Gartenfreunde in der Bundesrepublik mit ungefähr 15.200 Vereinen, in denen auf 46.640 ha Land 1.060.000 Gärten bewirtschaftet werden, sind im „Bundesverband Deutscher Gartenfreunde e.V." zusammengeschlossen.

6   Der Landesverband veranstaltet besondere Seminare für Anfänger wie auch für Fortgeschrittene zu gesetzlichen Themen für die Vereinsvorstände. Vgl. Allgemeine Anweisung über die Anlegung, Verpachtung und Verwaltung von Dauerkleingärten und Kleingärten auf landeseigenen Grundstücken vom 3. August 1987, SenStadtUm B 32, *Berliner Gartenfreund*, 8.Jg., 1988, Nr. 9, S. 31f.

7   Die KGO regelte, daß die Pacht für einen Kleingarten sich nach der Pacht für vergleichbare örtliche landwirtschaftliche Flächen zu richten hatte. So konnten spekulative Pachten, die das Gartenland als potentielles Bauland bewerteten, ausgeschlossen werden. Diese Regelung gilt im Grundsatz immer noch, auch wenn das neue Kleingartengesetz von 1983 und die entsprechenden Änderungen mittlerweile eine Pacht bis zur vierfachen Höhe der ortsüblichen Pacht für land-

wirtschaftliche Flächen erlauben. Damit soll nicht zuletzt dem Rechnung getragen werden, daß vielerorts die Kleingärten nicht mehr ausschließlich zur Produktion von Nahrungsmitteln bewirtschaftet werden.

8   Vgl. Gerhard Naulin, Wilhelm-Naulin-Stiftung, Auftrag und Verpflichtung, *Berliner Gartenfreund*, 6.Jg., 1986, Nr. 8, S.5f.

9   In manchen Berechnungen wurde von der Aufgabe von 300 ha oder sogar 400 ha Gartenland zugunsten von gewerblichen und industriellen Flächen ausgegangen. Das hätte den Verlust von 5.000 bis 10.000 Gärten zur Folge gehabt. Der Vorschlag, privaten Grund und Boden zu kaufen, um darauf Kleingärten einzurichten, erwies sich als zu kostspielig. Ungefähr 2 Milliarden DM wären erforderlich gewesen.

10   Die Zahl der Kleingärten in Westberlin lag bei 50.000 und die Vertreter der politischen Parteien waren übereingekommen, alle zu sichern. Um den Pächtern dieser 50.000 Gärten auch dann noch das Gärtnern in der Stadt zu ermöglichen, wenn weniger Flächen zur Verfügung standen, sollte die durchschnittliche Gartengröße von 400 auf 350 oder 300 oder selbst 250 m² verringert werden. Vgl. Allgemeine Anweisung über die Anlegung, Verpachtung und Verwaltung von Dauerkleingärten und Kleingärten auf landeseigenen Grundstücken vom 3. August 1987, II.4. Die Parzellen dürfen nicht größer sein als 250 m², *Berliner Gartenfreund*, 8.Jg., 1988, Nr. 9, S. 31. Entgegen den tatsächlich im Flächennutzungsplan ausgewiesenen Gartenflächen von 950 ha hätten dann mindestens 1.250 ha bzw. höchstens 2.000 ha im Flächennutzungsplan dargestellt werden müssen.

11   Vgl. Gert Gröning, Caren Lange, Astrid Melzian und Jürgen Milchert 1985: Kleingärten in Berlin-West – Freiräume für Erholung oder Vorhalteflächen für Gewerbe und Industrie? – Zielvorstellungen für ein Kleingartenprogramm, Senator für Stadtentwicklung und Umweltschutz, Abteilung III, Berlin, unveröffentlichtes Manuskript.

12   Bundesbaugesetz vom 1. Januar 1977, Paragraph 2a, Absatz 2. Als Reaktion auf die massiven öffentlichen Proteste gegen die Art und Weise der Stadtsanierung der späten 1960er und frühen 1970er Jahre in Deutschland, wurden in den 1970er Jahren die gesetzlichen Grundlagen dafür verändert. 1971 wurde ein eigenes Städtebauförderungsgesetz verabschiedet. In die neue Version des Bundesbaugesetzes vom 1. Januar 1977 wurde der Paragraph 2a eingeschoben.

13   Aus der Sicht der Senatsverwaltung sollte die frühzeitige Bürgerbeteiligung das Ausmaß der Einwendungen verringern. Zwei Monate lang war 1986 der Entwurf für den Flächennutzungsplan an zentralem Ort in West-Berlin und für weitere vier Wochen in jedem Bezirk für die

Öffentlichkeit einsehbar. Die Bürger waren aufgefordert, ihre Einsprüche und abweichenden Vorstellungen zu äußern. Die Senatsverwaltung war verpflichtet, dazu entweder zustimmend oder ablehnend Stellung zu nehmen. In der anschließenden zweiten Phase der Bürgerbeteiligung waren rechtliche Schritte gegen den Flächennutzungsplanentwurf nur dann noch möglich, wenn formale Mängel nachgewiesen werden konnten. Bevor die Stadtverordneten in die Sommerpause 1988 gingen, sollte der Plan vom Abgeordnetenhaus des Landes Berlin verabschiedet werden. Vgl. Paul F. Duwe, Ein „Jahrhundertwerk" erhält Gesicht, Vom 12. Mai an liegt der neue Flächennutzungsplan unter dem Funkturm aus, Berliner Gartenfreund, 6.Jg., 1986, Nr. 5, S. 2-4. Vgl. Hermann Borkhorst, Was ist das? Bürgerbeteiligung an der Bauleitplanung, Berliner Gartenfreund, 6.Jg., 1986, Nr. 5, S. 4-6. Vgl. Friedrich Wilhelm Schulze, Bürgerbeteiligung am Flächennutzungsplan '84, Berliner Gartenfreund, 6.Jg., 1986, Nr. 6, S. 2-4.

14   Die fünf Fragen lauteten im einzelnen: 1) Wie viele der insgesamt in Ihrem Bezirk befindlichen Kleingartenkolonien (auch Eisenbahnlandwirtschaft) waren zum 1. April 1983 durch einen gültigen Bebauungsplan als Dauerkolonien abgesichert? 2) Wie viele wurden in der Zeit seit Inkrafttreten des BKleinG (Bundeskleingartengesetz, G.G.) bebauungsplanrechtlich zu Dauerkleingartenkolonien umgewidmet? 3) In wie vielen Fällen wurde seit 1.4.1983 bis zum heutigen Tag der Beschluß zum Aufstellen eines Bebauungsplanes von der BVV gefaßt? 4) Wie viele Kolonien oder Kolonieteile mit insgesamt wie vielen Parzellen, für die weder Punkt 2) noch 3) gelten, liegen auf Privatland? 5) Welche Maßnahmen sehen Sie vor, diese Flächen bis zum 31. März 1987 abzusichern oder wenigstens durch den Beschluß zum Aufstellen eines Bebauungsplanes einen entsprechenden Aufschub zu erwirken?

15   Anonym, Fragen zur Kleingartensicherung, Das aktuelle Bild 10 Monate vor Ablauf der Übergangsfrist, Berliner Gartenfreund, 6.Jg., 1986, Nr. 6, S.5f. Vgl. Anonym, Fragen zur Kleingartensicherung, Das aktuelle Bild 8 Monate vor Ablauf der Übergangsfrist, Berliner Gartenfreund, 6.Jg., 1986, Nr. 8, S. 2-4. Vgl. Fragen zur Kleingartensicherung, Das aktuelle Bild 5 Monate vor Ablauf der Übergangsfrist, Berliner Gartenfreund, 6.Jg., 1986, Nr. 11, S. 4-6 und Berliner Gartenfreund, 6.Jg., 1986, Nr. 12, S. 5f.

16   Vgl. Hans-Joachim Salcher, Gemeinsam mit Bürgermeister und allen Parteien gegen den FNP '87, Berliner Gartenfreund, 7.Jg., 1987, Nr. 3, S. 18, 20, 22. Vgl. Aufruf der Charlottenburger Kleingärtner des Bezirksverbands Charlottenburg der Kleingärtner e.V. 1987, Stoppt die Vernichtung von Grün, Stoppt die Vernichtung von Kleingärten, Berliner Gartenfreund, 7.Jg., 1987, Nr.3, S. 41. Vgl. Rolf Bathe, Nein zum FNP '87,

6.000 Kleingärtner marschierten zum Rathaus Charlottenburg, *Berliner Gartenfreund*, 7.Jg., 1987, Nr. 5, S. 2f und *Berliner Gartenfreund*, 7.Jg., 1987, Nr 6, S. 2-4. Vgl. Gerhard Naulin et al., Wir dürfen nicht ruhen *Berliner Gartenfreund*, 7.Jg., 1987, Nr. 3, S. 6, und Gehard Naulin et al., Teil der Gesamtstrategie: Berliner Laubenpieperfest '87, *Berliner Gartenfreund*, 7.Jg., 1987, Nr. 4, S. 15.

17   Vgl. Anonym, Prüfen, Prüfen, Prüfen, Einspruch, Einspruch, Einspruch, *Berliner Gartenfreund*, 7.Jg., 1987, Nr. 4, S. 10-15.

18   Vgl. Die dem Bezirksverband Süden angeschlossenen Kleingartenanlagen im Flächennutzungsplan – Stand 20.3.1987 – mit Darstellung der alternativen Bezirksplanung, *Berliner Gartenfreund*, 7.Jg., 1987, Nr. 5, S. 36f.

19   Vgl. Jürgen Starnick, Großes Engagement der Kleingärtner, *Berliner Gartenfreund*, 7.Jg., 1987, Nr. 1, S. 3.

20   Vgl. Rolf Bathe, Um 11 Uhr schlug es 13! Am 5.9.1987 vor dem Schöneberger Rathaus: Erstklassige Beteiligung, starke Worte, schnelle Reaktionen, *Berliner Gartenfreund*, 7.Jg., 1987, Nr. 10, S. 2f und 5.

21   Vgl. Namentliche Abstimmung in der 77. Sitzung des Abgeordnetenhauses von Berlin am 16. Juni 1988 über den Flächennutzungsplan von Berlin (FNP 84), *Berliner Gartenfreund*, 8.Jg., 1988, Nr. 11, S. 24.

22   Vgl. Gerhard Naulin, Kleingartenentwicklungsplan, Eine Chance für Berliner Kleingärtner?, *Berliner Gartenfreund*, 9.Jg., 1989, Nr. 5, S. 8.

23   Vgl. Rolf Bathe, Wir fragten Dr. Hassemer: Neuer FNP nicht vor 1996, *Berliner Gartenfreund*, 11.Jg., 1991, Nr. 6, S. 4-6, 8-10 und 12.

24   Vgl. Wilfried Hassemer, Keine Abstriche!, *Berliner Gartenfreund*, 14.Jg., 1994, Nr. 9. S. 5f.

25   Vgl. Dringlichkeitsantrag der Fraktion der SPD über Erstellung eines Kleingartenkonzeptes, *Berliner Gartenfreund*, 11.Jg., 1991, Nr. 8, S. 12.

26   Vgl. Rolf Bathe, Berlin aktuell, *Berliner Gartenfreund*, 13.Jg., 1993, Nr. 6, S. 1, und SenStadtUm, Im Zusammenhang mit dem Flächennutzungsplan zu sehen, Das Kleingartenkonzept für Berlin, *Berliner Gartenfreund*, 13.Jg., 1993, Nr. 5, S. 6.

27   Der erste Kleingartenbeirat wurde im Frühjahr 1990 im Bezirk Berlin-Charlottenburg gebildet, vgl. Dieter Lohse, Charlottenburg macht den Vorreiter: Kleingartenbeirat auf Bezirksebene, *Berliner Gartenfreund*, 10.Jg., 1990, Nr. 3, S. 33f. Weitere Kleingartenbeiräte, alle in Bezirken des ehemaligen Ostberlin, folgten.

28   Hassemer, *Berliner Gartenfreund*, 11.Jg., 1991, Nr. 6, S. 4f.

29   Vgl. Dieter Lohse, Beton contra Stadtgrün. Wirklich Mangel an Wohnbauflächen?, *Berliner Gartenfreund*, 11.Jg., 1991, Nr. 10, S. 2-5. Vgl. Rolf Bathe, Nagel als Nessy?, *Berliner Gartenfreund*, 14.Jg., 1994, Nr. 2, S. 4f.

Vgl. Rolf Bathe, Keine Antwort ist auch 'ne Antwort, Senator Nagel reagierte schließlich überhaupt nicht mehr, Berliner Gartenfreund, 14.Jg., 5, S. 14f. Vgl. Ulrike Hauschild, Pro Rasen kontra Kleingärten? Einheitsgrün gegen natürliche gärtnerische Vielfalt?, Berliner Gartenfreund, 15.Jg., 1995, Nr. 12, S. 24.

30   Vgl. Ulrike Hauschild, Wie stellen Sie sich das künftige Berlin vor? Der Berliner Gartenfreund fragte die Fraktionsvorsitzenden der einzelnen Parteien im Berliner Abgeordnetenhaus, Berliner Gartenfreund, 13.Jg., 1993, Nr. 11, S. 4-12.

31   Vgl. Rolf Bathe, Berlins Kleingärtner gaben sich die Ehre, die Meinung der politischen Parteien anzuhören. Informationsveranstaltung über den FNP am 4. Juni im ICC Berlin, Berliner Gartenfreund, 14.Jg., 1994, Nr. 7, S. 4f.

32   Vgl. Bilderbogen von der Schirmaktion am 11. Juni, Berliner Gartenfreund, 14.Jg., 1994, Nr. 8, S. 32f, und Nr. 10, S. 32f und Nr. 11, S. 32f.

33   Vgl. Bezirkspositionen, Berliner Gartenfreund, 14.Jg., 1994, Nr. 4, S. 20-25 und 27, ebenso Nr.5, S. 30-40, 42f, ebenso Nr. 6, S. 4-6, 10f, ebenso Nr. 7, S. 22f.

34   Vgl. Rolf Bathe, Von einer gestohlenen Schau und Abstimmung in drei Anläufen, In der großen Politik geht's auch sehr menschlich zu, Berliner Gartenfreund, 14.Jg., 1994, Nr. 8, S. 22f.

35   Volker Hassemer, Noch nie soviel dauerhafte Sicherheit für Kleingärtner, Berliner Gartenfreund, 14.Jg., 1994, Nr. 8, S. 10. Vgl. auch Volker Hassemer, Keine Abstriche!, Berliner Gartenfreund, 14.Jg., 1994, Nr. 9, S. 5.

36   Vgl. Ulrike Hauschild, Senator Volker Hassemer: „Ich bleibe dabei, 100.000 Parzellen für Berlin!", Berliner Gartenfreund, 13.Jg., 1993, Nr. 2, S. 4-6.

37   Vgl. Rolf Bathe, Eingerahmt von Wolkenbrüchen, Berliner Gartenfreund, 16.Jg., 1996, Nr. 10, S. 19-22.

38   Wolf Jobst Siedler, In ihrem Hang zur Selbstzerstörung gehen Berlin und Potsdam im Gleichschritt, Der Tagesspiegel, Nr. 16045, Sonntag, 20. Juli 1997, S. 10.

39   Vgl. zu community gardens in den USA Gert Gröning 1999, Kann man „ImmerGrüner" werden?, American Community Gardening Association Jahreskonferenz 1998 in Seattle, Washington, Grüner Weg, Zeitschrift für die Sozial- und Ideengeschichte der Umweltbewegungen, 13.Jg., September 1999, S. 6-18. Gert Gröning, Zum Stand der urbanen Gartenkultur in den USA, Gärtnern als gemeinschaftsfördernde Tätigkeit?, Stadt und Grün, 47.Jg., 1998, Nr. 11, S. 771-777. Gert Gröning, Zur Entwicklung der urbanen Gartenkultur in Nordamerika, Stadt und Grün, 46.Jg., 1997, Nr. 8, S. 563-572.

40 Vgl. Lenny Librizzi, New York City's Plan to Auction Off Over 100 Community Gardens Stirs Up Tensions, *Multilogue*, 15.Jg, 1999, Nr. 5-6, S. 1.

41 Vgl. Lenny Librizzi, Current Status of the New York City Community Gardens, March Update 1999, American Community Gardening Association: Background on NYC Gardens, ACGA website.

42 Vgl. Edie Stone, 110 NYC Gardens are preserved but concerns remain, *Multilogue*, 16.Jg., 2000, Nr. 1, S. 3.

43 Dieter Prokein, „So etwas müßte es auch bei uns geben", Reisegruppe aus Japan besuchte Steglitzer Kolonie „Südpark", *Berliner Gartenfreund*, 19.Jg., 1999, Nr. 9, S. 28.

44 Vgl. Eisuke Matsuo, Japanese Perspectives of Allotment and Community Gardening, International Society for Horticultural Science (ed.), *Acta Horticulturae*, 523, Wageningen, Niederlande (im Druck).

Inge Buck

Kleingärten im Krieg
Zwischen Glücksinsel, Observation
und Planungsvertreibung[1]

Die Geschichte des Kleingartens beginnt im Spätmittelalter, als die
Stadtbewohner in den militärisch unnötig gewordenen Festungsgräben
Parzellen anlegten, um dort ihr Obst und Gemüse zu ziehen. Auch in
Bremen eroberten zunächst Braunkohlbeete die Wallanlagen, bis Rat und
Bürgerschaft nach den „Befreiungskriegen" 1813 beschlossen, die letz-
ten Reste der Bastionen zu öffentlichen Gartenanlagen umzuwandeln.[2]

In vielen europäischen Ländern richtete man zu Beginn des
19. Jahrhunderts auf bislang unkultiviertem Boden in unmittelbarer
Nähe der Städte Armengärten ein nach dem Vorbild der englischen
Kleingartenfürsorge.[3] Die Gartenparzellen boten den Armen die Chance,
in einer Art „Hilfe zur Selbsthilfe" anzubauen, was sie zum eigenen
Lebensunterhalt brauchten.

In dieser Tradition steht auch die Kleingartenbewegung der
„Arbeiter- und Schrebergärtner, der Klein- und Familiengärtner" vor
dem Ersten Weltkrieg.[4] Elsa Deppe, Jahrgang 1911, aus dem Bremer
Westen[5] hat diese Zeit noch bewußt miterlebt. *„Ich bin Jahrgang 1911, als
Kind war das 'ne richtige Erwerbsquelle. Es wurde doch kein Gemüse gekauft! Das hatte
man selber. Man machte die Bohnen ein in Salzkruken, um den Haushalt zu entlasten. Was
sind wir gelaufen hier die Straßen rauf und runter, wenn der Bäcker mit seinem Pferd kam.
Und denn sagte Mutter: „Guck' mal zu, der Bäcker ist da. Hat das Pferd da was gelassen?"
Blumen, wer pflanzt Blumen, der hat's wohl nicht nötig, daß er seine Wurzeln da sät. Und
die Großmutter, die wurde morgens in den Handwagen gesetzt, weil Oma da nicht mehr
hinlaufen konnte zur Parzelle. Und dann hieß das auf Plattdeutsch: „Eck mudd Wuddeln
wein." Wurzeln aussäubern, die Reihen. Da fuhren die Kinder sie hin, und dann wurde
Oma zum Essen wieder nach Hause geholt, auch mit dem Handwagen."*[6]

Dennoch war das Leben auf der Parzelle immer schon mehr als
nur eine wirtschaftliche Notwendigkeit. Der Kleingarten bot – vor
allem auch den Kindern – Spiel- und Bewegungsfreiräume als „Glücks-
und Rettungsinsel" außerhalb der Stadt.[7] Elsa Deppe erinnert sich:

162

„Hest du Sorgen, hest du Kummer, go tom Land un grov dat unner": da kommen meine ganzen Kindheitserinnerungen. Das war herrlich da draußen! Wo jetzt der Utbremer Ring ist, da waren ja auch alles Parzellen. Da fing die Freiheit ja schon eigentlich an für die Kinder. Manchmal war es auch bitter, wenn man mit irgend jemand spielen wollte, und dann wurden Kartoffeln gepflanzt. Dann mußten die hinterher, wenn Vadder die Kuhlen machte, mußten die Kartoffeln reintun oder Bohnen legen. War nicht schön, aber es war ja ganz natürlich. Wenn man was essen wollte, mußte man auch was tun."

In den 30er Jahren, zur Zeit der großen Arbeitslosigkeit und Wohnungsnot, fand Elsa Deppe noch einmal Zuflucht auf der Parzelle: in der Waller Marsch, am Stadtrand, hinter der Eisenbahnlinie.

Photo: Inge Buck

„Mein Mann war arbeitslos, und ich hab' im Kindergarten gearbeitet. Da hab' ich 40 Mark im Monat verdient. Und wir hatten in der ersten Zeit gemietet, Zimmer, Küche, oben in Oslebshausen, wo ich damals arbeitete. Da mußten wir 25 Mark Miete bezahlen und 50 Pfennig Gas und Licht. Kam Krankheit dazu. Also, es ging einfach nicht mehr, wir mußten die Wohnung aufgeben. Wir haben seit '34 draußen in den Parzellen gewohnt. Und da sind auch unsre drei Kinder geboren in der Zeit. Und hatten 1.000 Quadratmeter dabei, 's war 'ne leere Fläche, wo wir vollauf beschäftigt waren, das in ertragreichen Boden umzuwandeln. Und wenn ich denke, so einige von meinen Freundinnen zu der Zeit, die sagten dann: „Um Gottes Willen, wie kannst Du da rausziehen, ohne Licht, ohne Wasser

163

und ohne?" Und ich hab' dann immer gesagt – es war ja manchmal wirklich schwer, war keine Beleuchtung draußen. Und es wurde einem schon was abgefordert, und knapp war's ja auch alles. Aber ich hab' immer gesagt: „Wenn die Sonne scheint, dann hab' ich sie zuerst hier draußen. Und wenn ich mag, den ganzen Tag."

Im Jahre 1931 gab es in Bremen rund 28.000 Parzellisten.[8] Längst nicht jeder war Mitglied in einem der bestehenden Kleingarten-vereine. Aber als zwei Jahre später die NSDAP die Macht ergriff, wurden auch all jene Kleingärtner erfaßt, die sich bislang keiner Organisation angeschlossen hatten. Zur Überwachung des Kleingartenwesens wurde Hinrich Rotermund von der Senatskommission für Bauwesen und Stadterweiterung beauftragt.

„Seinen Anforderungen haben", wie vom Senat bekannt gegeben wird, „sämtliche nicht dem Landesverband bremischer Kleingartenvereine angeschlossenen Parzellisten unbedingt und sofort Folge zu leisten." Diese Maßnahme ist auf – zumindest von den Nazis so empfundene – Mißstände zurückzuführen, die sich in den Parzellen gezeigt haben. Die Parzellen, bei deren Bewohnung auch häufig baupolizeiliche Vorschriften übertreten wurden, dienten vielfach als Schlupfwinkel und Lagerplatz für illegales Material, wodurch die Arbeit der Polizei erschwert wurde.[9]

Der selbst geschaffene Lebensfreiraum der Parzellenbewohner geriet zunehmend ins Visier staatlicher Observation, zumal Elsa Deppe und ihr Mann Mitglieder der SPD waren.

„Die Vorkriegszeit hat uns da schon zugesetzt und die Kriegszeit nachher. Man war auf der einen Seite weit draußen, man hatte seine Ruhe, wenn nicht grade Alarm war oder sonst was. In der ersten Zeit war das ja noch nicht so dramatisch. Da hatte man bestimmt mehr Freiraum wie in der Stadt. Nachher war's aber oft auch sehr schwierig, weil man so auf dem Präsentierteller saß für alle Nachbarn. Es kamen selten Leute raus, aber wenn jemand kam: „Ach, wohin geht der denn? Den ham wir ja noch nie gesehen. Was ist das für einer, wohin geht der?" Da war jemand auf der Nachbarschaft, der Nazi war, und auch zuletzt dann hatte er wohl auch seine braune Kluft an. Das war dann natürlich ganz bitter und sehr hart. Weil man dann sich auch manchmal fürchtete."

In der Monatszeitung der Bremer Kleingärtner „Min Land" – in der im Verlauf des Krieges die Sterbetafeln der „abberufenen Volksgenossen" aus den Kleingärtnervereinen immer länger wurden – wurden die Parzellisten aufgerufen, sich als Teil der deutschen Volksgemeinschaft zu verstehen und sich an der sogenannten „Erzeugerschlacht" zu beteiligen.[10] Zu diesem Zweck wurden ihnen russische Kriegsgefangene zur Verfügung gestellt. Elsa Deppe berichtet:

„Die mußten während der Woche arbeiten an der Autobahn. Und damit denen das nicht zu wohl ging, konnte man die sich sonntags ausleihen. Konnten die Parzellisten hingehen, und dann sollten die mal – so ungefähr – ordentlich arbeiten. „Die könnt Ihr Euch holen, die graben Euch das Land." Da war mein Mann hin und kam dann mit Iwan und Peter wieder, ein Älterer und ein Student. Und die Auflage war: arbeiten. Zum Arbeiten sind sie da und sonst gar nix. Man mußte aufpassen, daß nun nicht grade der Nachbar sagte: „Wo sind denn nun die Russen? Wo tun se denn nun was?" Und wir ham aufgepaßt, ham se dann auch reingeholt. Waren auch bei uns mit in der Stube. Wir ham auch schön für sie zu essen gehabt. Und wir ham uns was erzählt."

Auch Marianne Berger ist in einem Bremer Parzellengebiet aufgewachsen – eine Generation später als Elsa Deppe.

„Ich bin 1939 geboren und hab' das alles als Kleinkind mehr oder weniger miterlebt. Meine Eltern sind dreimal ausgebombt und haben dann erst in diesem kleinen Parzellenhäuschen gewohnt und das dann später vergrößert."[11]

Marianne Bergers Vater, Walter Oldehoff, gehörte dem antifaschistischen Widerstand an. Für die illegale Arbeit, etwa die Herstellung von Flugblättern, war das Kleingartengebiet der andere, der subversive Ort.[12]

„Wenn man in den anderen Stadtteilen, in den dicht besiedelten Stadtteilen wohnte, da gab's eben einen Blockwart, der hatte eigentlich alles im Griff und im Auge. Der sah, wer da ein- und ausging. Das ist da in der Waller Feldmark natürlich nicht so einfach zu machen. Da sind schmale Wege, da hat man meistens mehrere Eingänge zu so 'ner Parzelle, da kann man auch mal hintenrum rausgehen.

Man hütete sich, irgendwelche großen Gruppen zusammenzuholen. Es gab immer nur Zweiergespräche, aber man wußte voneinander und wer mit wem Kontakt hatte. Und wenn irgendwelche Flugblätter verteilt werden mußten, dann brachte man die sozusagen einzeln weiter und eben ganz wenige. Und die mußten dann so verteilt werden, daß man auch gleichzeitig mit ausrechnete: wenn das bei dem landet, dann sehen's vielleicht noch drei, vier Leute auch."

In der „Bremer Nationalsozialistischen Zeitung" vom 8. September 1933 wurde auf der Titelseite eine „Warnung für alle Volksfeinde" veröffentlicht, die sich insbesondere an andersdenkende Kleingärtner richtete:

„Landbude eines marxistischen Hetzers verbrannt. In der Laubenkolonie des Parzellenvereins ,Nürnberg' am Waller Ring war in einer Parzelle des kommunistischen

Funktionärs Fasche illegales politisches Material gefunden worden. Der Frau des verhafte-
ten F. wurde noch Gelegenheit gegeben, die Gartengeräte und den in der Bude befindlichen
Hausrat auszuräumen. Dann wurde mit Benzin Feuer angelegt, und binnen weniger Se-
kunden stand die Landbude in lichten Flammen."

Wie die Widerstandsarbeit im Parzellengebiet „trotz alledem"
praktisch aufrechterhalten wurde, darüber berichtet Marianne Berger
aus den Überlieferungen ihrer Eltern:

„Das weiß ich natürlich nur aus Erzählungen. Ursprünglich, bevor man überhaupt Druckmaschinen hatte, haben sie Linoleumschnitte gemacht. Und da stand dann
zum Beispiel nur drauf: „Trotz alledem" oder einfach solche Losungen, die man kannte in
dieser Arbeitergegend. Und die hatte man dann aufgehängt, so kleine, schmale Streifen.
Und dann haben sie ganz kurze Flugblätter zum Teil geschrieben mit der Schreibmaschine.
Meine Mutter hatte das gelernt, die konnte Schreibmaschine schreiben. Und wenn man das
in einem Wohnhaus tut mit vielen Parteien, da hört man natürlich das Schreibmaschinen-
geklapper. Es waren ja mechanische, wo man wirklich jeden Anschlag auch weit hörte.
Aber auf so 'nem Parzellenhäuschen kriegte man das nicht so schnell mit.

Auf der Parzelle gab es einen großen Misthaufen, und der war komischerweise
gemauert. Und daß es was Besonderes damit war, das erfuhr ich dann von meinen Eltern.
Das heißt, er war das Versteck für die Schreibmaschine und für das Abziehgerät. Die sind
auf die Parzelle gekommen und wurden dann in diesem Misthaufen versteckt. Da gab's also
so einen Hohlraum und oben drauf kam eben der Mist. Das, was man eben so hatte,
Kompost und was sonst noch, und bei Bedarf wurden die rausgeholt. Und diese Schreibmaschine und dieses Abziehgerät, das haben sich mein Vater mit Genossen aus dem Parteibüro
der NSDAP, ja, herausgeholt. Und das vor Kriegsende. Und die hatten herausgefunden, daß
das NSDAP-Büro bei Luftangriffen nicht bewacht war. Das sollte natürlich bewacht werden, die sollten da bleiben und sollten da eben auch durchhalten. Aber natürlich hatten die
auch Angst, wie andere Leute auch, und verließen dieses Büro."

Walter Polz, Jahrgang 1931, gehört zu denen, die einen großen
Teil ihres Lebens auf der Parzelle zugebracht haben. Auch sein Vater
war im antifaschistischen Widerstand aktiv.

„Es war Anfang '33 zu Hitlers Zeiten, als alle paar Wochen bei meinem Vater der
Garten umgegraben wurde von der Gestapo, weil sie immer Flugblätter suchten bei uns.
Nur, man hat keine gefunden. Obwohl, so wie ich nachher erfahren habe, war das eine
ziemliche Verteilerstelle gegen das Hitlerregime. Erwischt hat man ihn nicht. Nur zwei
Mann hat man erwischt beim Verteilen im sogenannten Königsmoor, das liegt bei Oster-
holz-Tenever oben. Die haben beide vier Jahre im KZ gesessen, weil sie diese Flugblätter
verteilt hatten."[13]

166

Kleingärten im Krieg waren indessen nicht nur Orte illegaler politischer Tätigkeit, sondern Orte des praktischen Überlebens.

Walter Polz:

„[Im] Krieg hatte [der Garten] für uns eine große Bedeutung. Einmal, meine Eltern hatten immer Hühner, solange wir hier gewohnt haben, im Krieg über Schweine. Wir hatten nachher auch vier Kühe hier zu Hause. Ich kann bestätigen, daß wir hier im Kleingartengelände gewohnt haben, unser Gemüse angebaut haben und unsere Tiere hatten. Oder das Obst. Da gab es das nicht wie heute, daß das Obst tonnenweise auf den Mist gekarrt wird. Oder nicht mal unter den Bäumen aufgesammelt wird. Da ist nichts umgekommen.

Im Krieg hat man auch Blumen angepflanzt. Früher gab's die Ringelblumen, die man heute in Gärten überhaupt nicht mehr sieht. Massenweise Vergißmeinnicht und alle diese Blumenarten. Nicht in Reih und Glied, sondern das wuchs alles so durcheinander, und man war nicht so empfindlich wie heute, daß alles so nach Schema F sein muß und jeder Garten dem anderen gleich sieht."

Als nach Kriegsende die Stadt in Trümmern lag, waren die Kleingartengebiete für viele Ausgebombte und Flüchtlinge, Heimatlose und Wohnungslose der einzige Zufluchtsort. Ein Erlaß des Bremer Bürgermeisters Wilhelm Kaisen[14] legalisierte das Wohnen in den oft nur notdürftig winterfest gemachten Gartenlauben.

„Notwohnungen in Kleingärten. Der erhebliche Ausfall von Wohnungen durch den Krieg zwingt dazu, Bedenken gegen das Wohnen in Kleingärten und so weiter zeitweise zurückzustellen. Ich ordne daher auf Grund der Ermächtigung der Militärregierung vom 22. Juni 1945 an: Der Bau neuer und die Vergrößerung vorhandener Wohnungen in Kleingärten ist zulässig."[15]

Marianne Berger schildert aus eigener Erfahrung, unter welchen Bedingungen unmittelbar nach dem Krieg die sogenannten „Kaisenhäuser" gebaut wurden:

„Und wie das dann bei diesen ganzen Kaisenhäusern war, wurde dann immer weiter angebaut. Jeder baute, so gut er konnte, vor allem mit den Materialien, die es gab. Ich weiß, daß zum Beispiel die Steine, die benutzt wurden, die wurden aus den Trümmern im Westen geholt. Da hatten wir so 'nen kleinen Bollerwagen, und dann fuhren wir los, alle drei. Und mein Vater, der behaute die Steine, dann wurde das aufgeladen, und dann wurde das wagenweise nach Haus gekarrt. Und damit wurde dann gemauert. Übrigens, Zement gab's auch nicht, und da wurde zum Teil mit Lehm – dahinten auf der Parzelle gab's dann eine große Kuhle – da wurde der Lehm ausgebuddelt. Und damit wurde dann auch gemauert.

In der ersten Zeit gab's weder Strom noch Wasser, da hatten wir zunächst eine Art

Karbidlampe. Ich hatte immer Angst vor dem Ding, aber das lag wohl daran, daß ich die Bombennächte miterlebt hatte. Ich hatte überhaupt ganz, ganz lange Angst vor Feuer. Aber diese Karbidlampe machte fürchterliche Geräusche, sie war ja dann ganz hell, gibt so ein weißes Licht. Und Wasser: da gab es sozusagen zum Eingang zur Waller Feldmark ein Wasserhäuschen. Alle Leute, wirklich alle Leute aus der ganzen Waller Feldmark, mußten vorn zu dieser Zapfstelle. Ja, und dann gab's fast keine Eimer, wie heute. Man hatte zum Teil Dosen, irgendwelche alten Dinger. Die wurden dann mit Draht zusammengehalten, um damit Wasser zu holen. Oder alte Kanister, alles, was überhaupt hohl war, wurde zum Wasserholen gebracht."

In einer Zeit des allgegenwärtigen Mangels rückten die Menschen nahe zusammen. Ohne gegenseitige Hilfe war der Nachkriegsalltag nicht zu bewältigen, und so entstand eine ganz selbstverständliche, spontane Solidarität, die weit über die organisierte Interessenvertretung in einem Kleingartenverein hinausging. Marianne Berger erinnert sich an lebensnotwendige Nachbarschaftshilfe:

„Was besonders haften geblieben ist, daß irgendwann eine Frau ein Kind erwartete und hatte das eigentlich noch nicht erwartet. Es kam wohl früher und [sie] war also nicht in die Nähe eines Krankenhauses gekommen, und sie brauchte Hilfe. Und es kam kein Arzt, und es kam niemand. Und dann haben Nachbarn diese Frau auf so'n Bollerwagen gesetzt und sind mit ihr irgendwo in bewohnte Gegenden gefahren. – Es gab keine Autos, Fahrräder, die waren auch wichtig. Aber so einen Wagen zu haben, auf dem man etwas transportieren konnte, das war ganz wichtig. Und das waren nicht etwa welche, die nun Luftbereifung hatten, sondern das waren doch diese ganz primitiven mit Holzrädern. Eben wirklich Bollerwagen. Die rumpelten ganz furchtbar. Und waren auch schwer zu ziehen."

Als die schlimmste Wohnungsnot in Bremen behoben war, wollte die Stadtverwaltung dem nur vorläufig erlaubten Leben auf den Parzellen ein Ende setzen. Aber nach heftig geführten öffentlichen Debatten der Kaisenbewohner räumte der Bürgermeister all' denen, die in ihrem Kleingarten eine dauerhafte Bleibe gefunden hatten, ein Wohnrecht auf Lebenszeit ein. Dazu noch einmal Marianne Berger:

„Dieser Erlaß ist also nicht einfach so von selbst gekommen, sondern das haben die Leute sich schon erkämpft. Sie haben gesagt: „Wir gehen hier nicht weg. Wir haben hier unsere Arbeitskraft reingesteckt, und jetzt wollen wir hier bleiben."

Der Traum vom eigenen Garten als einem Stück Freiheit endet nicht nur zur Zeit des Nationalsozialismus am Zaun der gesellschaftspolitischen Wirklichkeit. Heute ist es eine Vielzahl von bürokratischen Vorschriften, die den Kleingärtnern das Leben schwer macht.

Als Sprecher der Interessengemeinschaft der Parzellenbewohner und Grundstückseigentümer wehrt sich Walter Polz erbittert gegen staatliche Reglementierungsansprüche.
„Wir haben hier – von Oslebshausen bis zum Stadtwald – über 6.000 Kleingärten. Davon ist ein Drittel Staatsland, also was der Stadt Bremen gehört, ein Drittel ist sogenanntes Bauernland, und ein Drittel sind Privateigentümer. Daß die auf dem Pachtland es weitaus schwerer haben als die sogenannten Eigentümer, geht schon daraus hervor, daß die Gartenordnung, die vom Landesverband entworfen wurde und die es nur in Bremen gibt – in der gesamten Bundesrepublik gibt's keine Gartenordnung – so zur Anwendung kommt, daß viele schon gar keine Lust mehr haben, einen Garten zu haben.

Die Bäume werden vorgeschrieben, wieviel Bäume, wieviel Land für Blumen und für Rasen, wieviel Land zum Gemüseziehen. Das ist alles in der Gartenordnung aufgeführt. Alte, gewachsene Strukturen mag man nicht mehr leiden. Sondern es soll alles gleich aussehen, [man wünscht] den sogenannten Einheitsgarten, den wir gar nicht haben wollen. Es ist mehr oder weniger die Diktatur, die Gartenordnung und die Freiheit, die Sie mehr oder weniger... aufgeben müssen, wenn Sie Pächter eines Kleingartens sind."

So enthält die „Gartenordnung" unter anderem folgende Vorschriften:

„3.a) Die Gartenpforte ist in neuen Dauerkleingartengebieten in der vom Gartenbauamt erstellten Form zu erhalten und zu pflegen. In sonstigen Gebieten ist sie in der vom Zwischenpächter jeweils festgelegten Ausführung zu erstellen und zu unterhalten.

3.b) Die bestimmte Heckenform ist einzuhalten. Eine Heckenhöhe von 1,10 m darf nicht überschritten werden.

5.e) Das Anpflanzen von Holunder, Walnuß und Haselnuß ist nicht erlaubt.

2.g) Außer einer Gartenlaube dürfen weitere Baukörper wie Abort, Geräteschuppen, Gewächshäuser, gemauerte Kompost- und Dungbehälter nicht errichtet werden. Anbauten an der Gartenlaube sind ebenfalls unzulässig."[16]

Dazu die Prognose von Herrn Polz:

„Selbst die Aufstellung eines Gewächshauses – überall sind Kleingewächshäuser erlaubt, nur in Bremen nicht. Das sollte doch bestimmt zu denken geben. Man darf nicht mal ein Vordach über seine Haustür anbringen, das vielleicht ein Quadratmeter groß ist. Schon ist das Bauamt da. Man macht das mit den Luftaufnahmen, die alle paar Jahre wiederholt werden – im Frühjahr, wenn kein Laub auf den Bäumen ist, damit man alles erkennen kann. Und dann gibt das der Baubehörde wieder Gelegenheit, irgendwo einzuschreiten.

Und daß diese Kontrollen so zugenommen haben, wird wohl daran liegen, daß — wie wir vermuten — schon fertige Baupläne in der Schublade liegen — sogenannte Schubladenpläne — die dann, wenn [mit ihrer Hilfe die Parzellen] umgewandelt werden in Wohn- oder Gewerbegebiet, nach Bundesbaugesetz entschädigt werden müssen, alles was drauf steht. Und in diesem Fall versucht man, das Gebiet schon vorher flach zu machen, um die Entschädigungskosten so niedrig wie möglich zu halten."

Hinter dem „gemeinnützigen Zwischenpächter", von dem in der Bremer Gartenordnung die Rede ist, verbirgt sich niemand anders als der „Landesverband der Gartenfreunde Bremen". Dieser Landesverband fungiert bei 90 Prozent der kleingärtnerisch genutzten Flächen im Lande Bremen als Generalpächter. Er bestimmt den Inhalt der Gartenordnung, für deren Durchsetzung das Bauordnungsamt und die Baupolizei zuständig sind.[17]

Schließlich ist der sogenannte Zwischenpächter auch berechtigt, die Pächter zu Gemeinschaftsarbeiten für die Anlagen und die Unterhaltung der gemeinsamen Einrichtungen des Kleingartengebietes heranzuziehen. Wer nicht funktioniert, muß als „Drückeberger" eine Geldstrafe entrichten. In gewisser Weise ist der Kleingartenverein eine Zwangsgemeinschaft, über die auch das allherbstliche Lampionfest nicht hinwegtäuschen kann. Wer eine Parzelle pachtet, wird automatisch Vereinsmitglied. Die ältere Generation, mit über 50 Prozent Rentnern und vielen Alleinstehenden, ist hier deutlich überrepräsentiert.[18]

Für sie und vor allem für die ehemaligen Flüchtlinge unter ihnen ist der Kleingarten zu einer Art „neuen Heimat" geworden.

„'49 sind wir hergekommen mit meinem Mann nach Bremen von Eistrup-Gegend. Ich bin nämlich von Oberschlesien, mein Mann ist von hier. Wir ham uns im Krieg kennengelernt. Und da ham wir uns hier diese Parzelle gekauft. Und mein Mann und ich ham viel Freud. Mein Mann, der kam vom Lande, ham große Landwirtschaft gehabt. Ich war schon um Viertel nach acht heute hier. Was soll ich denn zu Hause?

Wenn ich die Parzelle mal aufgebe. Da mag ich gar nicht dran denken. Und jetzt wird die Pacht ja sowieso doppelt, das kann ich ja gar nicht halten als Rentnerin. Jetzt kostet der Quadratmeter 18 Pfennig. Und dann verdoppelt. Das sind 650 bis 670 Quadratmeter. Wer kann denn das halten als Rentner? Wenn ich jetzt die Parzelle aufgebe. Wo soll man denn sonst hin?"[19]

Die Parzelle als Refugium für Selbstversorgung und Selbsttätigkeit sehen viele Alleinstehende und Rentner durch die Erhöhung bzw. Verdoppelung der Pachtgebühren bedroht.[20]

„Das ist früher angeschafft worden, damit die Leute sich'n klein bißchen Gemüse anpflanzen konnten, weil sie früher schlecht gestellt waren. Ja, ich bau noch voll an aus dem Grunde, weil ich dieses Gemüse hauptsächlich für meinen eigenen Bedarf und für meine Kinder verteilen tu, daß wir immer Frischgemüse haben. Ich bau Bohnen an, Schwarzwurzeln, Petersilienwurzeln, Kartoffeln, Rüben, Palbohnen und Erbsen. Ich bin Rentner, und da muß ich auch noch was zu tun haben, weil ich bis 65 gearbeitet habe. Ich muß erst mal über den Berg kommen, daß ich berufstätig war.

Photo: Inge Buck

Und ich kann auch sagen, daß ich hier in diesem Garten meine Ruhe hab', ich hab' mein Ausgleich. Da ich weder trinken tu noch sonst was, sag ich immer, hab' ich hier das Beste. Die Pacht soll ja jetzt verdoppelt bzw. erhöht werden. Es soll da so'n Gesetz rausgekommen sein. Das find' ich nicht richtig. Der Kleingarten wird ja von den Parzellisten in Ordnung gehalten und nicht vom Staat. Der Staat hat ja nur Vorteile dadurch. Werden viele aufgeben, die wenig Rente kriegen. Die älteren Leute oder die Witwen, die noch den Garten haben. Und die vielleicht keine Kinder haben. Die sagen: „Von meinem bißchen Witwenrente kann ich die teure Pacht nicht bezahlen."[21]

„Blüh auf", „Im stillen Frieden" oder „Fortschritt": Im Bremer Stadtplan sind zur Zeit noch 86 Kleingartenvereine mit Namen und Nummern zu finden. Vom ehemals weitläufigen Gebiet Findorff-Weidedamm ist nur noch ein schmaler Streifen geblieben. Dort lebt Frau

171

Sommer als sogenannte Kaisen-Auswohnerin seit mittlerweile einem Vierteljahrhundert.[22]

„Das sind jetzt 23 Jahre, 17. Juni 1972. Ja, wir sind hierher gekommen, da war fast jede Parzelle noch so richtig fest bewohnt mit den alten Kaisenleuten. Die ham hier ihr Gemüse angepflanzt und die Häuser gepflegt und die Zäune gepflegt und den Weg gepflegt. War so'n kleines Paradies noch, was man sich immer so vorstellt vom gemütlichen Leben. Und mein Garten sah aus, der war ganz verwildert, das Einzige, was in Ordnung war, war das Haus. Und das hatte im Anbau so 'ne alte Badewanne. Und da mußte man auf dem Ofen noch Wasser heiß machen mit Kesseln. Und das da reinkippen. Das war richtig wie auf dem Lande.

Und die Kinder, ich hab' immer gedacht, wenn die schon sagen, das wird hier irgendwann abgerissen, dann möchteste doch wenigstens, daß deine Kinder hier aufwachsen können. Und als ich in dieses Haus reingekommen bin, da hab' ich vorn in der Veranda gestanden und gedacht: „Ach, hier kannst Du Dich wohlfühlen. Das ist Dein Zuhause. Und ich liebe dieses Haus."

Die rechtliche Grundlage zum Thema „Kaisenbewohner" besagt indessen, daß die unmittelbar nach Kriegsende zugesagte Wohnberechtigung ausschließlich personenbezogen ist. Die Berechtigung gilt auf Lebenszeit und erlischt mit dem Wegzug oder dem Tod der Bewohner. Wie diese Paragraphen im Kleingartengebiet Weidedamm umgesetzt werden, hat Frau Sommer unmittelbar erfahren.

„Bis '74 konnte man noch einziehen, was vor '74 eingezogen ist, durfte bleiben. Dann war da irgend so'n Stichtag, und wenn jemand verstorben war oder auszog, dann hat man diese schönen Häuser nicht wieder zum Bewohnen freigegeben. Die mußten abgerissen werden. Das war also 'ne Verfügung. Und der Abriß ist meistens sehr teuer auch, weil das muß ja auch abgefahren werden. Und das ist dann in einer Art und Weise abgerissen worden, daß einem schlecht werden konnte. Während der Vegetationszeit. Die Vögel, die brüteten da. Ein Paradies für Zaunkönige und Meisen. Wir haben hier Dompfaffen und Grünfinken und Spechte, Turmfalken und Fledermäuse haben wir hier.

Die sehen nur ihren Profit. Das Haus wird abgerissen, und [das Parzellenland] wird der Bebauung zugeführt. Je schneller es abgerissen wird, desto besser. Das war 'ne Bestimmung von der Baubehörde und vom Bauordnungsamt. Und dann ist der Bagger gekommen und hat alles plattgefahren. So durch'n Zaun durch plattgefahren mit der Raupe. Und der Bagger bis in das Haus rein. Und die Fensterscheiben klirrten und die Dachpfannen fielen runter. Das war grauenvoll. Wie oft ham wir das erlebt. Zwanzig Häuser, dreißig Häuser. Die Leute — ich hab' da erschütternde Szenen erlebt — die haben vor ihren Grundstücken gestanden und haben geweint. Sah aus wie im Krieg."

Ein Vertreter der Baubehörde weist den Vorwurf, hier werde mit besonderer Eile vorgegangen, zurück und beruft sich auf die Stadtplanung auf der Grundlage des Flächennutzungsplanes.[23]

„Weidedamm selber hat ja eine sehr lange Geschichte im Hinblick auf die Entwicklung als Bauland. Das beginnt bereits in den 50er Jahren. Insofern war immer deutlich, daß aus diesem Gebiet auch ein Wohngebiet werden sollte, weil es unter verschiedenen Aspekten gut gelegen ist. Das war den Planern der 60er Jahre und der 70er Jahre immer klar. Das heißt, dies ist für die Kleingärtner eigentlich nichts Neues gewesen. Sondern dies war aus der Stadtentwicklung immer eine ganz, ganz vernünftige Entwicklung zugunsten des Wohnungsbaus. – Es gibt ja für Bremen den Flächennutzungsplan, und dieser ist ja verbindlich für die Verwaltung, hiernach zu handeln."

Aus Sicht der Betroffenen dazu noch einmal Frau Sommer:

„Das macht man jetzt hier ganz einfach. Wenn Sie nicht verkaufen, wird enteignet. Die fragen auch nicht, wo man bleibt. Alle Leute, die hier weggegangen sind – man sagt auch: alte Bäume verpflanzt man nicht – die sind ins Altenheim gegangen und nach 'nem halben Jahr standen se dann inner Zeitung und waren tot. Und das ist so oft passiert. Wenn die ihr Häuschen und ihr Grundstück verlassen haben, ja, dann sind die entwurzelt.

Da sind Sie kein Mensch, da sind Sie irgend 'ne Nummer. Da sind Sie Weidedamm III und Planungsvertriebene, heißt das so schön. Was meinen Sie, wie Sie sich diskriminiert fühlen, wenn Sie zu 'ner Behörde gehen müssen und sagen: „Ich bin Planungsvertriebene."

Daß es „Planungsvertriebene" nicht nur am Weidedamm, sondern auch andernorts in Bremen gibt, rechtfertigt die Baubehörde unnachgiebig mit dem Flächennutzungsplan.

„Mit der Weiterentwicklung des Flughafens ist es nun notwendig geworden, hier auch in den Kleingartenbestand erheblich einzugreifen. Das ist sicherlich jedes Mal wieder auch ein ganz harter Eingriff, aber eine Stadtentwicklung verursacht sicherlich in vielen Fällen auch Härten. Und wir versuchen, sie zu mildern. Einmal durch Ersatz-Angebote im Gebiet selber. Aber auf der anderen Seite eben in neuen Gebieten. Das führt sicherlich zu Problemen, aber dann muß man abwägen, was für die Stadt notwendig und erforderlich ist."[24]

Daß mit der Umsetzung des Bebauungsplanes nicht nur gewachsene Kleingartengebiete vernichtet und selbst geschaffene Wohnräume zerstört werden, sondern den Menschen der Lebenszusammenhang, ja vielfach der Lebenssinn entzogen wird, das hat ein ehemaliger Schichtarbeiter in seiner aussichtslosen Lage auf den Punkt gebracht.

„Ich hab' im Hafen gearbeitet, war Schichtarbeiter. Einmal hatte man Frühschicht, einmal hatte man Spätschicht. Um diese Zeit zu überbrücken, wenn ich mal frei hatte, hab' ich gesagt: „Das bringt alles nichts, ich muß 'n Garten nehmen." Und so ist es

auch geblieben. Der Garten war also die zweite Arbeitsstelle. Denn es gab nur einmal Urlaub, und das waren 12 Tage. Es gab nichts Besseres für mich als wie der Garten und hab''ne Abwechslung von der Hektik von der Arbeit. So hab'ich immer'n Ziel. Und das ist bis heute so geblieben. Jetzt bin ich ja Rentner. Nur jetzt ist es natürlich etwas anderes. Ich bin ja nicht mehr berufstätig. Aber wo soll ich hin? Und dann haus' ich in meiner GEWOBA-Wohnung, da is ja nix. Und dadurch ist das mit dem Garten gekommen.

Und dann kam das hier auf einmal, daß wir hier wegmüssen. Seit ungefähr drei Jahren geht das hier schon, daß wir hier wegmüssen. Und es fing damit an, daß man die Startbahn verlängern mußte, wegen dem alten Jumbojet, der ist ja nicht hochgekommen, da mußte die Startbahn verlängert werden. Und dann kam es auf einmal. Dann brauchte der Flughafen oben am Deich zwei, drei Parzellen. Zahlte man, um hier keine Unruhe zu bekommen, 20.000 Mark.

Das ist jetzt ungefähr drei Jahre diese Ungewißheit. Bleiben wir, bleiben wir nicht; bleiben wir, bleiben wir nicht. Das Holz lag hinter der Bude, aber wenn ich weg muß, geh'ich ja nicht mehr in meinem Alter auf'm Dach und mach'n neues Dach oder größere Verschönerungen. Wer hatte denn da noch Lust, was zu machen?

Es war das Ende. Das ist das Ende. Dies gehört ja jetzt Bremen. Der Pächter ist Bremen. Ganz korrekt. Denn sonst waren es die Lanrischen Erben. Und da gibt es eine alte Frau, vom Hörensagen. Und die soll in Amerika wohnen. Die immer die Pacht gekriegt hat. Dies ist ja Pachtland.

Das ist auf einmal zu Ende und man weiß gar nicht, wie's weitergehen soll. Auf einmal ist alles zu Ende."[25]

Anmerkungen

0   Offensichtliche Versprecher u.ä. wurden von den Herausgeberinnen vorsichtig verbessert, Einfügungen zur besseren Lesbarkeit des Textes in eckige Klammern [ ] gesetzt.

1   Der Beitrag basiert auf der Hörfunksendung der Autorin „Die wechselvolle Geschichte der Bremer Kleingärten", Radio Bremen II, 25.03.1995, 21.00–22.00 h.

2   Vgl. Herbert Schwarzwälder, Reise in Bremens Vergangenheit, Bremen 1986, S. 98 f.

3   Vgl. Hartwig Stein, Inseln im Häusermeer, Frankfurt 1998, S. 60 ff.

4   Ebda., S. 87f.

5   Quartier, das vor allem damals überwiegend von Arbeiterfamilien bewohnt war, auch bei den später im Text genannten Stadtteilen wie Walle u.ä. handelt es sich um Arbeiterwohngebiete.

174

6   Interview mit der 83jährigen Elsa Deppe im Mai 1994 in Bremen.
7   Vgl. Hartwig Stein, a.a.O., S. 202f.
8   „Min Land", Monatszeitung der Bremer Kleingärtner und Siedler, Bremen, August 1934, Nr. 1.
9   Bremer Nachrichten, 14. Juni 1933.
10   „Min Land", Nr. 6, Januar 1941.
11   Interview mit der 55jährigen Marianne Berger, Juni 1994 in Bremen.
12   Walter Oldehoff, 1908–1995, Mitglied der KPD, 1933–1936 im Konzentrationslager Esterwegen. Schloß sich 1968 nicht der DKP an – sein Name wird in der antifaschistischen Bremer Widerstandsliteratur verschwiegen.
13   Interview mit dem 63jährigen Walter Polz, April 1994, ehemaliges KPD-Mitglied, Ehrenvorsitzender der Kleingärtner Walle.
14   Wilhelm Kaisen, 1887–1979, Bremer Bürgermeister nach 1945, Präsident des Senats bis 1965.
15   Amtliche Mitteilung der Freien Hansestadt Bremen, 4. August 1945.
16   „Gartenordnung des Landesverbandes der Kleingärtner, Kleinsiedler und Gartenbauer", Bremen, 29. März 1969.
17   Zum Organisationprinzip der Kleingärtner siehe Beitrag von Gert Gröning in diesem Band.
18   Interview mit einem Vorstand eines Kleingartenvereins, August 1994.
19   Interview mit einer Kleingärtnerin, August 1994.
20   Zur Erhöhung der Pachtgebühren vergleiche Beitrag von Gert Gröning.
21   Interview mit einem Kleingärtner, August 1994.
22   Interview mit Frau Sommer, Kaisenauswohnerin im Weidedammgebiet, Juni 1994.
23   Flächennutzungsplan Bremen 1983, Der Senator für das Bauwesen, Stadtplanungsamt.
24   Interview mit einem Vertreter des Senators für das Bauwesen, Frühjahr 1994.
25   Interview mit einem Kleingärtner, August 1994.

Paradies

Nach einem nächtlichen Regen lichten sich die Wolken im suptropischen Regenwaldgürtel Boliviens — Berggarten von Sigrid Fronius. Photo: Elisabeth Meyer-Renschhausen

Brigitte N. Vogl-Lukasser und Christian R. Vogl

Die Hausgärten der Mayas im Tiefland von Chiapas

Das jahrtausendelange Bestehen der Kultur der Mayas im tropisch feuchten Tiefland wird u.a. durch das Anwenden eines intensiven Landnutzungssystems erklärt. Nirgends sind im alten Maya-Tiefland durch die neuzeitliche Entwicklung Bevölkerungszahlen erreicht worden, die sich auch nur entfernt mit denen der klassischen und spätklassischen Zeit vergleichen lassen. Hausgärten waren ein Teil dieses Landnutzungssystems der Mayas, und in dieser Tradition bepflanzen die Maya noch heute die Flächen um ihre Häuser. Derartigen tropischen Hausgärten wird in der Literatur eine hohe Angepaßtheit an das Ökosystem zugeschrieben. Das Wissen über die Vielfalt der traditionell genutzten kultivierten, halbkultivierten und wilden Pflanzenarten unter traditionell lebenden Ethnien wird heute als wertvoll anerkannt. Dieser Beitrag liefert eine Momentaufnahme von 30 Hausgärten der Choles und Tzeltales in zwei Dörfern südlich von Palenque und dokumentiert das Wissen ihrer BesitzerInnen über die vorkommenden Pflanzenarten und ihrer Nutzung.

Der Bezirk Palenque liegt im Bundesstaat Chiapas im Südosten Mexikos mit einer jährlichen Durchschnittstemperatur von 24,3°C und einem durchschnittlichen Jahresniederschlag von 2.330 mm. Das Klima ist durch zwei Trockenzeiten gekennzeichnet. Die Trockenzeit um den Monat April ist von großer landwirtschaftlicher Bedeutung, da in diese Zeit die Brandrodung fällt. Vor den ersten Regenfällen Mitte Mai werden von den Bauern in der Region auf den Rodungsflächen die Grundnahrungsmittel Mais und Bohnen gesät. Daneben stellen der Anbau von Pfefferoni (chile; scharfe Chili-Schoten) als Marktfrucht und eine extensive Rindermast wichtige landwirtschaftliche Aktivitäten dar. In der Region leben Choles, Tzeltales und Nachfahren anderer Bevölkerungsgruppen der Mayas, die in den 60er-Jahren aus dem Hochland eingewandert sind, sowie in geringerer Anzahl Mestizen.

Die aktuelle Situation der Bauern in der Region, insbesondere aber der indianischen Kleinbauern ist geprägt durch unzureichende

Anbindung an die staatliche Infrastruktur für Transport, Bildung und Gesundheitswesen, geringe Möglichkeiten politischer Mitbestimmung, gegenüber dem Landesdurchschnitt hohe Preise für alle Produkte des täglichen Bedarfes, fehlende Möglichkeiten außerlandwirtschaftlichen Zuerwerbes sowie durch regelmäßige Verletzung von Menschenrechten. Inmitten dieser Gegebenheiten wächst die Bedeutung der multifunktionalen Gärten.[1]

Die Gestaltung der Hausgärten

Die Parzelle (*solar*) im Dorf (*ejido*), auf der Garten und Wohnhaus angelegt werden, wird einer Familie von der Generalversammlung des Dorfes zugewiesen. Die Größe der Parzellen für diesen Zweck sind innerhalb des Dorfes für alle Bewohner gleich, von Dorf zu Dorf aber unterschiedlich (Im Mittel liegt die Größe bei ca. 2.200 m^2). Bei Anlage eines neuen Gartens werden ungefähr 60 % der zukünftigen Gartenfläche, die bis dahin mit Sekundärwald bewachsen war, mit dem Haumesser (*machete*) zwecks Errichtung des Hauses sowie zum Anbau von Kulturpflanzen gerodet. Einige mögliche Nutzbäume, z.B. Schattenbäume oder Obstbäume, werden nicht gerodet. Auf dem restlichen Teil der Fläche bleibt die Sekundärvegetation zunächst stehen. Nach der Rodung werden zuerst Obstbäume gesetzt. Solange sie klein sind und noch keinen Ertrag geben, werden zwischen ihnen Mais, Kürbis oder andere Feldfrüchte gepflanzt. Diese Feldfrüchte werden solange angebaut, bis die jungen Bäume zuviel Schatten für diese Kulturen bilden.

Hausgärten werden durch immerwährendes Pflanzen, Verändern und Pflegen angelegt.[2] Bei den jüngeren Gärten ist zu beobachten, daß dieser traditionelle Weg des Anlegens eines Gartens immer mehr einem moderneren Weg weicht: Pflanzen werden in größeren Mengen der gleichen Art von Baumschulen gekauft. Dies hat zur Folge, daß eine Anpflanzung in Reihen nach Pflanzenarten in einem Arbeitsgang ermöglicht wird.

Für die Hütte werden zu Beginn der Besiedelung des Gartens in der Regel nur die Grundpfeiler und das Hüttendach errichtet. Die Wand aus Brettern wird erst aufgenagelt, wenn wieder genügend Geld und Zeit dafür zur Verfügung stehen. Die Errichtung des Gartens und der

Gebäude im Garten ist somit ein kontinuierlicher, über Jahre andauernder, gestaltender Prozeß. Es wird nicht alles auf einmal angepflanzt und fertiggestellt.

Die Bäuerin ist neben dem Kochen, der Kinderbetreuung, dem Holzholen und der Kleintierhaltung auch für die Arbeiten im Garten zuständig. Sie ist diejenige, die bestimmt, wo Pflanzen gesetzt werden. Sie teilt den Garten in verschiedene Bereiche ein. Frauen sind im Garten zuständig für die Heilpflanzen, Nahrungspflanzen, Pflanzen, die als Brennholz Verwendung finden, und Zierpflanzen. Für das Pflanzen von Bäumen, die als Baumaterialien verwendet werden können, sind die Männer zuständig.

Weder bei der Anlage noch später werden Mineralstoffdünger oder chemische Schädlingsbekämpfungsmittel verwendet. In der Regel erfolgt kein Schnitt der Bäume. Die krautigen und grasartigen Pflanzen, die den Boden bedecken und nicht gezielt gepflanzt sind, werden mit dem Haumesser abgehackt, wenn sie zu hoch geworden sind und das Durchgehen behindern. Es wird nicht gezielt gedüngt, sondern statt dessen bleibt die organische Masse, die im tropischen Klima schnell verrottet, dort liegen, wo sie abgehackt wurde. Auch der Mist der Kleintiere wird nicht von Menschenhand verteilt, sondern bleibt dort liegen, wo die Tiere ihn hinterlassen. Sofern ein Zaun aus Pflanzen vorhanden ist, wird er regelmäßig geschnitten, damit sich keine Schlangen und Ratten darin verstecken. Intensiv betreut wird nur der kleine Teil des Gartens, in dem die Gemüse und Kräuter stehen. Der Platz in unmittelbarer Umgebung des Hauses wird öfter gereinigt als andere Teile des Gartens, damit die Fläche vor den Häusern frei von Vegetation bleibt, einen ungehinderten Zugang ermöglicht und damit Freiraum zum Arbeiten vorhanden ist.

Geerntet wird von den Frauen nach Bedarf und entsprechend der Reife der verschiedenen Früchte und Pflanzen. Die Kinder suchen sich im Garten eßbare Früchte und andere Pflanzen, achten dabei vielfach aber nicht darauf, ob die Früchte schon reif sind, verspeisen sie im unreifen Zustand oder nutzen sie als Spielzeug.

Die Nachzucht der Pflanzen in den Gärten geschieht auf verschiedene Art und Weise. Samen, Stecklinge oder Jungpflanzen werden von Besuchen bei Verwandten, von der Arbeit auf den Feldern oder aus der Stadt mitgebracht.

Struktur der Gärten

Die Gärten haben einen rechteckigen Grundriß und sind meist eingezäunt. Die Einzäunung ist unterschiedlich hinsichtlich Vollständigkeit und verwendetem Material. Im Fall nicht eingezäunter Gärten sind die Grenzen den Nachbarn bekannt und werden respektiert. In den Gärten werden Pflanzen mit unterschiedlichen Höhen angebaut, so daß sich vier verschiedene Stockwerke von Nutzpflanzen übereinander bis zu einer maximalen Höhe von 12 m ergeben. Außerdem sind in den Gärten fünf unterschiedliche Bereiche nebeneinander erkennbar:[3]

Der unmittelbare Wohnbereich bildet in allen Gärten die Umgebung von Küche und Wohnhaus, die entweder frei von Vegetation gehalten (Erdboden), oder durch ständiges Jäten und Mähen der Pflanzen mit der *machete* als Rasen verwendet wird. In diesem Bereich des Gartens werden verschiedene Arbeiten, wie Rebeln der trockenen Maiskolben, Rupfen von Hühnern, Nähen, Haareschneiden, Schnitzen, Herstellen und Instandsetzen von Arbeitsgeräten, Herstellung von Gebrauchsgegenständen u.a.m. verrichtet. Hier werden auch Kleintiere, wie Hühner, Truthühner, Enten und Schweine mit Mais und Küchenabfällen gefüttert. Verschiedene Arten von Samen sowie Wäsche werden in diesem Bereich – meist auf einem Holzgestell – zum Trocknen in der Sonne aufgelegt. Außerdem befinden sich in einigen Gärten Gewürz- und Heilkräuter neben der Küche, die in alten, für die Küchenarbeit ausgedienten Kochtöpfen und anderen Gefäßen angepflanzt werden. Diese stehen nicht direkt am Boden, sondern erhöht auf einem Gestell aus Holz oder Ziegeln. Eine gemeinschaftlich errichtete Wasserleitung versorgt alle untersuchten Gärten mit fließendem Wasser. Der Wasserhahn befindet sich in der Nähe der Küche. Der Waschplatz dient in erster Linie zum Waschen von Geschirr und als Trinkwasserquelle. Er wird meist von Bäumen eingerahmt, die der Schattenbildung dienen. Wenn dieser Platz auch zum Duschen bzw. Baden verwendet wird, dann ist er durch ein Holzgestell, das mit Palmblättern bedeckt ist, vor neugierigen Blicken abgeschirmt. Bei manchen Häusern gibt es einen eigenen, abgetrennten, kleinen Platz direkt neben dem Wohnhaus zum Duschen. Geduscht wird mit in einem Kübel bereitgestellten meist etwas gewärmten Wasser, das mit Hilfe einer kleineren Schüssel über den Körper verteilt wird. Zum Wäschewaschen gehen die Frauen meist zum Fluß.

Der Bereich der Zierpflanzen befindet sich auf der zum Weg liegenden Seite der Häuser. Diese Pflanzen sind Schmuck des Hauses. Sie werden auch bei kirchlichen Festen zum Schmücken der Kirche, zum Schmücken der Hausaltäre und der Gräber verwendet. Folgende Zierpflanzen sind häufig zu finden: Wunderblume (*Mirabilis jalapa*), Jakobslilie (*Sprekelia formosissima*), Pfauenstrauch (*Caesalpinia pulcherrima*) und Blumenrohr (*Canna edulis*).

Kräuter und Gemüsepflanzen, die in der Regel viel Licht benötigen, werden an einem nicht beschatteten, kleinen, eingezäunten Bereich des Gartens, angepflanzt. Durch einen Zaun vor den Tieren geschützt werden hier Gemüsepflanzen wie Taro (*Colocasia esculenta*), Süßkartoffel (*Ipomoea batatas*), Gewürzpflanzen wie Pfefferoni (*Capsicum frutescens*), Koriander (*Coriandrum sativum*) und Heilkräuter wie Zitronengras (*Cymbopogon citratus*) und *Ocimum carnosum* angebaut. Spontanwachsende bzw. durch weggeworfene Samen wachsende Bäume (z.b. Papaya, *Carica papaya*), die hier keimen, werden solange stehengelassen, bis sie in einen anderen Bereich des Gartens oder aufs Feld verpflanzt werden können.

Der Bereich der Bäume nimmt zwischen 50 % und 75 % der Gesamtfläche des Gartens ein. Alle hier vorkommenden Pflanzen werden intensiv, in erster Linie als Nahrungsmittel genutzt. In diesem Bereich befinden sich hauptsächlich Bäume, Sträucher und Riesenstauden, die vorwiegend gezielt angebaut werden. Einige Bäume, die schon vor der Errichtung des Gartens vorhanden waren (z.B. Guave), werden stehengelassen. Einige Kletterpflanzen wie Stachelkürbis (*Sechium edule*) und Yamswurzel (*Dioscorea bulifera*) befinden sich ebenfalls in dieser Zone. Sie werden neben niederwüchsigen Bäumen wie z.B. Orangen eingepflanzt, wo sie sich hochranken und mit Hilfe eines langen Stockes gut geerntet werden können. Zum Schutz vor dem Ausgraben der Wurzel durch die Schweine werden um junge Bäume und Kletterpflanzen Holzstäbe in den Boden gesteckt.

Die Sekundärvegetation nimmt zwischen 5 % und 20 % der gesamten Gartenfläche ein und besteht ausschließlich aus der spontanwachsenden, lokalen Sekundärvegetation. Dieser Bereich ist durch einen sehr dichten Bewuchs gekennzeichnet. Die Pflanzen werden hauptsächlich als Heilpflanzen, Feuerholz und manchmal auch als Bauholz verwendet. Hier befindet sich die Latrine oder das „Naturklo". Außerdem dient dieser eher undurchdringliche Teil des Gartens als Schatten-spender, Unterschlupf und Nahrung für die Kleintiere des Gartens.

Architektur

Bei der Bauart des Wohnhauses und der Küche handelt es sich um einstöckige, ebenerdige, einräumige Hütten mit rechteckigem, langgestrecktem Grundriß. Es gibt keine Abtrennung von Raum und Dachkonstruktion. Die Dächer, die von einer hölzernen Pfosten-konstruktion getragen werden, sind steil und auf beiden Seiten abge-schrägt. Die Hütten besitzen meist keine Fenster sondern nur Türöff-nungen auf den beiden Langseiten. Küche und Wohn-Schlafhaus sind in 23 Gärten in getrennten Gebäuden (in einem Garten ist die Küche unter einem Schutzdach, in den anderen existieren gesonderte Küchen-häuser) und in sieben Gärten in ein- und demselben Gebäude, wobei die Küche vom Wohn-/-Schlafraum durch eine Wand getrennt ist. Über diese Wand, die in einigen Häusern nur Hüfthöhe erreicht, werden Kleidungsstücke und Tücher gehängt.

Die Küche ist in allen Gebäuden mit einer offenen, auf Holz-füßen stehenden, mit Brettern eingefaßten und mit Sand und Steinen ausgefüllten, offenen Feuerstelle ausgestattet. Das Kücheninventar be-steht aus einem Mahlgerät für Mais, dem comal (eine leicht gewölbtes, dünnes Blech zum Backen der Maisfladen, das vor jedem Kochvor-gang mit Kalk[4] eingerieben wird), einigen Kochtöpfen, Vorratskörben, ausgehöhlten Flaschenkürbissen als Aufbewahrungsgefäße (harte Frucht der Kürbisart Lagenaria siceraria) und Jicaras als Gefäße (harte Frucht des Kalebassenbaumes Crescentia cujete).

Im Wohnhaus befindet sich in den meisten Häusern ein Mobi-liar bestehend aus zwei bis drei Sesseln, meist nur einer Hängematte und einem niedrigen Bettgestell aus Holz. In der Regel schlafen der Großteil der Familienmitglieder (3 bis 12 Personen) auf Tüchern auf dem Boden.

In fünf Gärten werden ausschließlich pflanzliche, traditionelle Baumaterialien wie Palmblätter (z.B. Sabal yapa) für Dächer, Holzstäbe (z.B. aus gespaltenen Palmstämmen von Sabal yapa) als Wände sowie Rinden (z.B. von Balsabaum, Ochroma pyramidale) zur Verbindung der verschiedenen Bauelemente bei den Gebäuden verwendet. Der Fuß-

184

boden ist in diesen Gebäuden ein gestampfter Erdboden. Ausschließlich „moderne" Baumaterialien wie Wellblech für das Dach, gesägte Bretter oder Ziegel für die Wand sowie Nägel und Nylonschnüre zum Zusammenhalten der Bauelemente wurden bei den Wohnhäusern in sechs Gärten verwendet. Der Boden besteht in diesen Hütten aus Zement. Diese Wohnhäuser sind auch in ihrer Architektur etwas abgeändert (flacheres Dach, Fenster in den Seitenwänden, Räume im Wohnhaus durch eine Wand getrennt). Die Küchen sind in traditioneller Architektur (die ein Kochen mit offenem Feuer bei hohen Außentemperaturen ermöglichen) mit gemischten Baumaterialien errichtet. Eine Mischung aus traditionellen und modernen Baumaterialien wurde bei Gebäuden in 21 Gärten verwendet.

Botanische Zusammensetzung

Die Flora der untersuchten Gärten besteht aus 241 Pflanzenarten. Die artenreichsten Pflanzenfamilien in den 30 untersuchten Gärten sind die Leguminosen (Hülsenfrüchtler) mit 21 Arten, die Compositen (Korbblütler) mit 17 Arten und die Rutaceen (Rautengewächse) mit 13 Arten. Arten wie Mango (*Mangifera indica*), verschiedene Citrusfrüchte (*Citrus sp.*), Avocado (*Persea americana*), Annone (*Annona sp.*), Guave (*Psidium guajava*) und Kokos (*Cocos nucifera*) werden von fast allen GartenbesitzerInnen angebaut. Die indianische Subsistenzlandwirtschaft ist durch die Nutzung sowohl der natürlichen als auch der von Menschen gestalteten Ökosysteme (und damit verschiedener Sukzessionsstadien) gekennzeichnet. Von den insgesamt 241 vorgefundenen Pflanzenarten kommen 50 Pflanzenarten auch in der Primärvegetation (d.h. geschlossener tropischer Regenwald der potentiell natürlichen Vegetation) Südmexikos vor. Die restlichen 191 Pflanzenarten sind der Sekundärvegetation dieser Region, d.h. Kulturlandschaft, Lichtungen, offene Vegetation im Gebiet geschlossenen Waldes u.a.m., zuzuordnen.

Alle in den Gärten angetroffenen Pflanzenarten werden von den indianischen Kleinbauern genutzt, wobei ca. die Hälfte der Arten einen Mehrfachnutzen aufweisen.[5] So zeigt etwa die Guave (*Psidium guajava*) neun verschiedene Nutzungsarten auf: In erster Linie wird diese Frucht als Nahrungsmittel verwendet, außerdem die Rinde und die Blätter als Heilmittel, der Stamm für Konstruktionen, die Äste als Brennholz, der ganze Baum als Schattenspender, Kinderspielplatz, Sitzplatz für Hennen und als lebender Zaun.

Als Nahrungsmittel werden Pflanzenarten verwendet, von denen entweder die Blätter (z.b. Amaranth, *Amaranthus hybridus*), Blüten bzw. ganze Blütenstände (z.b. Riesenpalmlilie, *Yucca elephantipes*), Früchte (z.b. Mango, *Mangifera indica*), Samen (z.b. Moschuskürbis, *Cucurbita moschata*) oder Wurzeln bzw. Knollen (z.b. Art der Yamswurzel, *Dioscorea trifida*) roh, gekocht, gebraten oder getrocknet gegessen werden.

Gewürzpflanzen werden in großen Mengen verwendet. Sie werden zu den gekochten Speisen frisch dazugegessen (z.b. Pfefferoni *Capsicum frutescens*) oder mitgekocht (z.b. Koriander, *Coriandrum sativum*). Paprika (*Capsicum annuum*) und Pfefferoni (*Capsicum frutescens*) werden oft auch getrocknet oder geräuchert.

Die Früchte der Pomeranze (*Citrus aurantium*) werden ausschließlich ausgepreßt als Getränk verwendet, während die Früchte von *Citrus aurantifolia* (Zitrusart) nur als Gewürz Verwendung finden. Die Früchte der anderen Zitrusarten werden gegessen oder auch teilweise als Getränk zubereitet. Für Genußmittel bzw. Getränke werden entweder die gerösteten, gemahlenen Samen (z.B. Kaffee, *Coffea arabica*) oder die Blätter (Zitronengras, *Cymbopogon citratus*) mit heißem Wasser übergossen. Der Inhalt der Kokosnuß (*Cocos nucifera*) wird als Kokosmilch getrunken.

Die Küken von Hühnern, Truthühnern und Enten werden mit frischen kleingerissenen Blättern (z.B. von *Tithonia diversifolia*) und mit gekochtem, geriebenem Mais (Maismasse, wie sie für die Zubereitung von *Tortillas* verwendet wird) gefüttert. Truthühner fressen besonders gerne die Blüten der *Parmentiera edulis*, die aber auch anderem Geflügel gegeben werden. Als Grünfutter für die Schweine werden die Blätter von Bäumen (z.B. *Gliricidia sepium*) und eigens dafür gesäte Grassorten (z.B. *Pennisetum purpureum*) verwendet. Da die Kleintiere freien Auslauf haben, sind sie in der Lage, sich einen guten Teil ihrer Nahrung selbst zu suchen.

Für die Behandlung von Durchfall, grippalen Infekten, Magenschmerzen, Ohrenschmerzen, Augenentzündungen, Hautunreinheiten, Wunden, Schlangenbissen, Wurm- und Flohbefall u.a.m., werden ganze Pflanzen (z.B. Bogenhanf, *Sansevieria trifasciata*), meist aber Teile von Pflanzen wie Blätter (z.B. *Talinum paniculatum*), Blüten (z.B. Wasserdostart, *Eupatorium odoratum*), Rinden (z.B. Guave, *Psidium guajava*), Wurzeln (z.B.

Renealmia occidentalis), Früchte (z.B. *Parmentiera aculeata*), Latex (z.B. *Tabernaemontana alba*) und zermahlenes Holz (z.B. Zeder, *Cedrela odorata*) verwendet. Es werden einzelne ganze Pflanzen, verschiedene Teile einer Pflanzenart oder verschiedene Pflanzenarten (bzw. Teile verschiedener Pflanzenarten) pur oder gemischt verabreicht. Oft werden Krankheiten, die zwar mit schulmedizinischer Bezeichnung benannt werden können, mit kulturellem oder traditionell-religiösem Hintergrund erklärt bzw. behandelt. Dazu werden zusätzlich zu verschiedenen Heilkräutern die Blüten (z.B. Jakobslilie, *Sprekelia formosissima*), Blätter (z.B. Bergpalme, *Chamaedorea cataractarum*) und Früchte (z.B. *Cresentia sp.*) von Pflanzenarten verwendet, die rituelle Bedeutung besitzen. Bei diesen Zeremonien wird außer mit rituellen Pflanzen, die z.B. unter das Bett des Kranken gelegt werden, auch mit Beschwörungsgebeten, Weihrauch, brennenden Kerzen, Alkohol und geopferten Kleintieren die Krankheit aus dem Menschen vertrieben. Die Rinde von *Cochlospermum vitiolium* und die Blätter von der Mahagoniart *Swietenia macrophylla* werden Tieren bei Knochenbrüchen verabreicht.

Gebrauchsartikel für den Haushalt bestehen häufig aus Pflanzenmaterial, z.B. die ausgehöhlten harten Früchte vom Kalebassenbaum (*Cresentia cujete*), die zur Aufbewahrung von Tortillas bzw. als (Trink-)Gefäß Verwendung findet. Die Blätter von Bananenarten (*Musa sp.*) und anderen großblättrigen Stauden werden zum Einwickeln von Speisen, Gegenständen und zum Abdecken von Töpfen verwendet. Als Schwamm zum Abwaschen von Geschirr und als Badeschwamm dient die reife faserige Frucht der Schwammgurke (*Luffa aegyptiaca*).

Körbe werden aus dem Stamm der leicht biegsamen Kletterpalme *Desmoncus quasillarus* geflochten. Für Besen werden Blätter von Palmen (z.B. von *Cryosophila argentea*) oder ganze Pflanzen (z.B. *Sida acuta*) verwendet, die an einem Holzstiel (z.B. von Mango, *Mangifera indica*) mit einer Rinde (z.B. *Belotia mexicana*) fixiert werden. Als Stiele von Arbeitsgeräten kommen nur Pflanzen in Frage, die ein langes, haltbares Holz haben und gut bearbeitet werden können (z.B. Guave, *Psidium guajava*). Die Herstellung von Gewebe und Seilen wird nur mehr sehr selten praktiziert und zwar aus Agave (*Agave sp.*), Kapok- oder Wollbaum (*Ceiba pentandra*) und Baumwolle (*Gossypium hirsutum*). Zum Färben von Lebensmitteln (Suppen, Reis u.a.) werden die Samen vom Orleansstrauch (Achiote, *Bixa orellana*) verwendet.

Als Kinderspielzeug dienen verschiedene Samen (z.B. Mango, *Mangifera indica*), harte Früchte (z.B. Flaschenkürbis, *Lagenaria siceraria*), harte Fruchtschalen (z.B. Flamboyant, *Delonix regia*) und Blütenstände (z.B. Brotfruchtbaum, *Artocarpus altilis*). Niedrige Bäume wie Guave (*Psidium guajava*) dienen als Kletterbaum. Als Klebstoff wird der Latex von *Tabernaemontana alba* verwendet. Rinden zum Fixieren und Zusammenhalten von Dingen müssen sich gut vom Stamm (in einem Stück) herunterlösen lassen und strapazierfähig sein (wie z.B. die Rinde von *Ochroma lagopus*, Balsabaumart). Die Rinden werden auch zum Tragen von schweren Lasten über dem Kopf verwendet. Die Blüten von *Cestrum nocturnum* (Hammerstrauchart) verströmen einen intensiven süßen Duft und werden deshalb im Garten geschätzt. Als Sitzplatz für Hennen sind Bäume geeignet, die nicht zu hoch werden und viele waagrechte Äste aufweisen (z.B. Guave, *Psidium guajava*).

Als Brennholz sind nur bestimmte Pflanzenarten geeignet, die bei offenem Feuer in der Küche wenig rauchen, nicht zu schnell abbrennen und einen guten Heizwert erzielen. Die verwendeten Pflanzenarten werden von den Frauen unterteilt in sehr gut (z.B. Sapotillbaum, *Manilkara sapota*), gut (z.B. *Solanum erianthum*) oder nicht so gut (z.B. *Belotia mexicana*) als Brennholz geeignet. Nur ein geringer Teil des Brennholzes stammt aus dem Garten. Laut Aussagen der BesitzerInnen wird Brennholz aus dem Garten nur verwendet, wenn keine Zeit war, Holz vom Feld oder aus dem Wald zu holen.

Als Grundpfeiler und Pfosten für die Dachkonstruktion der Gebäude dienen Stämme (z.B. von Sapotillbaum, *Manilkara zapota*, *Bouteria sapota*) mit gegabeltem Ende. Bäume, die einen geraden Stamm aufweisen wie Zeder (*Cedrella mexicana*) und Mahagoni (*Swietenia macrophylla*), werden in Form von gesägten Brettern als Wände für die Wohnhäuser und Küchen sowie für die Hütten der Tiere genutzt. Der Länge nach halbierte Stämme (z.B. *Sabal yapa*) werden ebenfalls als Wand oder für die Konstruktion von Türen eingesetzt. Zum Dachdecken werden die Blätter von Palmen (z.B. Kokos, *Cocos nucifera*) verwendet. Zum Fixieren der einzelnen Teile der Gebäude dienen Rinden von Pflanzenarten, die sehr strapazierfähig sind.

Für die Konstruktion von Tischen und Sesseln werden meist weiche Hölzer (z.B. *Tabebuia rosea*) verwendet. Pflanzenarten, die als lebender Zaun verwendet werden, müssen leicht durch Stecklinge vermehrbar sein (z.B. Riesenpalmlilie, *Yucca elephantipes*), weil eine hohe Anzahl von Pflanzen benötigt wird. Bäume, die schnell und immer wieder austreiben (z.b. Korallenstrauch, *Erythrine berteroana*), finden als Zaun ebenfalls Verwendung. Die Pflanzen werden dicht nebeneinander eingesetzt, damit der Zaun möglichst undurchdringlich wird. Von Vorteil sind hier Pflanzen wie *Bromelia pinguin* (Bromelienart), die Stacheln besitzt. Andere Vorteile weisen Pflanzenarten auf, die mehrfach genutzt werden können, wie z.b. *Gliricidia sepium*. Diese Baumart wird häufig als Zaun verwendet, gleichzeitig aber auch als Gemüse (Blüte), Tierfutter (Blätter), Brennholz, Gründüngung (Blätter), Konstruktionsmaterial (Stamm) und Heilpflanze (Blätter). Roseneibisch (*Hibiscus rosasinensis*) wird hauptsächlich wegen der schönen Blüten als Zaun gepflanzt.

Als Schattenbäume werden nicht-laubwerfende (z.b. Kokos, *Cocos nucifera, Pithecellobium arboreum*), aber auch laubwerfende (z.b. *Enterolobium cyclocarpum*) Bäume mit hohem Wuchs, meist geradem Baumstamm und einer dichtbewachsenen Krone ausgewählt. Häufig ist allein das schnelle Wachstum und damit eine schnellere Verfügbarkeit von Schatten einiger Baumarten (z.b. *Triumfetta semitriloba*) maßgeblich, und nicht die Eignung einer Art als Spender dichten Schattens (mit langsamem Wachstum und aber besserer Schattenbildung).

Funktionen der Hausgärten: Ernährung und Gesundheit

Der Garten ist eine lebende Vorratskammer, die zwölf Monate im Jahr die verschiedensten frischen Früchte, Gemüse und andere Nahrungsmittel zur Verfügung stellt. Die Hausgärten der Mayas tragen wesentlich dazu bei, den Bedarf an Kalorien, Proteinen, Mineralien und Vitaminen zu decken. Am Beispiel der Gewürze kann man erkennen, welche wichtigen Vitaminquellen in den Gärten vorhanden sind: „Anderthalb Unzen frische Chili-Schoten decken mehr als den empfohlenen Tagesbedarf an Vitamin C für einen Erwachsenen ab, eine Unze getrocknete Chili-Schoten den an Vitamin A."[6] Pfefferoni werden z.B. zu verschiedenen Speisen direkt von der Staude oder in getrocknetem Zustand gegessen. Sie spielen wegen der großen verzehrten Menge eine bedeutende ernährungsphysiologische Rolle.

Mais und Bohnen werden von den Familien als Hauptnahrungsmittel auf dem Feld (*milpa*) angebaut. Früchte, Gewürze, Genußmittel und Gemüse werden zum Teil im Bereich der *milpa*, aber auch in den Hausgärten geerntet und vervollständigen die Nahrungsversorgung. Als Ergänzung zu den Grundnahrungsmitteln dienen Kleintiere (Truthühner, Enten, Hühner und Schweine), die im Garten gehalten werden und tierisches Eiweiß liefern. Konsumiert werden die Tiere großteils bei festlichen Anlässen, wie Geburtstagen oder kirchlichen Feiertagen. Diese Kleintiere werden ausschließlich mit selbst produziertem Futter herangezogen.

Eine bedeutende Rolle für die Gesundheit bzw. die Versorgung von Kranken spielen die in den Hausgärten angebauten Heilpflanzen. Diese sind schnell zur Hand, wenn sie benötigt werden und können, wenn es sein muß, auch von der Nachbarin geholt werden. Eine Fahrt ins nächste Spital ist für viele wegen der Fahrtkosten und der hohen Arztkosten nicht möglich. Für die Krankheiten, die mit kulturellem oder traditionell-religiösem Hintergrund erklärt bzw. behandelt werden, spielen einige Pflanzenarten, die im Hausgarten angebaut werden, eine wichtige Rolle.

Soziale und kulturelle Funktionen der Gärten

Die Arbeiten, die in Haus, Küche und Garten zu verrichten sind, werden von den Frauen und Mädchen durchgeführt. Der Mann und die Söhne sind in erster Linie für die Arbeiten auf den Feldern zuständig. Ab einem Alter von fünf bis sechs Jahren arbeiten Mädchen im Haushalt mit. Während sie auch die Betreuung ihrer kleineren Geschwister übernehmen, arbeiten die Jungen bei der Feldarbeit mit den Erwachsenen zusammen.

Der Garten ist auch Spielplatz für die Kinder. Gekauftes Spielzeug ist unbekannt, aber im Garten findet sich immer etwas, das als Spielzeug genutzt werden kann. Hier sind die Kinder in der Nähe der Frauen und können mühelos beaufsichtigt werden. Meistens betreuen die nur um ein paar Jahre älteren Geschwister die jüngeren.

Generell finden die meisten sozialen und kulturellen Kontakte bzw. Ereignisse innerhalb der Familie im Garten statt. Hier treffen alle Familienangehörigen zusammen. Nach anstrengenden Arbeiten auf dem Feld können im Schatten der Bäume leichte Tätigkeiten wie das Rebeln von Maiskolben, Ausbessern und Herstellen von Arbeitsgeräten, das Aussortieren von Samen nach der vorhergehenden Trocknung in der Sonne u.a.m. verrichtet werden. Aber genauso wie die innerfamiliären Kontakte werden die Beziehungen zu den Nachbarn in Haus und Garten gepflegt. So werden bei besonderen Anlässen, wie z.B. bei kirchlichen Festen, Besucher im Garten oder im Wohnhaus empfangen und bewirtet.

Wirtschaftliche Funktionen

Aus den Erzeugnissen der Hausgärten werden – z.T. gemeinsam mit Produkten aus der Sekundärvegetation – eine Vielfalt von Gegenständen des täglichen Bedarfes (Besen, Küchengeräte, Spielzeug, Arbeitsgeräte etc.) hergestellt. Diese selbst hergestellten Gebrauchsgegenstände kosten kein Geld, sind lange haltbar, leicht bzw. mit eigenen Mitteln reparierbar und belasten das Haushaltsbudget nicht. In diesem Sinn ist auch die Produktion von Nahrungsmitteln, Heilkräutern und Gewürzen „vor der Haustüre" für den täglichen Gebrauch – man braucht nichts einkaufen zu gehen – von wirtschaftlicher Bedeutung für die BesitzerInnen. Gartenprodukte können darüber hinaus getauscht und bei Geldbedarf verkauft werden.

Günstige Gelegenheiten für den Verkauf von Früchten sind Feste, die im Dorf abgehalten werden, zu denen Besucher auch aus anderen Dörfern kommen. Was gerade verkauft werden kann oder verkauft werden soll, wird dann von den Kindern oder Frauen am Platz, wo das Fest stattfindet, angeboten, z.B. Mangos, Orangen, Avocados, Annona und Guanabana.

Eine wichtige Funktion hat der Garten auch in Notzeiten: Die Gärten werden auch dann genutzt, wenn ein plötzlicher Bedarf an Bargeld entstanden ist. Insbesondere Tiere, Wurzelfrüchte und andere Gartenprodukte, die über einen längeren Zeitraum „marktfähig" bleiben (z.B. Kokosnüsse) können verkauft werden. Diese Produkte nehmen eine Art Pufferfunktion ein. In guten Zeiten werden sie zwar gegessen, aber für mögliche schlechte Zeiten in ausreichender Menge aufbewahrt. Eine saubere Trennung zwischen Subsistenz- und Geldwirtschaft ist nicht möglich. Vor allem die Kleintiere können als Sparkasse der Bauern bezeichnet werden. Wenn ein Notfall auftritt, kann ein verkauftes Schwein oder Huhn Leben retten, indem lebensnotwendige Medizin aus dem Verkaufserlös bezahlt wird.

Ökologische Funktionen

Die hohe Artenvielfalt bildet einen wichtigen Grundstock für die Erhaltung traditioneller Kulturpflanzen, wild vorkommender, nutzbarer Pflanzen und Pflanzen aus der lokalen Flora.

Die einzelnen Pflanzen weisen nach Meinung der befragten BäuerInnen eine sehr hohe Resistenz gegenüber Krankheiten auf. Ihren Aussagen zufolge gibt es nur sehr wenige Krankheiten und Schädlinge, die die Pflanzen schwächen könnten. Nur mit den Arten *Citrus sp.* (Zitrusart) und *Annona muricata* (Annonenart) haben die Gärtnerinnen Probleme. In keinem der 30 untersuchten Gärten werden synthetische Pflanzenschutzmittel oder Mineraldünger eingesetzt. Sie sind zum einen nicht notwendig und zum anderen hätten die Besitzer auch nicht genug Geld für diese Mittel.

Durch den stockwerkartigen Aufbau der Pflanzen im Garten werden Funktionen, die für die Stabilität dieses tropischen Agrarökosystems sehr wichtig sind, sichergestellt. Die Aufnahme von Nährstoffen, die Speicherung dieser Nährstoffe im System, der Schutz des Bodens vor Erosion und das Ausgleich von Temperaturextremwerten werden in ähnlicher Weise wie in Waldökosystemen erreicht.

Ausblick

Neben der Produktion von Grundnahrungsmitteln (Mais und Bohnen) auf der *milpa*, der Nutzung von Holz und Früchten aus unterschiedlichen Stadien der Sekundärvegetation (*acahual*), sowie Fischfang und Jagd, stellen Hausgärten ein wesentliches Element zur ökonomischen, sozialen, gesundheitlichen und ökologischen Absicherung der indianischen Kleinbauern und damit einen integralen Bestandteil kleinbäuerlicher Subsistenz dar. Die Produktion von Pfefferoni (im *chilár*), die Haltung von Rindern (im *potrero*) und z.T. außerlandwirtschaftliche Beschäftigung in geringem Umfang als Hilfskraft bei verschiedenen Tätigkeiten, stellen darüber hinaus für manche Familien reelle Einkommensquellen dar.

Insbesondere die hohe Diversität (241 gefundene Arten in 30 Hausgärten) sowie der hohe Anteil an Mehrfachnutzung der Arten, zeigen ein hohes Wissen der Choles und Tzeltales über Pflanzenarten und deren Verwendung sowie eine Strategie der Risikominimierung durch Produktdiversifizierung bzw. durch die Verteilung der Erntezeiten nutzbarer Produkte über das gesamte Jahr. In diesem Zusammenhang stellen Kleintiere im Hausgarten einen weiteren wesentlichen Baustein des dargestellten Mosaiks dar. Arbeitsinput zur Pflege des Gartens erfolgt in der Regel nur zu Pflanzung, Unkrautbekämpfung, Schutz der Kulturen und Ernte. Es erfolgen weder Düngung noch Pflanzenschutz (weder pflanzlich noch synthetisch).

Einige Hausgärten zeigen eine deutliche Entwicklung in Richtung einer Reduktion der Artenvielfalt und des Sortenspektrums zugunsten von marktgängigen Gartenprodukten. Aktivitäten zur weiteren Verbreiterung bzw. Erhaltung des Artenspektrums bei gleichzeitiger Berücksichtigung marktgängiger Arten zur Absicherung eines nachhaltigen Ertrages im Garten, auch über Maßnahmen organischer Düngung, Gründüngung, Baumschnitt, sowie zur Anlage von individuellen Baumschulen und Impfung von Kleintieren, werden (neben anderen Tätigkeiten) durch regionale, indianische Menschenrechtsorganisationen gefördert und durchgeführt.

Es wurden in den 30 Hausgärten zwar 241 Arten festgestellt, jedoch gleichzeitig eine große Heterogenität des Artenbestandes sowie der Kenntnisse über die Arten zwischen Dörfern der Region. Die bereits durch lokale Gruppen forcierte Intensivierung der intraethnischen und interethnischen Kommunikation kann einen wesentlichen Beitrag zum Austausch von Wissen über Pflanzen und deren Nutzung bringen. In weiterer Konsequenz ist dies ein Schritt unter anderen zur Förderung der Risikoabsicherung und in Zusammenhang mit politischen und rechtlichen Aktivitäten indianischer Nichtregierungs-Organisationen in der Region zur Verbesserung der Lebenssituation der indianischen Kleinbauern von Chiapas.

Anmerkungen

1 Quellen zur Einleitung und Untersuchungsregion:

R. Casco-Montoya, El Uso de los recursos del trópico mexicano: El Caso de la Selva Lacandona, in: E. Leff (Hrsg.), Medio ambiente y desarollo en México, Vol. I, Centro de Investigaciones Interdisciplinarias en Humanidades, Universidad Nacional Autónoma de México, México D.F., 1990.

P.E. Muench Navarro, Los Sistemas de producción agrícola en la región Lacandona, Tésis Profesional, Universidad Autónoma Chapingo, Chapingo, 1978.

T. Price und L. Hall, Agricultural Development in the Mexican Tropics – Alternatives for the Selva Lacandona Region of Chiapas, Cornell International Agricultural Economics Study, Department of Agricultural Economics, Cornell University, Ithaca, New York, 1993.

M.A. Vasquez Sanchez und M.A. Ramos Olmos (Hrsg.), Reserva de la Biosfera Montes Azules, Selva Lacandona: Investigación para su conservación, Publicaciones Especiales Ecosfera No. 1, Centro de Estudios para la Conservación de los Recursos Naturales, San Cristobal de las Casas, México, 1992.

2 Vgl. B. Neugebauer, Der historische Wandel kleinbäuerlicher Landnutzung in Oxkutzcab/Yucatan, Ein Beitrag zur Entwicklung sozial und ökologisch angemessener land- und forstwirtschaftlicher Methoden in den feuchten Tropen, Schriftenreihe des Instituts für Landespflege der Universität Freiburg, Heft 7, 1986.

3 Vgl. J. Caballero, Maya homegardens: Past, present and future, Etnoecología, Vol. I, Nr. 1, 1992, S. 35-54.

Vgl. A. Garcia Franco, A. Chemas, A. Puch und P. Sima, Species Composition, Similarity, and Structure of Mayan Homegardens in Tixpeual and Tixcacaltuyub, Yucatan, México, Economic Botany, Vol. 44, Nr. 4, 1990, S. 470-487.

Vgl. N.D. Herrera Castro, A. Gomez Pompa, L. Cruz Kuri und J.S. Flores, Los Huertos familiares mayas en X-uilub, Yucatan, México, Aspectos generales y estudio comparativo entre la flora de los huertos familiares y la selva, in: S. Amo Rodriguez, S. et al. (Hrsg.), Biotica Nueva Epoca 1, Publicación de Gestión de Ecosistemas, A.C., México D.F., 1993, S. 19-36.

4 Der Kalk wird aus den Gehäusen von Süßwassermuscheln, die in großen Mengen in den Flüssen vorkommen, gewonnen. Die Beigabe von Kalk hat ernährungsphysiologisch positive Auswirkungen bezüglich der Proteinsynthese. Außerdem wird der Comal mit Kalk eingerieben, damit die Fladen nicht daran kleben.

5   Im ethnobotanischen Inventar bei Brigitte Vogl, Hausgärten der Mayas: Zwischen Tradition und Moderne, Frankfurt a.M.: Brandes und Apsel, 1998, sind neben einer detaillierten Beschreibung der Gärten auch die Nutzungsarten und die Teile der Pflanzen, die verwendet werden, für alle Arten stichwortartig in Form einer Tabelle beschrieben.

6   E.N. Anderson, Southeast Asian Gardens: Nutrition, Cash and Ethnicity, in: S. Amo Rodriguez et al. (Hrsg.), Biotica Nueva Epoca 1, Publicacion de Gestion de Esosistemas, A.C., México D.F., 1993, S. 1-11.

Heide Inhetveen

Wurzbüschel – ein Dokument traditionellen Kräuterwissens von Landfrauen

Vor knapp 20 Jahren habe ich – im Zusammenhang mit einem Forschungsprojekt zu einem ganz anderen Thema – meinen ersten geweihten „Wurzbüschel" von einer Bauernfamilie in einem katholischen Dorf im Fränkischen Jura (Süddeutschland) geschenkt bekommen. Es handelte sich um einen relativ großen Strauß unterschiedlicher Pflanzen, von vertrauten Gartenkräutern, wie Wermut oder Weinraute, über seltenere Blütenpflanzen, wie Alant oder Osterluzei, Zweige von Sträuchern, wie der Haselnuß, oder Bäumen, wie der Linde, bis hin zu eher unscheinbaren Wildpflanzen, wie Rainfarn oder Schafgarbe. Auch einige Ähren unterschiedlicher Getreidearten waren hineingebunden. Die Stengel der Pflanzen waren von Krautblättern umhüllt und mit einem Bortenband fest zusammengebunden. Die Zweckbestimmung war offensichtlich weniger dekorativer oder ästhetischer Natur, dafür wirkte das Bouquet zu bizarr und die Farbgebung zu unabsichtlich. Es wurde mir eingeschärft, den Wurzbüschel auch dann, wenn er ein unansehnlicher Trockenstrauß geworden sei, übers Jahr aufzuheben und nicht zu „verunehren". Insbesondere dürfe er nicht in den Mülleimer gesteckt werden. Auch Kompostieren sei nicht unbedingt das Angemessene. Allenfalls dürfe er – am besten im Herdfeuer – verbrannt und im Garten verteilt werden, denn schließlich handle es sich um einen geweihten Strauß heilbringender Kräuter.

In einem protestantischen, nichtlandwirtschaftlichen Milieu aufgewachsen, war mir die Institution des Wurzbüschels nicht bekannt. Als Köchin, Gartenliebhaberin und Hobbybotanikerin kannte ich zwar einige Pflanzenbestandteile des Straußes und die ihnen zugeschriebenen Heilwirkungen, von einem kirchlich abgesegneten Pflanzenkompendium und der rituellen Verwendung von Pflanzen für Haus und Hof hatte ich jedoch noch nichts gehört. In der Folgezeit bemühte ich mich daher, sowohl von botanischer wie von volkskundlicher

196

Seite her mehr über dieses floristische Gebilde zu erfahren. Vor allem Biologen, die sich mit dem Pflanzenkleid der Dörfer und ländlichen Räume befaßten, hatten Wurzbüschel aus einer ethnobotanischen Perspektive beschrieben. Eine volkskundliche Heimatforschung hatte das zugehörige Brauchtum in seinen lokalen Varianten untersucht, denn es handelt sich hier nicht um ein singuläres Phänomen in einer entlegenen Gegend, sondern um eine in vielen katholischen Gegenden Deutschlands, Frankreichs oder Österreichs noch heute vorfindliche Institution.[1] Mein Interesse wuchs, als ich feststellte, daß das Brauchtum – trotz des Rückgangs der Landwirtschaft, zu dem es offensichtlich einen engeren Bezug hatte – in den letzten eineinhalb Jahrzehnten und teilweise auf Initiative von Ortsgeistlichen wieder stärkere Beachtung, ja sogar neu belebt wurde. Daher begleitete ich in den 80er Jahren Jahr für Jahr Anna, die Tochter jener fränkischen Bauersfamilie, beim Sammeln der Kräuter für den Strauß und nutzte die kleinen Exkursionen zu ausgiebigen Gesprächen rund um den „Wurzbüschel". Anna führte in meinem Auftrag über mehrere Jahre eine kleine Statistik über die Zahl der geweihten Sträuße. Einige Ergebnisse unserer Recherchen werden im folgenden vorgestellt.

Der Kräutlfrauentag

Wer sich am 15. August in katholischen Ortschaften im Fränkischen oder Oberpfälzer Jura, im Allgäu, in Westfalen, im Elsaß oder in Österreich aufhält, wird vielerorts feiertäglich gekleideten Menschen begegnen, überwiegend Frauen und Kindern, die mit Blumen- und Kräutersträußen auf dem Kirchgang sind. In katholischen Gegenden Europas wird an diesem Tag Mariä Himmelfahrt gefeiert.[2] Dieser „Große Frauentag", eines der ältesten und wichtigsten Marienfeste[3], wird auch als „Maria Kräuterweihe", „Maria Würzweihe", „Kräutlfrauentag" oder „Maria in der Ernte" bezeichnet, denn an diesem Tag werden Kräutersträuße zeremoniell in Gottesdiensten geweiht.[4]

Die Kräuter-Weihe soll von der Kirche um das Jahr 1000 in die Gestaltung des Festtages aufgenommen worden sein, um eine überlieferte kultische Praxis christlich umzudeuten und auch die „heidnischen Beschwörungsformeln", die das Sammeln von Heilkräutern bekleideten, durch christliche Weiheformeln zu ersetzen.[5] Demnach ist der Brauch des rituellen Sammelns von Kräutern zu bestimmten Zeiten des Jahres viel älter. Darauf verweist auch die Wortgeschichte. Viele der lokal variierenden Bezeichnungen des Kräuterstrausses enthalten die heute kaum mehr gebräuchlichen Wörter Wurz, Würz, Wärz oder Wisch: Wurzwisch, Wärzbuschel, Würzwisch, Marienwisch, Krautwisch, usw. Wurz stammt aus dem Indogermanischen und bedeutete ursprünglich soviel wie Kraut, ganze Pflanze.[6] In der noch bis um 1900 verwendeten Bezeichnung „Wurzgarten" für Hausgarten oder „Wurzgärtnerin" für Gemüsegärtnerin schwingt die ursprüngliche Bedeutung mit, die im modernen Sprachgebrauch dann auf einen Teil des Ganzen, nämlich zur „Wurz-el" zusammenschrumpfte.[7]

Kräuter zum Schutz des Ganzen Hauses

Die Wurzbüschel, die an Mariä Himmelfahrt geweiht werden, enthalten eine Vielzahl wildwachsender Heilpflanzen und acker- oder gartenbaulich kultivierter Nutzpflanzen, ja – aus heutiger Perspektive betrachtet – auch „Un-" bzw. Beikräuter. Die Zusammensetzung ist lokal und historisch schwankend. Die Anzahl der Pflanzen war traditionell durch alte Zahlensymboliken bestimmt, sie konnte zum Beispiel ein Vielfaches der sogenannten heiligen Zahlen drei, sieben oder neun bis hin zu 77 oder gar 99 sein.[8] Noch heute fällt eine große regionale Variationsbreite der Pflanzenpotpourris nach Form und Inhalt auf.

Den geweihten Pflanzen wird eine gesteigerte Heilkraft und eine unheilabwehrende Kraft zugeschrieben. Die Verwendungspraxis des Wurzbüschels bezieht sich auf das „ganze Haus", die Ökonomik einer Agrargesellschaft. In meiner Gewährsfamilie werden die geweihten Pflanzen noch heute in Küche, Haus und Stall, im Jahresablauf und Lebenslauf genutzt, um sich in alltäglichen Situationen und vor allem angesichts kritischer Lebensereignisse, wie Geburten von Mensch und Tier, Krankheiten und Tod, Unwetter oder Gewitter, und beim Jahreswechsel rituell eines guten Aus- oder Übergangs zu versichern. Der getrocknete Strauß wird dort auf dem Dachboden aufgehängt, um Haus und Hof gegen Blitzschlag und andere böse Einwirkungen zu schützen. Hier wird auch Wert darauf gelegt, einzelne Pflanzen, wie die Wetterkerze (Marienkerze, Königskerze, Himmelbrand, *Verbascum thapsus*; als Ersatz Odermennig, *Agrimonia eupatoria*) oder einen Haselzweig in den Strauß aufzunehmen, die Schaden durch Unwetter verhindern sollen. Weitere wichtige Verwendungsweisen des Wurzbüschels beziehen sich auf das Glück im Stall, die Gesundheit und Fruchtbarkeit der Nutztiere, insbesondere der Kühe. Alant (Ollertsblume, Helenenkraut, *Inula helenium*) wurde beispielsweise (und wird manchmal noch heute) in der Tierheilkunde angewandt. Getreide als Bestandteil des Wurzbüschels zeigt an, daß auch das gute Wachstum der Pflanzen und damit die Ernährung der Menschen wie der Tiere befördert werden sollen. Viele Pflanzen im Wurzbüschel sind auf die menschliche Gesundheit und gute Befindlichkeiten bezogen: Heilpflanzen gegen Krankheiten (Schafgarbe, Kamille, Weinraute, Wermut), Beschreikräuter, wie das Leinkraut (*Linaria vulgaris*), zur Abwehr von Schaden, der durch Hexerei, „Berufen", entstanden ist, der Wacholder (Kranawitt, *Juniperus communis*) als Arzneimittel und Gegenmittel bei Vergiftungen, Mariabettstroh (Labkraut, *Galium odoratum*) als Gerinnungsmittel in der Käseherstellung, aber auch als Aphrodisiakum, der noch heute in Wurzbüscheln oft anzutreffende Sadebaum (Segensbaum, *Iuniperus sabina*), der wohl früher auch zur Beendigung einer unerwünschten Schwangerschaft verwendet wurde. Im Wurzbüschel geweihte Getreideähren (Gerste, Hafer, Weizen, Roggen) wurden früher in das selbstgebackene Brot gedrückt oder unter das Saatgetreide gemischt. Auch der Samen von Schwarzkümmel (*Nigella damascena*) wurde in manchen Gegenden – wie übrigens schon im Altertum – als geweihte Brotwürze verwendet. Meine Gewährsfamilie gibt die geweihten Möhren oder Krautblätter aus dem Wurzbüschel am gleichen Tag in den Festtagsbraten, zum Genuß und Wohlbefinden aller Familienmitglieder.

Der Wurzbüschel wird weiter eingesetzt, um prekäre Übergangszeiten im Jahres- oder Lebenslauf von Mensch und Tier zu erleichtern. Beispielsweise werden am Heiligen Abend einige der getrockneten Kräuter in das Viehfutter gemischt und in den Rauhnächten Haus und Stall mit bestimmten Teilen des Büschels ausgeräuchert. Aus dem Westfälischen ist überliefert, daß Kräuterbuschen für das „Glück der Ehe" eingesetzt oder als Grabbeigaben verwendet wurden.[9]

Die kleine Auswahl aus dem Pflanzenpotpourri des Wurzbüscheln läßt erahnen, daß dienenigen Personen, die den Kräuterstrauß zusammenstellen und verwerten, eine größere Anzahl Pflanzen mit ihren vermuteten oder auch erprobten Heilwirkungen kennen mußten bzw. kennen müssen.[10] Da nur der kleinere Teil der Pflanzen in den bäuerlichen Gärten und auf anderen dörflichen Biotopen vorkommt, der größere Teil auf Wiesen und Äckern, Wegen und Ödland oder in Wäldern zu finden ist, muß zusätzlich zu den (volks)botanischen Kenntnissen ein solides Erfahrungswissen über die lokalen Fundorte, die wachstumsbedingten Metamorphosen der Pflanze und ihre spezifischen Wachstumsbedingungen vorhanden sein. Dabei muß auch auf die historisch schwankende Unterscheidung zwischen dem „Wilden" und dem „Kultivierten" hingewiesen werden: Pflanzen, die für den Menschen bedeutungsvoll sind, wurden vielfach aus der Wildnis oder aus der Fremde geholt, durch Hege und Pflege eingebürgert, konserviert und weitergezüchtet.[11] Gärten können auch Passagen sein: Pflanzen verlassen nach geraumer Zeit die Gärten wieder, breiten sich über die Zäune hinweg aus, verwildern oder -verschwinden. Das dokumentieren auch einige Pflanzen aus dem Wurzbüschel: Die Osterluzei (*Aristolochia clematitis*) beispielsweise wurde in manchen katholischen Gegenden in die Gärten eingebürgert, da sie bei Krankheiten des Viehs und beim Kalben zur Förderung der Nachgeburt eine wichtige Rolle spielte. Sicherlich auch deswegen wurde sie unter der volkstümlichen Bezeichnung „Österliche Zeit" in den Wurzbüschel aufgenommen. In Ortschaften, die dieses Brauchtum weiterpflegen, wird sie auch weiterhin in den Gärten aufbewahrt, ansonsten ist sie längst aus den Gärten verdrängt und zu einer Art Ruderalflora außerhalb des Gartenzauns geworden.

Wurzbüschel als „Weiberwar"

Wer waren bzw. sind die Akteure des Wurzbüschel? Auch wenn wir heute immer wieder beim Sammeln einzelner Pflanzen in der Flur oder im Weihegottesdienst einen Mann erblicken,[12] handelt es sich überwiegend um ein Frauenbrauchtum, „Weiberwar", wie ein junger Bauer das Unwissen seines Vaters im Hinblick auf die Zusammensetzung eines Wurzbüschels erklärt.

Die enge Beziehung zwischen Frauen und Kräutern, die sich möglicherweise auch in den vielen volksmedizinischen Bezeichnungen für Arzneimittel, Drogen und Heilkräuter ausdrückt, die mit „Frau",

200

„Weib" oder „Maria" zusammengesetzt sind,[13] hängt in erster Linie mit der geschlechtsspezifischen Arbeitsteilung zusammen: Einerseits kümmern sich die Frauen um die Versorgung von Mensch und Tier besonders auch dort, wo Heilpflanzen zum Einsatz kommen, also im Krankheitsfall oder bei Geburten. Andererseits ist der Garten, der viele Kräuter für den Wurzbüschel liefert, zumeist weiblicher Arbeits- und Wirkungsbereich. Weiter werden religiöse Alltagspraxis und insbesondere Rituale, die moderner Rationalität als „magisch" erscheinen, in der europäischen Tradition als Aufgabe der Frauen angesehen. Ein weiterer Grund ergibt sich aus der kulturhistorisch nachvollziehbaren Verbindung von Blumen mit dem weiblichen Geschlecht.[14]

Damit aber ist das Produktions- und Verwertungswissen rund um die pflanzlichen Ingredienzen eines Wurzbüschels zwar nicht exklusiv, doch überwiegend Frauenwissen. Es wird mündlich und überwiegend matrilinear tradiert. Ist – wie in meiner Gewährsfamilie – ein Mann der Wurzbüschel-Experte, dann hat dies familienbiographische Gründe: Als Einzelkind aufgewachsen, mußte Annas Vater, obgleich ein Junge, das Pflanzenwissen von seiner Großmutter erlernen und wurde dadurch zum Wurzbüschel-Experten der Familie. Er selbst gibt sein Wissen an die Tochter weiter, nicht an seine Söhne, die sich auch gar nicht dafür interessieren.

Vergegenwärtigen wir uns den Umfang der Kräuter in einem Wurzbüschel, die Vielzahl ihrer Fundstellen und Verwendungsweisen, so muß insgesamt davon ausgegangen werden, daß die Äußerung von Titze über das traditionelle Wurzbüschelbrauchtum im Spessart sicherlich verallgemeinert werden kann:

„... es gehören schon immense botanische Kenntnis und ein großer Erfahrungsschatz dazu, wenn in einigen Spessartdörfern von sachkundigen Bäuerinnen 77 verschiedene Pflanzen zusammengetragen worden sind."[15] In der Vergangenheit und relikthaft in der Gegenwart verfügten Landfrauen und Bäuerinnen über erstaunlich breite botanische Kenntnisse; sie wußten, wie sie Heilpflanzen anbauen konnten oder diese in der Flur finden konnten. Sie wußten weiter, wie sie diese heilbringend und gesundheitsfördernd einsetzen konnten.

Welches sind nun die Besonderheiten dieses Wissens?

„Wurzen gehen": einige Merkmale volksbotanischen Erfahrungswissens

Die Pflanzen für den Wurzbüschel werden nicht gekauft, sondern aus der eigenen Hauswirtschaft, aus der dörflichen Umgebung oder aus der „freien Natur" zusammengetragen. Die Distanz zum Markt und zur Käuflichkeit einerseits und die Nähe zur Hauswirtschaft und Natur andererseits sind wichtige Charakteristika des Wurzens. Das Sammeln beginnt knapp eine Woche vor dem 15. August und bleibt zunächst eher gelegenheitsorientiert. Frühere Fundorte werden im Umfeld der zu verrichtenden Feld- oder Waldarbeiten gezielt oder beiläufig aufgesucht. Längst wissen die Frauen, was in den eigenen oder in den Nachbarsgärten wächst und gegebenenfalls erbeten werden könnte. Schenken und Tauschen sind trotz zunehmender Kommerzialisierung auch im Bereich der ländlichen Hortikultur noch immer ein Wesensmerkmal der informellen Ökonomie des Dorfes. Fehlt ein als substantiell erachtetes Kraut in dem Gefäß, das das Sammelgut bis zum Binden am Vortag des 15. August enthält, so wird die Suche intensiviert und gegebenenfalls auch ein (gekauftes) Pflanzengeschenk einer städtischen Besucherin begrüßt.

Wer erfolgreich in der Flur sammeln will, muß wissen, wie der lokale Pflanzenkanon für den Wurzbüschel aussieht, nach welchen Pflanzen gesucht werden muß und wo diese zu finden sein könnten. Botanisches Erfahrungswissen und ökologisches Standortwissen sind unerläßlich.

Dieses Erfahrungswissen ist persongebunden und generationsgebunden. Jede Generation muß sich das Wissen neu aneignen und neu reproduzieren. An solchen Nahtstellen kommt es zu Veränderungen des tradierten Erfahrungswissens. Es wächst, schrumpft und verändert sich im Lauf der Zeit, es ist ein „pulsierendes Wissen". Auch Migrationen, seien sie politisch oder biographisch durch gesellschaftliche Heiratsmuster bedingt, können einen „Verschleiß" von erworbenem Wissen mit sich bringen. Beispielsweise mußte Annas Mutter, die aus einer anderen Region stammt und bei der Heirat zu ihrem Ehemann zog, umlernen. Noch heute hält sie sich mit Hinweisen zu Pflanzen oder Standorten zurück, da ihr Konzept des Wurzbüschels von dem lokalen Brauchtum etwas abweiche.

Ein weiterer wichtiger Grund für die Wandelbarkeit des Erfahrungswissens zu Pflanzen ist die Tatsache, daß es über Jahrhunderte mündlich tradiertes und standortbezogenes Wissen ist, das nicht nur Begriffe enthält, sondern mit inneren Bildern von den Pflanzen verknüpft ist.

Dieser Sachverhalt wurde mir beim Wurzen sehr deutlich. Anna, bei unserem ersten gemeinsamen Wurzen dreizehn Jahre alt, kannte zwar ungefähr den Pflanzenkanon des Wurzbüschels und die volkstümlichen Namen der Pflanzen; die innere Präsentation des Wissens, ihre Anschauungsbilder von Pflanzen waren jedoch noch nicht hinreichend ausgeprägt. Mir selbst wiederum fehlten die wissenschaftssprachlichen Übersetzungen der volksbotanischen Bezeichnungen, um mein inneres wissenschaftsterminologisch vermitteltes Bild der gesuchten Pflanze abrufen zu können. Auch Standortbeschreibungen der Eltern („am Steinbruch") konnten angesichts der Biodiversität an solchen Plätzen die Kluft zwischen wissenschaftlicher und volkstümlicher Terminologie nicht immer überbrücken. So gerieten wir oft in „erkenntnistheoretische" Schwierigkeiten, die ohne persönliche Anwesenheit und Zeigegebärden von hinzukommenden Wurzbüschel-Kundigen („Da ist doch der I(n)druck!" – gemeint war *Reseda luteola*) kaum lösbar waren.

Diese Erfahrung zeigt: Pflanzen zu kennen, zu identifizieren und aufzufinden ist – wie im übrigen auch das Gärtnern – verbal nicht hinreichend zu vermitteln. Pflanzenwissen enthält mehr, als wir zu sagen wissen, würde der Erkenntnistheoretiker Michael Polanyi formulieren. Es bildet sich aus der Verbindung von umgangsprachlichen Begriffen mit inneren präsentativen Bildern. (Unter Umständen sind auch gekonnte Handhabungen erforderlich.) Polanyi hat dieses Phänomen unter dem Begriff des „impliziten (etwa „unausgesprochenen") Wissens" ausführlich untersucht.[16] Erleben, Einfühlung und Körpergebundenheit sind ihm zufolge wichtige Aspekte beim Erwerb des impliziten Wissens. Auch die Festigung der inneren Pflanzenbilder wird durch eine gewisse Aufmerksamkeit und die Beteiligung der Sinne, vor allem des Sehens, Riechens, Schmeckens, unterstützt und bedarf in der Regel längerer Übung. Dabei scheint Bilderwissen zeitlich nachhaltiger zu sein als begriffliches Wissen. Wenn Anna sagt: „Die große Gelbe brauchen wir noch"[17], erinnert sie sich an die farbige

Gestalt der Pflanze, nicht aber an die volksbotanischen Bezeichnungen (Wetterkerze, Königskerze, *Verbascum thapsus*).

Zum impliziten Wissen gehören unscharfe Randbereiche. Diese sind besonders anfällig für Veränderungen und Transformationen. Auch das Wissen über den Wurzbüschel und seine Bestandteile ist einem unaufhörlichen Wandel ausgesetzt. Die beschriebene Personenbindung des Wissens, aber auch Veränderungen der lokalen Ökologie können dabei ebenso Ursachen sein wie externe Einflüsse: Im Gefolge der Ökologiebewegung und eines neu erwachten Interesses an untergehendem ländlichen Brauchtum haben sich professionelle Experten und Expertinnen aus Gartenbau, Wissenschaft, Naturschutz oder eben Journalismus einerseits aus Neugier und Bewunderung, andererseits mit eher universalistisch orientiertem Botanik-Sachverstand und ohne Verständnis für lokale Besonderheiten eingemischt und regional unübliche Pflanzen in den Wurzbüschel importiert. So teilte mir Anna in einem Jahr (1988) mit, sie sei mir „untreu" geworden und beim Wurzen „fremd gegangen". Zwei Frauen aus München, die für einen Film über Dorferneuerung das Wurzen filmen wollten, hätten sie begleitet und dann auch zwei zusätzliche Pflanzen „angeordnet", die bisher nicht zum lokalen Wurzbüschel-Kanon gehörten, nämlich Borretsch und Dost.

Getauschte Pflanzen, verschenkte Büschel: Zur sozialen Einbettung des Wurzens

Alles Handeln ist sozial eingebettet, ebenso das Wissen. Auch das Sammeln der Kräuter ist sozialverortetes und -verortendes Handeln: Beim ersten gemeinsamen Wurzen trug Anna „alles doppelt" zusammen, nämlich auch für ihre Freundin Franziska, die „aufs Heuen" mußte. Im folgenden Jahr sammelten wir zusätzlich für eine Verwandte und die Besitzerin des Textilgeschäfts der Kreisstadt, bei der die Familie seit neuestem die Bänder für den Strauß kauft, während traditionell ein gebrauchtes Schürzenband der Mutter verwendet wurde. Diese Frau hatte großes Interesse an dem ihr unbekannten Brauch und sollte mit einem Wurzbüschel bedacht werden. Häufiger als das Verschenken von ganzen Büscheln ist der Pflanzentausch in der Nachbarschaft. Nachbarinnen kennen gegenseitig ihre Gärten und wissen, bei wem welche Pflanzen in diesem Jahr besonders gut geraten sind. So bittet uns in einem Jahr eine Nachbarin um Alant, und bekommt dann zusätzlich auch die Osterluzei aus dem Garten von Annas Familie. Im nächsten Jahr wiederum bezieht Anna den Alant von eben dieser Nachbarin, die nun besonders viel davon angebaut hat. Wieder ein Jahr später ist Anna über ihre Freundin Franziska verstimmt: Franziska hatte drei dekorative Königskerzen in ihrem Büschel und ihr, der sie fehlten, von sich aus keine angeboten. Damit hat sie nicht nur die Freundin brüskiert, sondern informell-selbstverständliche Regeln zu gegenseitiger Hilfe verletzt.

Pflanzen und Pflanzenwissen zirkulieren in den vorhandenen sozialen Netzen des Dorfes in der Familie und Verwandtschaft, unter Freundinnen und Nachbarinnen. Sie erreichen mitunter auch – wie im obigen Beispiel der Geschäftsfrau – fernere Bekannte. Schenken und Tauschen spielen für die Gestaltung der ländlichen Sozialwelt eine bedeutende Rolle. Das persönliche Wissen und die selbstgezogenen oder gesammelten Pflanzen können wirkungsvoll und strategisch-nachhaltig für Pflege und Ausbau der Netze genutzt werden. Umgekehrt bedarf es auch dieser Netze, um das Ritual aufrechtzuerhalten. Die Nachhaltigkeit der Symbolwelt fordert und fördert soziale Nachhaltigkeit.

Die Zucchine im Wurzbüschel: experimentielle Grenzöffnungen

Bei meiner Wurzbüschelrecherche im Kloster Aich am Wolfgangsee (Salzburger Land) im Jahr 1998 durchkreuzte ein „Kraut" in dem an der Muttergottesstatue fixierten Wurzbüschel alle Pflanzenlisten, die ich im Kopf hatte: dekorativ eingebunden, ragte eine kleine Zucchinifrucht aus dem ansonsten traditionellen Pflanzenarrangement. Rückkehr zu den vorchristlichen Ursprüngen des Würzbüschelrituals, das einst Ernteritual gewesen sein soll? Oder Ausdruck einer persönlichen Speisepräferenz?

Bei der Zucchine handelte es sich offenbar um die Adaption einer Neuerung aus den ländlichen Gärten, die in der Geschichte immer Orte waren, an denen einerseits eine erstaunliche Kontinuität zu althergebrachten Anbauformen und Produkten gepflegt wurde, andererseits aber immer auch experimentiert und Neues ausprobiert wurde.[18] Zucchini haben als klassisch mediterranes Gemüse seit Ende der 70er Jahre einen rasanten Siegeszug durch die deutschen Gärten angetreten, propagiert und protegiert von Frauen, die sogleich in einen regen Austausch von Kochrezepten traten. Die zunächst anachronistisch wirkende Zucchine im Wurzbüschel kann damit darauf verweisen, daß diese Institution eben auch beides ist: Wiederholung und Konservierung von Traditionen, aber auch kreative und innovative Umwandlung des Überlieferten.

Wenn Françoise Zonabend, eine französische Ethnologin, in einer Untersuchung über ein burgundisches Dorf anhand des Beispiels der Einführung von *courgettes*, also Zucchini, zu dem Ergebnis kommt, daß in den traditionellen Gärten das alltägliche Laborieren und damit die iterierende Wissensanwendung die Sache der Frauen, die experimentell-innovative Praxis aber eher Männersache gewesen sei, so ist dieses Ergebnis sicherlich nicht ohne weiteres verallgemeinerbar.[19] Vielmehr fördert das neue frauenperspektivisch gezielte Sondieren in der Geschichte viele Beispiele für Pionierinnengeist und -praxis gerade im Gartenbau zutage.[20]

Es gibt eine kleine Legende, die die Entstehung des Wurzbüschelrituals direkt auf die überlebensstrategische Experimentierfreudigkeit Evas zurückführt: Eva habe bei der Vertreibung aus dem Paradies – lebensklug wie sie war – heimlich einige Samen mit in das irdische Tal der Dornen und Disteln mitgenommen und aus ihnen – als erste Gärtnerin der Menschheitsgeschichte – jene besonders heilkräftigen Pflanzen und Kräuter für den Wurzbüschel gezogen.[21]

Secreta mulierum: Das geheime Wissen der Frauen

Das mündlich tradierte, nur in einer bestimmten Gegend gültige Erfahrungswissen ruft in der „bürgerlichen Welt", in der Stadt und an den Universitäten Skepsis oder auch Verachtung hervor. Die Abwertung der mündlich überlieferten Pflanzenkenntnisse setzt in der Geschichte verstärkt in der Neuzeit und besonders mit dem Aufstieg der

Naturwissenschaften ein. Während männliche Autoren in der frühen Neuzeit noch Bücher zu den „secretis mulierum" schrieben,[22] wird mit dem Entstehen der modernen Naturwissenschaften „das geheime Wissen der Frauen" zunehmend als „Rockenphilosophie", „abgöttische Phantaseyen und Narrenwercke" diskriminiert und abgewertet.[23] Obwohl noch lange nachgefragt von Jung und Alt, Arm und Reich, ließen die neuen Natur- und Experimentalwissenschaften für das Wissen, die Erfahrung und die Experimentierkunst von Frauen keinen Raum mehr, im Gegenteil, Frauen, die sich hier profilierten, wurden diffamiert oder verfolgt. Das Pflanzenwissen der Frauen, das sich auf lebenspraktische oder existentielle Dinge bezog, wie Ernährung, Geburt und Fruchtbarkeit, Gesundheit, Krankheit und Tod, Unwetter, Blitzschlag, erschien gefährlich, eben weil es an neuralgischen Punkten und prekären Situationen des gesellschaftlichen Lebens operierte. Wer erfolgreich die Gartenraute zog, die schon seit den Zeiten Karls des Großen als Heilkraut in Gärten und Wurzbüscheln anzutreffen war, konnte mit ihr auch – wie es hieß – „die Hervorbringung des Monatsflusses", also eine Abtreibung, bewerkstelligen. Wer sich auf die Kunst des Heilens verstand, hatte damit gleichzeitig den Schlüssel zu Quacksalberei oder gar Hexerei. Kluge und erfahrene Frauen, Frauen, die „was können"[24], taten gut daran, ihr Wissen zu verheimlichen. Öffentliche Diskreditierung einerseits und Geheimhaltung als Schutzstrategie andererseits waren wichtige Gründe, warum das Kräuterwissen der Frauen über die Jahrhunderte in hohem Maße informell und implizit blieb und vornehmlich in Frauennetzwerken mit schichtabhängigem Radius kursierte. Paradoxerweise konnte das Kräuterwissen, dessen Trägerinnen von der katholischen Kirche über Jahrhunderte barbarisch verfolgt worden sind, in Form des von der Kirche einverleibten vorchristlichen Brauchtums bis heute überleben und die jahrhundertelange Tradierung von weiblichem Erfahrungswissen dokumentieren.

207

Wissen ist Macht: Eine neue Entzauberung des Kräuterwissens durch die Wissenschaft

Im Juni 1981 widerrief das Bundesgesundheitsamt in einer Blitzaktion die Zulassung der zahlreichen Aristolochiasäure-haltigen Präparate. Hohe Dosen im Tierversuch hatten Mutationen und Krebs ausgelöst. Damit kam ein wichtiges Ingredienz des Wurzbüschels auf den pharmakologischen Index: Die Osterluzei (*Aristolochia clematitis*), als Ruderalflora in Dörfern marginalisiert, als Unkraut auf den Äckern verabscheut, auch von NaturfreundInnen übersehen, gehört unter dem volksbotanischen Namen „Österliche Zeit" zu den traditionellen Kernbestandteilen des Wurzbüschels und wird mitunter noch heute zur Wundheilung und Förderung der Nachgeburt beim Kalben verwendet.[25] Dem bäuerlichen Erfahrungswissen ist durchaus bewußt, daß sie beides, Heilpflanze und Giftpflanze, Arznei und Abortivum sein kann. Das Verbot im Namen der Wissenschaft drängt das informelle Erfahrungswissen erneut in die Defensive. Der Botaniker und Wurzbüschel-Experte Peter Titze kommentiert kritisch, daß hier zwei gänzlich verschiedene Formen von Medikation gleichgesetzt werden: zum einen die zwei Monate lange ausschließliche Fütterung von (kleinen?) Versuchstieren mit Aristolochiasäure-haltigem Futter, und zum anderen eine homöopathisch dosierte Medikation großer Nutztiere (der Wurzbüschel enthält wenige Zweige für ein Jahr für mehrere Kühe). Wer das Verbot als Sieg moderner Rationalität über Aberglauben und dörflich-weibliche Rockenphilosophie feiere, verkenne damit die Bedeutung des historisch überlieferten Kräuterwissens.[26]

Wurzbüschel, Kräuterwissen und Ökologie

Auf den „battlefields of knowledge", wie Long und Long die Auseinandersetzung von theoretischem oder wissenschaftlichem Wissen und indigenem Erfahrungswissen bezeichnet haben,[27] unterliegt das mit dem Wurzbüschelbrauchtum verknüpfte Wissen jedoch nicht immer. Gerade in der Gegenwart sucht und findet es, wie eingangs erwähnt, zunehmend Anschluß an und Beachtung durch neuere ökologische Entwicklungen, insbesondere die neue Heilkräuterbewegung. Auch das öffentliche Interesse ist gewachsen. In den entsprechenden

Gegenden finden wir heute wieder alljährlich pünktlich zu Maria Himmelfahrt in den Medien Berichte und Bilddokumentationen zum Wurzbüschelbrauchtum. Worin bestehen die Verknüpfungen mit ökologischem Denken und Handeln?

Zum einen ist es das relativ umfangreiche Wissen über die Gestalt, das Vorkommen und die Verwendungsweise von Kräutern und anderen Pflanzen, das trotz seines lokal eingeschränkten „partikularen" Charakters und mancher Verzerrungen Erstaunen und Anerkennung auch bei WissenschaftlerInnen weckte, ähnlich dem neuen öffentlichen Interesse, das sich in den Ländern des Südens dem indigenen Pflanzenwissen der Bevölkerung, und insbesondere der Frauen, zugewendet hat.

Zum anderen ist es die spezifische ökologische Aufmerksamkeit und Sensibilität gegenüber Umweltveränderungen oder -zerstörungen, die aufgrund der rituellen Wiederholung des Wurzens gefordert und gefördert wird: Beim alljährlichen Sammeln der Wurzbüschelpflanzen sind Bäuerinnen oft die ersten, die das Verschwinden dieser Pflanze am gewohnten und gehüteten Standort bemerken. So diskutierte meine Gewährsfamilie wiederholt die Gründe, warum z.b. das Tausendgüldenkraut (Centaurium minus) nicht mehr zu finden sei, eine Wildpflanze, die in vielen Regionen zum Kernbestand des Wurzbüschels gehört.[28] Obwohl also das Hauptinteresse der Frauen auf einen sehr spezifischen Gegenstand gerichtet ist, werden sie durch die Zyklizität der Wurzpraxis, die jährliche Wiederholung, auf einen umfassenden und langfristigen Kontext, nämlich die ökologischen Veränderungen in der Region hingewiesen.[29]

Hinzu kommt eine durch die Gestalt des Brauchtums bedingte innere Haltung: Wie erwähnt, endet die Aufmerksamkeit für den Weihbüschel nicht dort, wo der Strauß „verwertet", d.h. für menschliche Interessen genutzt ist. Die Kräuter müssen bis zuletzt im Auge behalten und am besten in den Kreislauf der Natur oder des Gartens zurückgegeben werden, in Form von Humus oder Asche. Damit ist eine der bemerkenswertesten Tatsachen der Hortikultur angesprochen, nämlich ihre Tendenz zur Einheit von Produktion und Reproduktion und – im Gegensatz zur Wegwerfmentalität – zu einem Kreislaufdenken, das die Produktströme kontrollieren will. So können wir – ähnlich wie die gute Gartenpraxis[30] – auch das Wurzbüschelbrauchtum als modellhaften Ausdruck für vorsorgendes ökologisches Wirtschaften deuten.

Vor allem aber ist es die mit der Wurzbüschelpraxis verbundene in situ-Konservierung von Pflanzen, die Landfrauen auch von Seiten der Ökologie heute den Ruf von Naturschützerinnen einbringen kann: Das fromme Brauchtum hat nicht nur dafür gesorgt, daß Wissen und Aufgeschlossenheit für längst ruderalisierte, marginalisierte oder verschwundene Pflanzen konserviert wurde, sondern auch dafür, daß in den Gärten der Frauen ein ökologisch besonders wertvoller Pflanzenbestand archiviert wurde. So fand der Botaniker und Wurzbüschelexperte Peter Titze in ländlichen Gärten noch Wildpflanzen, wie das Feld-Löwenmaul (*Antirrhinum orontium*) oder das Rundblättrige Hasenohr (*Bupleurum rotundifolium*), auch – nach der Blattoptik – Durchwachs oder – entsprechend seiner Heilkraft – Wurmsame genannt. Diese sind auf den Feldern, wo sie früher wuchsen, nahezu ausgestorben. Der Wurmsame hatte schon im Jahr 1978 auf der Roten Liste die Gefährdungsstufe 2 erreicht. Manche Pflanzen wurden in den Gärten nie gesät, sondern „von Jahr zu Jahr, Generation zu Generation als ‚Unkräutlein' im Garten geduldet und für die Weihe geerntet (wurden)"[31]. Ländliche Gärten sind oft reichhaltigste Samenbanken, und ihre Gärtnerinnen durch in situ-Pflege oder besser: in situ-Lassen zumeist unbeabsichtigt erfolgreiche Naturschützerinnen. In den Worten von Peter Titze:

„Den Bestand blühender Bauerngärten, die das Dorf zieren und welche die Bauernfamilie für alle möglichen Notwendigkeiten versorgen, verdanken wir den Bäuerinnen. Sie sind die Bewahrer ungeschriebenen Wissens, praktischer Erfahrungen und Fähigkeiten. Sie opfern dem Garten neben der Landwirtschaft und Haushalt jede der wenigen freien Stunden und erfüllen so bis ins hohe Alter eine nur selten genannte Funktion in der Dorfgemeinschaft."

Revitalisierung oder Modernisierung?
Zum Gestaltwandel des Wurzbüschels in der Gegenwart

Recherchen in Österreich ergaben für das Jahr 1998, daß durch neu angelegte klösterliche oder kommunale Heilkräutergärten und engagierte Bäuerinnen das Wurzbüschelritual einerseits intensiviert und andererseits in seiner Form verändert wurde. Es wurde „gezähmt" und „domestiziert", d.h. die Zahl der Wildkräuter wurde – bedingt durch den Rückgang der Alm- und Landwirtschaft – weniger, die Anzahl der Gartenkräuter erhöhte sich komplementär. So wurde von einer Landfrau, die nicht aus der Landwirtschaft kam, der Inhalt als „quer durch den Garten" beschrieben. Weiter ist insbesondere in Dörfern in Stadtnähe und traditionellen Tourismusgebieten eine Tendenz zur Ästhetisierung festzustellen. „Alles was blüht" ordnen manche Landfrauen in den Wurzbüschel ein.

Frauen, die in touristisch erschlossenen Gegenden mit prächtigen Rosenbouquets altes Wurzbüschel-Brauchtum „revitalisieren" und damit die Lokalseiten der Regionalpresse zieren, werden von den „orthodoxen" Kräuterfrauen mit spöttischen Äußerungen bedacht. Hier gehe es nur noch um weltliches äußeres Dekor und um Werbewirksamkeit, nicht aber um Segenswünsche für die eigene Familie während des nächsten Jahres, wird kommentiert.

Da die Revitalisierung alten Brauchtums oftmals im Kontext von dörflichen Frauengruppen oder Vereinen geschieht, werden Suchen und Binden der Kräuter arbeitsteilig organisiert. Es kommt dabei zu einer größeren Vereinheitlichung der Kräuterbüschel, oft auch zu einer Verkleinerung. Miniaturisierung und Arbeitsteiligkeit ermöglichen erste vorsichtige Ansätze zur Marktproduktion, wobei allerdings in den von mir beobachteten Fällen nur von einer Non-Profit-Kommerzialisierung gesprochen werden kann: Für die Kräutersträuße konnten Geldspenden gemacht werden, die beispielsweise dem Aufbau eines Kräutergartens dienen sollten.

Dieser Prozeß ist aber ambivalent: denn die Wiederaufwertung des volksmedizinischen Wissens geht heute einher mit der erneuten und verstärkten Entzauberung, Säkularisierung und Rationalisierung des Brauchtums: Es wird in Gesprächen nicht mehr die durch den

211

kirchlichen Segen bedingte Schadensabwehr und Heilkraft der Pflanzen herausgestellt, sondern der pflanzenphysiologisch und inhaltsstofflich faßbare Gesundheitswert der Kräuter. Diese Form von Rationalisierung nimmt dem Wurzbüschelbrauchtum den Charakter von Magie und Geheimwissen. Damit können sich auch moderne Landfrauen und Bäuerinnen sehen lassen. Heutige „Kräuterfrauen" stellen ihre Büschel kollektiv und mit neuem Selbstbewußtsein zur Schau, ergänzen und modernisieren ihr Wissen über Kurse, Bücher oder Zeitschriften und übernehmen dann auch öffentlich die Rolle als Lehrmeisterinnen in Sachen Kräuterwissen. Sie gelangen zu öffentlichen Ehren, bis hin zu Präsentationen im Fernsehen. Zu Recht! Denn, so will mir scheinen, hier wird dokumentiert, daß Frauen seit Jahrhunderten und bis in die Gegenwart das praktizieren, was Jürgen Dahl, selbst leidenschaftlicher Gärtner und Mahner in Sachen Ökologe, fordert:[32]

„Trotzig und beharrlich sollten wir in unseren Gärten aufbewahren, was die Ärzte längst nicht mehr brauchen und was draußen gefährdet ist. Es kann nicht ganz folgenlos bleiben, wenn wir die Pflanzen zu uns nehmen, die mit unserem Denken, unserem Wissen und unserer Geschichte verknüpft sind."

Anmerkungen

1   Vgl. zum Folgenden Heinrich Marzell, „Kräuterweihe", in: Handwörterbuch des Deutschen Aberglaubens, Band 5, 1932, Sp. 440. Heinrich Marzell, Bayerische Volksbotanik, Volkstümliche Anschauungen über Pflanzen im rechtsrheinischen Bayern, Nürnberg: Spindler, o.J. (1925 oder 1926), S. 51. A.J. Weichselgartner, Kräuterbüschel zum großen Frauentag, Volksglaube und Volksbrauch rund um Fest Mariä Himmelfahrt, Altbayerische Heimatpost (Trostberg), 29.Jg., 1976, Heft 33. Siegfried Schmidt, Die Kräuter der Würzbuschel im Überwald, Waldmichelbach: Selbstverlag, 1978. Peter Titze, Naturschutz im Dorf, Das Pflanzenkleid des Dorfes – seine Gärten, in: Akademie für Naturschutz und Landschaftspflege (Hrsg.), Laufener Seminarbeiträge zur Dorfökologie, Laufen/Salzach 1/1983, 1/84, S. 26-55. Ders., Heilpflanzen als naturwissenschaftlicher Hintergrund der Kräuterweihe am 15. August, Der praktische Gartenratgeber, 1993, Nr. 8, S. 235 [München: Obst- und Gartenbau 8/93]. Ders., Heilpflanze – in Umständen giftig, Stroh-

halm, Zeitschrift für Ökologie, 1984, Nr. 3, S. 16-17. Reinhard Worschech, Es duften die Blumen und Kräuter ..., *Beilage des Würzburger katholischen Sonntagsblattes* vom 11. August 1996. Adolf Adam, Maria im Kirchenjahr, Leutesdorf: Johannes-Verlag, 2. Auflage 1998.

2   Das Fest wurde zuerst in Jerusalem begangen, vermutlich seit der 1. Hälfte des 5. Jahrhunderts, vgl. Bruno Kleinheyer, Maria in der Liturgie, in: Wolfgang Beinert und Heinrich Petri (Hrsg.), Handbuch der Marienkunde, Regensburg: Pustet, 1984, S. 404-439, hier S. 422. In der byzantinischen Kirche wird es seit dem 6. Jh. gefeiert und im 7. Jh. dann von Rom übernommen, vgl. auch Adolf Adam 1998, a.a.O.

3   Vgl. Bruno Kleinheyer 1984, a.a.O., S. 419ff.

4   Vgl. A.J. Weichselgartner 1976, a.a.O.. Der „Kleine Frauentag", Mariä Geburt, wird am 8. September, Mariä Namen am 12. September und Mariä Schmerzen am 15. September gefeiert. Die Zeitspanne zwischen 15. August und 15. September wird im Volksmund als Frauendreißiger bezeichnet und gilt als Zeit, in der Pflanzen besondere Heilkraft haben sollen (vgl. Heinrich Marzell o.J., a.a.O., S. 57; Reinhard Worschech 1996, a.a.O., S .335). Anderen Traditionen zufolge sollen Heilkräuter bis spätestens 15. August geerntet sein. Auf die Bedeutsamkeit der Wurzweihe zu alltagszeitlichen Datierungszwecken weist das Grimmsche Wörterbuch hin (Jacob Grimm und Wilhelm Grimm, Deutsches Wörterbuch, 14. Bd., 2. Abt., Leipzig: Hirzel, 1960, Sp. 2389).

5   Benediktionsformeln sind schon aus dem 10. Jh. bekannt, vgl. Ferdinand Stadlbauer, Realien der Marienverehrung im profanen Bereich, in: Wolfgang Beinert und Heinrich Petri (Hrsg.), Handbuch der Marienkunde, Regensburg: Pustet, 1984, S. 927-954, hier S. 940.

6   Die Bezeichnung von Kraut- und Blumengarten als Würzgarten wird im Grimmschen Wörterbuch für das 15. Jh. und später nachgewiesen, vgl. Jacob Grimm und Wilhelm Grimm 1960, a.a.O., „Würzgarten".

7   Im Altbayerischen gehörten noch um 1900 zu ländlichen Anwesen neben der mit Obstbäumen bestandenen Point sogenannte Wurzgärten, die alle nach demselben – den Klostergärten nachgebildeten – Grundriß angelegt gewesen sein sollen, vgl. J.E. Fischer, Der altbayerische Wurzgarten, *Die Oberpfalz*, 50.Jg., 1962, S. 18-39. Wurz kommt in vielen Pflanzennamen als Grundwort vor (z.B. Hauswurz), wird aber nicht mehr in seiner ursprünglichen Bedeutung verstanden. Daher wird der Wurzbüschel in manchen Gegenden zum „Gewürzbuschel", vgl. Siegfried Schmidt 1978, a.a.O., S. 9.

8   Vgl. Heinrich Marzell o.J., a.a.O., S. 52ff. Ders. 1932, a.a.O.

9   Vgl. *Westfalenpost* vom 15. August 1999, „Überlieferungen belegen: gegen viele Krankheiten ist ein Kräutlein gewachsen – heute werden überall Kräuterbüschel geweiht."

10 Im Jahr 1987 enthielt der Wurzbüschel meiner Gewährsfamilie neben Getreide, Kraut und Gelben Rüben folgende Pflanzen: Alant Ollertsbluma, (*Inula helenium*), Beifuß (*Artemisia*), gelbes und weißes „Bettstroh" (Steinkraut), Dost („Wohlgemut"), Feuerblume (*Malva crispa*), Fuchsschwanz (*Amaranthus paniculatus*), Güdendockerla (Judenkirsche, *Physalis alkekengi*), Haselnuß, „Indruck" (*Reseda lueola*), Johanniskraut, roter Klee, Königskerze, Linde, Milchkraut, Rainfarn („Blättla") Schafgarbe, Siegelbaum (Sadebaum, *Juniperus sabina*), Schwingkraut (Wicke, *Lathyrus silvestris?*), Wachsstock (Mädesüß), Wegwarte, Weinraute (*Ruta graveolens*).

11 „Weib, raus in den Garten, ein Beet pflanz mir bald/ Von Erdbeerwurzeln so fein/ Wie sie draußen wachsen, unter Dornen im Wald/ Gut gewählt und gepflückt, soll'n die besten sie sein." (George Ordish, Geschichte eines Gartens, Vom 16. Jahrhundert bis zur Gegenwart, Frankfurt/M.: Insel, 1989, S. 21) Wie dieser Rat aus Thomas Tussers 1573 erschienenen „Five Hundreth good Pointes of Husbandry, united to as many of good Housewifery" von Frauen in ihren Gärten umgesetzt worden sein könnte, illustriert die zauberhaft-fiktive und zugleich sehr lehrreiche „Geschichte eines Gartens" von George Ordish 1989 an vielen Beispielen.

12 Peter Titze hat in den 80er Jahren eine schriftliche Umfrage zu Wurzbüscheln gemacht und 77 Antworten analysiert. Ihmzufolge sind es in 34 % der Fälle junge Mädchen, bei 20 % junge „Söhne", bei 28 % Mütter und bei 20 % die Großmütter, die sich um das Brauchtum kümmern, vgl. Peter Titze 1993, a.a.O., S. 235.

13 Vgl. Johannes Arends, Volkstümliche Namen der Arzneimittel, Drogen, Heilkräuter und Chemikalien, Berlin u.a.: Springer, 1971.

14 Vgl. Jack Goody, The Culture of Flowers, Cambridge: University Press, 1994.

15 Der Kommentar des Biologen und Wurzbüschelforschers Reinhard Worschech (1996, a.a.O., S. 334) wird auch für andere Regionen bestätigt, vgl. z.B. Heinrich Marzell o.J., a.a.O., S.51ff., Peter Titze 1993/ 4, a.a.O.

16 Vgl. Michael Polanyi, Implizites Wissen, Frankfurt/M.: Suhrkamp, 1985.

17 Von Bedeutung beim Erlernen ist auch der Aufweis von Gegenbeispielen für Heilkräuter („Teufelsmilch erzeugt Durchfall bei den Kühen"). Aus der Implizität des Pflanzenwissens läßt sich vermutlich

auch die Unschärfe des volksbotanischen Wissens erklären, das für die gleiche Pflanze (auch lokal) verschiedene Namen hat (z.B. Waldfahne, Hirschzunge, Engelshaar für das Waldweidenröschen, *Epilobium angustifolium*, vgl. Siegfried Schmitt 1978, a.a.O., S. 39) und umgekehrt den gleichen Namen für verschiedene Pflanzen (Mutter Gottes Bettstroh für *Hypericum perforatum*, *Trifolium aureum* oder *arvense*, *Linaria vulgaris*, *Eriophorum angustifolium*), vgl. Siegfried Schmidt 1978, a.a.O., S. 57.

18 Alle unsere 12.000 Kulturpflanzen, darunter 3.000 der Ernährung dienende Arten, haben ein gartenbauliches Stadium durchlaufen, eine Tatsache, die eine ungeheuer dynamische Wissensproduktion mit dem Garten verbinden läßt (Wilhelm Busch, Geschichte des Gartenbaues, Ein einleitender Überblick, in: Günther Franz (Hrsg.), Geschichte des deutschen Gartenbaus, Stuttgart: Ulmer, 1984, S. 19-38, hier S. 20). Gärten sind über Jahrtausende Zentren des gartenbaulichen, aber auch des landwirtschaftlichen Fortschritt gewesen. Berühmten Agrarpioniere haben ihre Ideen zunächst in Gärten entdeckt oder getestet. Und gleichzeitig wirken bäuerliche Gärten in abgelegenen Gegenden manchmal noch heute wie ein Reprint der karolingischen Klostergärten.

19 Vgl. Françoise Zonabend, The enduring memory, Time and History in a French Village, Manchester: Manchester Press, 1984.

20 Vgl. Heide Inhetveen, Das Labor im Garten, Frauen, Wissen und Hortikultur, Göttingen 1999 (unveröffentlichtes Manuskript).

21 Vgl. Reinhard Worschech 1996, a.a.O., S. 333.

22 Karl Eugen Heilmann, Kräuterbücher in Bild und Geschichte, München: Konrad Köbl, 1964, S.191, schreibt über botanische Druckwerke des 16. Jahrhunderts: „Etwa 20 andere Bücher handelten von 'secretis mulierum' usw.; Den schwangeren Frawen Rossgarten oder: Hebammenbuch."

23 Die Kritik von Tabernaemontanus in seinem Neuw Kreuterbuch (Frankfurt 1588, 1613/I, zitiert nach Siegfried Schmidt 1978, a.a.O., S. 43) an den „Weibern, die noch heutigen Tages dieses Kraut in ihre Würzwische mit anderen Kreutern sammelen/unnd viel seltsamer abgöttischer Phantaseyen (!) und Narrenwercke damit treiben" fände sicherlich noch immer AnhängerInnen, obwohl das hier gemeinte Kraut auch heute in Wurzbüscheln und in vielen Gärten als Heil- oder Zierpflanze zu finden ist.

24 „was können" kann auch „zauberkundig sein" bedeuten, vgl. Jacob Grimm und Wilhelm Grimm, Deutsches Wörterbuch, 5. Bd. Leipzig 1873 (Hirzel), Sp. 1726. J.A. Schmeller, Bayerisches Wörterbuch, Bd. 1, Stuttgart/Tübingen: Cotta, 1827, Sp. 1259. In dieser Bedeutung habe ich es noch in den 80er Jahren in der Fränkischen Schweiz angetroffen.

25 Schon Hippokrates erwähnt sie als Kraut für die Geburtshilfe (lochos = die Geburt, lecho = die Kindbetterin), Hildegard von Bingen ist die erste in Deutschland, die die Osterluzei erwähnt.

26 Vgl. Peter Titze 1984, a.a.O., S. 16-17 sowie eine schriftliche Mitteilung des Autors.

27 Vgl. Norman und Anne Long (Hrsg.), Battlefields of knowledge, The interlocking of theory and practice in social research and development. London: Routledge, 1992.

28 Am Tausendgüldenkraut demonstriert Heinrich Marzell, daß es nicht nur der lokal vorkommende Pflanzenbestand ist, der die Zusammensetzung des Wurzbüschels erklärt, sondern „altes Herkommen", vgl. Heinrich Marzell o.J., a.a.O., S. 52.

29 Dies ist ein Beispiel für den Zusammenhang zwischen der gesellschaftlichen Rollenzuweisung an Frauen (hier: ihre Zuständigkeit für Heilkunde und religiöse Rituale) und ihren intensiven Kontextbezug, der nach Mary Belenky und ihren Kolleginnen (1991) die Erkenntniswege von Frauen im allgemeinen charakterisiert und den die Gartenethnologin Christine Dann zu der These zuspitzt: Frauen gärtnern anders und schreiben anders über Gärten, auch im Hinblick auf die Ökologie, vgl. Christine Dann, William Sweet and Nellie Sticky, Sex Differences in New Zealand Gardening and Garden Writing, *Women's Studies International Forum*, Vol. 15, No.2, 1992, S. 233-249.

30 Vgl. Heide Inhetveen, Hortikultur als Vorbild, *Politische Ökologie*, Sonderheft 6, 1994, S. 22-27. Heide Inhetveen, Garten in der Fremde, Fremde im Garten, in: Frauen in der Einen Welt (Hrsg.), Landfrauen, Heft 1, 1995, S. 17-32.

31 Peter Titze 1983/84, a.a.O., S. 48.

32 Jürgen Dahl, Nachrichten aus dem Garten, Stuttgart: Klett-Cotta, 1987, S. 25.

Sigrid Fronius

Vom Subsistenz- zum Seelengarten
Die Geschichte eines Gartens im
subtropischen Bolivien

Als Kind hatte ich eine Freundin mit einem großen Garten. Ihre
Großmutter gab jedem der Geschwister ein Beet, das es bepflanzen
konnte, um es wachsen zu sehen. Seither wünschte ich mir auch einen Garten mit einem eigenen Beet darin. Doch wir wohnten zur Miete,
und das Haus war nur von Rasen und Büschen umgeben. Später in
Westberlin gab es nicht einmal das. Wir Studenten wohnten zum Hin-
terhof hinaus und „Schrebergarten" war für uns Revolutionäre sowieso ein Symbol für Kleinbürger und Spießer. So kam ich eine Weile, fast
ohne zu leiden, mit Mauern und einem Fleckchen Himmel aus. Als ich
zehn Jahre später nach Chile ging, zog mich nicht so sehr das Interesse
an Revolution und Dritter Welt, sondern die Sehnsucht, in der Natur
und auf dem Land zu leben. Pinochets Putsch vertrieb mich nach
Buenos Aires und damit war ich wieder in einer Großstadt und bei
politisch-intellektueller Tätigkeit gelandet. Zurück in Berlin erschien
mir diese Stadt im Vergleich zu Buenos Aires wie ein liebliches grünes
Dorf, in dem ich es – zumal in der Frauenbewegung – einige Jahre gut
aushielt. Ich hatte ein Zimmer mit Balkon, bemalte ihn mit Blumen
und pflanzte sie später in Kästen. Die Wochenenden verbrachte ich
mit Karate-Frauen in einer Waldschonung im Grunewald und an der
Krummen Lanke.

Als mein Bedürfnis nach Natur wieder übermächtig wurde,
schloß ich mich einer Gruppe an, die aufs Land ziehen und eine Kom-
mune gründen wollte. Wir träumten von Lüchow-Dannenberg, dem
Bayrischen Wald und Brasilien. Ich begann, in Berlin-Kladow Bienen-
zucht zu erlernen. Doch nach einem Jahr löste sich unsere Gruppe
wieder auf. Am Tag darauf traf ich mich mit Freunden und vertraute
ihnen unser Geheimnis, den Wunsch auszuwandern, an. Da warfen
sie Dias einer subtropischen Landschaft und eines Landhauses mit blü-
hendem Garten an die Wand ihres Berliner Zimmers und sagten: „Dies

Grundstück könnten wir kaufen." Ich schlief eine Nacht darüber. Am nächsten Morgen sagte ich zu. Es war Liebe auf den ersten Blick. Ein Jahr später emigrierte ich nach Bolivien. Dort lebe ich nun seit 16 Jahren, zufrieden über meine mutige Entscheidung und immer noch in dieses Fleckchen Erde und in seine Menschen verliebt.

Vor gut zehn Jahren, wenige Wochen nach dem Mauerfall, lud mich Rudolf Bahro zu einem Stadtteiltreffen in Berlin-Prenzlauer Berg ein. Am Schluß der Debatte forderte er mich auf, ebenfalls das Wort zu ergreifen. Ich käme aus Bolivien, dem Land der Dritten Welt, das wäre für die Ostdeutschen doch sicher interessant. Doch was sollte ich ihnen sagen? Wie wunderbar ich meinen Garten in Bolivien finde? Welch ein Abenteuer ich dort erlebe? Wie glücklich ich damit bin? Das schien mir zur Wende und zum Stadtteilkampf im Prenzlauer Berg nicht zu passen. Damals hatte ich eine Art schlechtes Gewissen. Trotz meiner bescheidenen Lebensweise hatte ich das Gefühl, in einer Art von Überfluß zu leben. Ich verfügte über Raum und Zeit. Ich spürte die Wichtigkeit meiner Lebensform, doch konnte ich meine Lebensweise nicht politisch formulieren. Mein Tun war – zumindest für mich – nicht spürbar Teil einer Bewegung. Ich freue mich zu erleben, daß sich dies nun ändert, denn Gärten und Kleinstlandwirtschaft sind stark im Kommen, und das nicht nur in Bolivien, sondern auch in Ostdeutschland.

In meiner Geschichte geht es nicht um das Bedürfnis *des Körpers* nach Nahrung. Ich gehöre zu jener glücklichen Generation, die nie an Hunger litt. Mein, unser Hunger gilt einer anderen Nahrung, jene, die Natur und Stille geben: weite Landschaft, Wind in den Bäumen, den man hört und spürt wie die Sonne oder den Regen auf der Haut, das Arbeiten mit Erde und mit Pflanzen, der Anblick natürlichen Wachsens und Schönheit in Farbe und Form. Ich bin eine Intellektuelle, war stets politisch aktiv und bin eine gute Organisatorin. Dennoch habe ich darauf verzichtet, Politikerin oder Wissenschaftlerin zu werden. Ich will nicht ausschließlich in geschlossenen Räumen sitzen, denken, lesen, schreiben und reden. Ich brauche auch Bewegung, Luft, Leben mit den Elementen und praktisches Tun. Ich wünsche eine solch lebendig machende Lebensweise allen Menschen. Gärten bewahren oder neue erschaffen, ist ein wichtiger Schritt dahin. Wir, die wir noch ein Stück Vernunft und Garten bewahrt haben, sind keineswegs unpolitisch oder egoistisch. Im Gegenteil. Ein Garten ist kein Luxus, sondern eine Lebensnotwendigkeit. In seinem tiefsten Inneren sehnt sich fast jeder Mensch nach einem Garten. Ich will diese Sehnsucht mit meiner Geschichte bewußt schüren und in eine gestaltende Kraft verwandeln.

Kaffee, Bananen und Coca

Das Grundstück, das ich Euch vorstelle, umfaßt knapp zwei Hektar Land. Es befindet sich 20 Gehminuten von Coroico, einem idyllisch gelegenen Städtchen drei Stunden Autofahrt von der Hauptstadt La Paz entfernt in den subtropischen Bergen und Tälern der Anden. Vor der bürgerlichen Revolution in Bolivien und der Agrarreform 1952 diente mein am Abhang gelegenes terrassiertes Grundstück dem Coca-anbau in großem Stil. Danach lohnte der Großanbau nicht mehr, da aus Tagelöhnern und Leibeigenen Bauern mit eigenem Land geworden waren. Unterbezahlte Tagelöhner wanderten ab in die Städte. Die auf dem Land Gebliebenen betreiben Subsistenzwirtschaft und beliefern die Stadt mit Kaffee, Bananen und Zitrusfrüchten sowie die Bauern und Bergarbeiter mit Coca. Der Cocastrauch ist in Bolivien eine traditionelle, ja heilige Pflanze. Ihre getrockneten Blätter werden zum

Blick durch den Garten ins Tal. Photo: Sigrid Fronius

219

Wahrsagen, Heilen und von der indianischen Bevölkerung zum Kauen gebraucht, da sie den Hunger stillen und die harte Arbeit erträglicher machen. Hier bei uns, in den subtropischen Yungas, den Tälern der Anden, ist der Coca-Anbau legal, da er nicht der Kokain-Verarbeitung, sondern dem lokalen Eigenbedarf dient.

Nach den Enteignungen verwilderten die alten Cocaterassen und wild blühende Sträucher überwucherten sie ganz. Der flache Teil des Grundstückes diente einige Jahre als staatliche Gärtnerei, die sich auf Obstbäume und Kaffeesorten spezialisierte. In jenen Jahren wurden rund um das Grundstück Tujas angepflanzt, die hier so hoch wachsen wie Tannen. Sie geben dem Boden am steilen Abhang Halt. Sie umrahmen das Land und fassen es ein wie ein Schmuckstück.

Das Wilde wild, das Leere leer belassen

Unter diesen Nadelbäumen will außer Gras nichts wachsen. Deswegen lehnte der Bauer, der mein Grundstück regelmäßig von Unkraut säuberte, diese Bäume ab. Umso mehr beeindruckte mich der Spruch einer deutschen alten Dame, engagierten Ärztin und Gärtnerin, die selbst Giftschlangen auf ihrem Grundstück duldet. „Sigrid", sagte sie, nachdem ich ihr mein Problem mit den Tujas vorgetragen hatte, „es muß nicht überall etwas wachsen." Dieser Spruch hat mich vor vielen Fehlern bewahrt, vor allem vor jenem, jedes Stückchen Erde müsse – gerade in einem so armen Land wie Bolivien – dem Anbau von Kartoffeln und Gemüse dienen. Heute ist dieser „leere" Platz unter den Tannen ein Tempel. Die Bäume danken dafür, daß ich ihnen den Raum lasse, und geben allen, die unter ihnen verweilen, Stärke und Kraft.

Ich bin nicht alleinige Besitzerin dieses Grundstückes. Wir kauften es 1980 zu dritt, doch meine Mitbesitzer leben weiterhin in Deutschland. Diese für mich oft beschwerliche Situation hat auch ein Gutes: wir und ich beließen einen guten Teil des Grundstückes wild. Ich mußte diesen ökonomisch nicht genutzten Teil jedoch gegen diverse Eindringlinge mit aller Kraft verteidigen: gegen Holz suchende Nachbarn, verirrte Stiere und wilde Maulesel, sorglose Touristen und Kinder, vor allem aber gegen einen deutschen Nachbarn. Er begann, als ich mal nicht da war, Bäume in meinem Wäldchen zu fällen, um sich illegal eine private Straße für seine Autos quer durch mein Grundstück zu bauen. Nach vier Jahren Kampf gegen seine andauernde Gewalt und Rechtsverletzungen, gegen Korruption von Politikern und Richtern, gelang es mir schließlich doch, den widerrechtlichen Weg durch mein Grundstück zu verhindern. Die Stille und Schönheit des Gartens war gerettet.

Einfaches Leben in einem schönen Garten

Als ich 1983 mit Sack und Pack in Coroico ankam, fand ich nicht nur ein wildes, sondern auch ein von den Vorbesitzern liebevoll mit Blumen, Ziersträuchern und verschiedenen Nutzpflanzen gepflegtes Grundstück vor. Darauf wuchsen Palmen, Avocado-, Orangen- und Zitronenbäume, Bananen, Kaffee, Zuckerrohr und Bambus. Im Garten blühten Amancaias, Margeriten sowie Rosen, und das Fleißige Lieschen hatte sich überall ausgebreitet. Der damalige Grundstückswächter pflanzte Lilien – für den Markt in La Paz – und Salat, den er in Coroico verkaufte. Ich hatte Bücher über Gärtnerei und Landwirtschaft mitgebracht und begann auszuprobieren. Mein Ziel war die Selbstversorgung. Diese Idee entsprach zum Teil den Ängsten der frühen 80er Jahre, als wir angesichts der Stationierung von Pershing-Raketen gegen die Sowjets inmitten von Deutschland Europa schon in Flammen aufgehen sahen. Wir sahen uns in die Fremde fliehen und dazu gezwungen, mit dem Einfachsten auszukommen. Survival-Bücher waren „in". Mich drängte allerdings nicht so sehr diese Angst, sondern ein Bedürfnis nach Stille, praktischem Tun sowie die Lust auf das Neue. Das einfache Leben war mir ein Bedürfnis angesichts meines Überdrusses an materieller Fülle und kultureller Überflutung in der Großstadt Berlin. Angesichts eines zu üppigen Buffets während einer Dritten-Welt-Tagung beim Deutschen Entwicklungsdienst, bei dem ich zeitweilig tätig war, bekam ich nahezu einen Tobsuchtsanfall. Da ich ihn weder gegen das Personal noch gegen die überladenen Tische ausagieren wollte, rannte ich in den nahegelegenen Wald.

In Bolivien wollte ich mit so wenig als möglich auskommen. Da ich mit Gespartem eine neue Existenz aufbaute, war Bescheidenheit sowieso angesagt. Ich verzichtete auf alles, was mir teuer schien: Milch, Käse, Butter, Wein, Fleisch und Wurst. Die Kekse buk ich aus

Maismehl und den Kuchen aus Bananen, ich aß Yuka und Walusa und die Suppe kochte ich auf Holzfeuer aus Bruchweizen und grünen Bananen. Honig erntete ich von meinen eigenen Bienen und aus dem Garten Mais, Yuka und Erdnüsse, nach einem Jahr dann Salat und Gemüse. Natürlich habe ich nicht alles alleine angebaut, sondern mit Hilfe eines Cuidadors, eines Bauern und Nachbarn, der für mich arbeitete, mich dabei anlernte und anleitete, und mir die schweren und unbekannten Arbeiten abnahm. Eine unschätzbare Hilfe war auch jene meiner Nachbarin Maria, die einfach alles wußte und stets im rechten Moment auftauchte, um etwas zu retten. Sie half mir bei der Bienen- und Hühnerzucht, beim Brotbacken im Lehmofen, beim Rösten der Erdnüsse, Trocknen des Kaffee und vielen anderen Tätigkeiten. Heute führt Maria – teilweise mit Hilfe ihrer Schwestern, zumindest eines der kleinen Kinder ihrer Schwestern hat sie fast immer bei sich – das Restaurant meines Hotels völlig selbständig. Dieses Restaurant, das auch vegetarische Gerichte anbietet, wird in allen alternativen Reiseführern gerühmt. – Nur der Fischteich, den ich mit Hilfe eines Agraringenieurs grub, wurde nie vollendet.

Zu wenig oder zuviel Salat

Mit dem Garten war das auch so eine Sache. In einem Jahr erntete ich Riesenkürbisse, bei der nächsten Aussaat kam gar nichts, bei der dritten Aussaat fraßen die Würmer die Frucht, bevor sie reif war. Die aus Europa mitgebrachten Bücher halfen mir wenig, denn dort gibt es die Jahreszeiten, hier jedoch nur eine warme Trocken- und Regenzeit. Die Temperaturen fallen nie unter den Gefrierpunkt. Ich suchte damals vergeblich nach Büchern über den Gemüseanbau in den Subtropen. War ich jedoch erfolgreich, so erntete ich Unmengen Salat oder Mangold, konnte sie aber weder alleine aufessen noch zu Markte tragen. Und meine ganze Ernte verschenken wollte ich auch nicht. Dazu war die Arbeit dann doch zu mühsam.

Als mein Garten sich allmählich zu einem kleinen Alternativhotel entwickelte, wurde es für mich viel einfacher, bei den Händlerinnen, die das Gemüse von den Bäuerinnen der umliegenden Dörfer bezogen, einzukaufen. Selbstversorgung ist praktischer für eine Gruppe. Doch die von mir erwarteten Mit-Landkommunarden und Europa-Auswanderer kamen nicht. Es kamen nur vorübergehend bei mir wohnende Leute, die meisten von ihnen kamen nur zum Ferienmachen und zogen bald andere Touristen nach. So kam es, daß ich aus meinem Garten nunmehr nicht nur mich, sondern auch meine Gäste zu versorgen hatte und daher bald die Nahrungsmittel fast ausschließlich durch Einkauf auf dem hiesigen Markt bezog.

Die verbleibende Arbeit mit den Produkten aus meinem Garten war aufwendig genug: Kaffee ernten, schälen, trocknen, im Backofen rösten und mit der Handmühle mahlen, den Kräutergarten pflegen, die Honigernte organisieren, das Holz hacken und dazu die Hütten bauen lassen, um alles, einschließlich der Gäste, versorgen und beherbergen zu können. Der große Garten gab mir – trotz Aufgabe der Selbstversorgungsidee – weiterhin Gelegenheit genug, mit Hacke und Erde zu arbeiten.

Im Gegensatz zu vielen Campesinos in den Anden gärtnere ich vor allem dann, wenn ich Bewegung brauche, und nicht, weil die Not mich zwingt. Ich habe Zugang zu der „Ressource" Tourismus und das nutze ich. Ich brauche daher nicht weiterhin vom Gesparten leben, sondern habe mein Einkommen. Gartenarbeit gibt Gelegenheit zu Meditation und Erholung. Es ist eine sichere Methode, das Denken abzuschalten. Ich pflanze Blumen, lege Pfade, umgebe ehrwürdige Bäume mit runden, freien Plätzen, stelle sie in den Mittelpunkt und schaffe stille Orte, an denen man sitzen, lauschen und auf die schneebedeckten Gipfel der Königskordillere schauen kann.

Rhythmus von Chaos und Form

Ein Garten ist immer auch Vielfalt und damit ein Symbol für Leben. Dieser Garten ist wild und gepflegt. Natürliches und Künstliches mischen sich auf angenehme Weise. Der wild belassene Teil ist mir sehr wichtig: Die Blumenvielfalt, die leere Weite unter den hohen Tannen, die geheimnisvollen Pfade bekommen erst durch die Nachbarschaft zur Wildnis ihren besonderen Charakter. Vögel und andere Tiere, auch Gnome und Feen bevorzugen einen vom Menschen unberührten Ort.

Ein Garten ist per definitionem umzäunt und das macht ihn so anziehend und sicher: weder undurchdringliche Wildnis noch freies

Trichterblumen. Photo: Sigrid Fronius

Feld. Durch einen Garten führen keine Straßen und fahren keine Autos. Man fühlt sich frei von Gefahr, Lärm und störenden Gerüchen. In einem Garten geht man auf Pfaden, die noch Maß des Menschlichen sind. Auf ihnen erlebt man Überraschung und gelangt an magische Orte.

Selbst die Zufahrt zu diesem Paradies ist schwierig und schlecht, und das sehe ich als Vorteil. Die erdige, steile Straße endet an meinem Grundstück. Danach muß man, ja darf man, zu Fuß weiter gehen.

Der Garten als heilender Ort

Ein Garten spricht alle Sinne an: wir *sehen* die kunstvolle Form in der Gestalt der Bäume, der Sträucher, Blätter, Gräser, Blüten, und wir sehen vor allem bunt. Wir sehen den Tanz der Schmetterlinge, den Flug der Vögel, die überraschende Gestalt zahlloser Insekten. Wir *hören* all diese Tiere, tagsüber das Singen der Vögel und nachts den Chor der Grillen. Der Bach murmelt und der heftige Regen rauscht, der nachlassende Regen tröpfelt. Der Wind säuselt in den

224

Blättern. Autos, Kirchenglocken, Hämmern und Klopfen hört man in meinem Garten nur von ferne. Zu *riechen* gibt es viel: den Duft der Tannen, des Jasmins, der wild blühender Büsche. Man *spürt* beim Pflanzen die Erde, die trocknenden Kaffeebohnen beim Wenden sowie die Hitze des Steins, das nasse Gras unter den Füßen und den Baumstamm, an den man sich lehnt. Den Wind spürt man im Gesicht und die Frische des Wassers am Körper. Das *Schmecken* wird möglich, wenn man Erdbeeren aus dem Garten klaut oder erlaubterweise Mandarinen oder Lima, auch eine Zitrusfrucht, von den Bäumen pflückt. Die noch grünen Bananenstauden hängen vom Balkon zum Reifen. Kräuter für Tees und Gewürze aus dem Garten schmecken besonders lekker. Und das Pflücken und Ernten bereitet ein Vergnügen, das ans Paradies erinnert.

Ein Garten bietet Gelegenheit, mit den vier Elementen zu leben: Erde, Wasser, Feuer und Luft. Am nächsten liegt die *Erde*, auf der wir gehen, am besten barfuß. Auf Holz oder Stein statt Asphalt oder Teppichboden. Nach langer Denkarbeit am Computer ist Gartenarbeit eine wahre Erholung. Ich habe das große Glück, mehrere Quellen auf dem Grundstück zu haben, die sich in der Regenzeit zu einem Bach vereinen. Sie speisen das Schwimmbad mit neuem frischen Zustrom. Es wirkt daher mit seinem kühlen *Gebirgsquell-Wasser* Wunder, besonders zu genießen dann, wenn man vom Bergsteigen oder der Gartenarbeit verschwitzt ins kühle Naß springt. Dieser Wechsel von Hitze und Kälte, von Anstrengung und Ruhen ist eines der zahlreichen Privilegien, die ich genieße und die gesund erhalten. Das Element *Feuer* ist im Sonnenschein, im Brennholz, am Lagerfeuer und am Kamin präsent. Auf Holzfeuer Gekochtes schmeckt besonders gut. Manchmal brennt allerdings der ganze Berg. Dann wird das Feuer zum bedrohlichen Gott, den zu besiegen die Hilfe aller erfordert. Im Garten atmet es sich besser als in der Wohnung oder auf der Straße. Man freut sich am Himmel, an *Luft* und Wolkenspiel und blickt weit in die blaue Ferne.

„Sonne und Mond" oder 5 Sterne

Anläßlich der neuen Kategorisierung von Hotels wurde mir ein Fragebogen überreicht, in dem alles, was ein Hotel seinen Gästen anbieten kann, aufgelistet ist: Restaurant, gekachelte Toiletten, beleuchteter Parkplatz, Minibar, Telefon, Fernseher etc. 5 Sterne erhält, wer dies und noch viel mehr anbietet: Whiskybar, Diskothek, Fax und Internet. Ich suchte in der Liste vergeblich nach den Kategorien „Stille", „Natur" oder „Garten". Es wird auch nicht danach gefragt, ob die Nacht noch dunkel ist und ob man die Sterne sehen kann. Es interessiert nicht, ob das Rauschen der Blätter im Wind zu hören ist, Vogelgezwitscher und Grillen, und man wird nicht danach gefragt, ob das Wasser im Schwimmbad einer eigenen Quelle entspringt, und es weder gechlort noch gekupfert ist. Die Vergeber von „Sternen" fragen auch nicht, worauf man blickt, wenn man aus dem Fenster schaut: auf Wipfel von Bäumen oder auf einen Parkplatz. Da Garten, Stille und Natur als nicht notwendig oder gar als Luxus eingestuft werden, ist mein Anwesen kein „Hotel", sondern nur ein „Gästehaus", und außerdem gilt es als gerade zu „verdächtig", daß meine Herberge obendrein recht billig ist. Der Vorteil von alledem ist, daß sich – eben deshalb – hier besonders sympathische Gäste einquartieren. Mein Gästehaus heißt „Sonne und Mond", auf Spanisch: *Sol y Luna.*

Die Mitwirkenden des Gartens

Natürlich kann man so einen Garten und so ein Open-Air-Hotel nicht alleine betreiben, ich betreibe mein grünes Hotel zusammen mit Maria, meiner Nachbarin, sie führt das Restaurant und nimmt die neuen Gäste in Empfang. Ihre Schwestern helfen beim Kochen, Putzen und Waschen. Pedro, Rene und Juan machen die schweren Gartenarbeiten, halten Wege instand, ziehen Mauern und bauen Häuschen. Nils und Elsebeth aus Dänemark haben mir im letzten Jahr beim Bau zweier Gästehäuschen aus einheimischen Materialien, nämlich aus Lehm und Erde, Holz und Bambus, Palmzweigen und Gras geholfen. Manchmal helfen sogar auch manche der Gäste in ihrer Begeisterung für meinen Garten, die Bäume, Stauden, Büsche und Zierpflanzen, den Gemüse- und Kräutergarten, die Ziehbeete, den Kompost und Rasen, die Vögel in den Bäumen, die Rast- und Ruheplätze, den Kinderspielplatz, die Hütten mit Hängematten und Liegestühlen, die Aussichtsbänke, das Schwimmbad, den Bach, die Feuerstellen, den Backofen, die Holztische und Bambusbänke. Hin und wieder lade ich einige der Gäste zum gemeinsamen Essen auf meinen Rasen ein, wo wir dann die

Marias Openair-Restaurant und Rezeption von Sol y Luna. Photo: Elisabeth Meyer-Renschhausen

Globalisierung diskutieren, und anderen gebe ich bei der Abreise auf Wunsch ein heruntergefallenes Nest der Webervögel aus dem Eukalyptus über meinem Haus mit, oder Stecklinge der Indianernessel. Mit meinem Garten sporne ich viele, vor allem die bolivianischen BesucherInnen, an, den Baumbestand auf ihren Grundstücken zu wahren und zu pflegen und ihre Gärten so zu gestalten, daß Wildes und Gepflegtes friedlich nebeneinander leben kann, Zierpflanzen und Gemüse, Erwachsene und Kinder, Mensch und Tier.

Ich bin begeistert, daß die Tagung, die sich mit der „Wiederkehr der Gärten – resp. den Perspektiven der Kleinstlandwirtschaft in Stadt und Land" weltweit befaßt, im ehemaligen Ostberlin stattfinden kann und daß die Ideen der Selbstversorgung und des einfachen Lebens auf dem Land, samt dem „Aus-der-Not-eine-Tugend-machen", eine neue Aktualität erfahren. Ich finde es wunderbar, wenn dank der weltweiten Krise der Arbeitsgesellschaft ein neues Bewußtsein entsteht und die Krise zur Chance wird. Ich wünsche mir, daß immer mehr Menschen die Möglichkeit erhalten, auch wieder selber im eigenen Garten zu graben, die eigenen Kartoffeln zu ernten, Erde zu riechen und sich körperlich auszutoben.

Autorinnen und Autoren

Inge Buck, Theaterwissenschaftlerin, Professorin a.D. lebt in Bremen als Kulturwissenschaftlerin und Autorin von Lyrik, Kurzprosa, Radiofeatures und Dokumentarfilmen, zahlreiche Veröffentlichungen, u.a. Herausgeberin des Buchs „Ein fahrendes Frauenzimmer – Die Erinnerungen der Wanderkomödiantin Karoline Schulze-Kummerfeld", München: dtv, 1994².

Sigrid Fronius, Historikerin, 1968 AStA-Sprecherin in Berlin, Pädagogische Leiterin beim Deutschen Entwicklungsdienst, Forschungsaufenthalte in Chile und Argentinien, Shiatsu-Lehrerin und Betreiberin eines Alternativ-Hotels in Bolivien, Buch zum Peronismus in Argentinien: „Nicht besiegt und noch nicht Sieger", Berlin: Rotbuch, 1977.

Gert Gröning, Professor für Gartenkultur und Freiraumentwicklung am Institut für Geschichte und Theorie der Gestaltung, Hochschule der Künste Berlin, zahlreiche Publikationen zum Kleingartenwesen, Buch u.a. zusammen mit Joachim Wolschke-Bulmahn: „Von Ackermann bis Ziegelhütte, Ein Jahrhundert Kleingartenkultur in Frankfurt am Main", Frankfurt am Main: Waldemar Kramer 1995

Irmtraud Grünsteidel, Studium der Nordamerikanistik an der Freien Universität Berlin, arbeitet jetzt bei der Stadtentwicklungsgesellschaft S.T.E.R.N. in Berlin, letztes Projekt „Garten für die Marie" im Prenzlauer Berg.

Anne Holl, Agraringenieurin, studierte an der Humboldt-Universität zu Berlin, Praktika, Forschungsaufenthalte und Anstellungen in Südbaden, Frankfurt, Irland, Honduras und Kuba.

Heide Inhetveen, Professorin am Institut für Rurale Entwicklung der Georg-August-Universität Göttingen, zahlreiche Aufsätze zu den Themen Bäuerinnen und Hortikultur, u.a. Buch zusammen mit Margret Blasche, „Frauen in der kleinbäuerlichen Landwirtschaft", Opladen: Westdeutscher Verlag, 1983.

Elisabeth Meyer-Renschhausen, Ende der 90er Jahre Gastprofessorin an der Landwirtschaftlich-Gärtnerischen-Fakultät der Humboldt-Universität zu Berlin und immer mal wieder auch am Institut für Erziehungswissenschaften in Innsbruck und anderswo. Zahlreiche Aufsätze zur Kulturanthropologie des Essens, Buch: „Weibliche Kultur und soziale Arbeit – Eine Geschichte der ersten Frauenbewegung am Beispiel Bremens 1810–1927", Köln/Wien: Böhlau, 1989.

Karin Standler, Landschaftsplanerin, nach fünf Jahren Assistentin an der Universität für Bodenkultur Wien mit Forschungsschwerpunkt Lokale Ökonomie, Orts- und Regionalentwicklung seit 1999 selbständig mit Gärtnerei und einem technischen Büro (Landschafts- und Freiraumplanung) in Linz und Wien, Obfrau des Vereins für eigenständige Regionalentwicklung im Oberen Mühlviertel und der Arbeitsgemeinschaft für regionale Kultur und Bildung Österreich.

Friedhelm Streiffeler, Professor für Agrarsoziologie an der Landwirtschaftlich-Gärtnerischen Fakultät der Humboldt-Universität zu Berlin, seit 1978 mit der städtischen Landwirtschaft in Afrika südlich der Sahara befaßt, zahlreiche Veröffentlichungen zum Thema, zuletzt: „Urban Agriculture in Africa with Special Reference to the former Zaire", in: Manfred Schulz, Uwe Kracht (Hrsg.), Food Security and Nutrition, Münster: Lit-Verlag, 1999.

Nigel Swain, Soziologe am Centre for Central and Eastern European Studies der Universität Liverpool, Ungarn-Experte, forscht seit Jahren über den Transformationsprozeß in der Landwirtschaft Osteuropas und des Balkans, zahlreiche Veröffentlichungen u.a. Buchpublikation: „Hungary – The Rise and Fall of Feasible Socialism" London/New York: Verso, 1992.

Christian R. Vogl, studierte und promovierte in Wien, forscht zu ökologischem Landbau und Ethnobiologie in Österreich und Lateinamerika, Assistent am Institut für Ökologischen Landbau, Universität für Bodenkultur Wien, diverse Veröffentlichungen u.a. im „Kritischen Agrarbericht".

Brigitte Vogl-Lukasser, Biologin, studierte und promoviert in Wien, forscht heute über Bauerngärten in Osttirol und Mexiko, Institut für Ökologie und Naturschutz, Abteilung für gärtnerische Pflanzenphysiologie und Primärproduktion, Universität Wien.

Bernhard Heindl

Einwärts – Auswärts:
Vom Hegen der Erde

Als Erzeuger von Lebensmitteln nur mehr wenig benötigt, werden die Bauern europa-
weit vor die Alternative gestellt, entweder im großen Stil „Biomasse zu produzieren" oder in Staatsdiensten eine Karriere als „Grünraumpfleger" zu machen. So
bekommt, was einmal Bauer hieß, heute eine neue Funktion in der Aufrechterhal-
tung der Ordnung im ländlichen Raum.
Auch für den Tourismus sind die Bauern und Bäuerinnen hervorragend zu verwenden: Was wären schließlich die Alpen ohne Almabtrieb? Die Almen ohne Jodler,
Straßenböschungen, wenn sie nicht gemäht und Wiesen, wenn sie nicht gepflegt
würden. Und wer, wenn nicht die Bäuerinnen, wären so kostengünstig und „brav"
im Pflegen der Blumen vor den Fenstern der Bauernhöfe?

EINWÄRTS und AUSWÄRTS nannten die Bauern früher den Herbst und den
Frühling. Sie riefen damit die entscheidenden Momente eines Rhythmus in Erinnerung, der für den begrenzten Spielraum ihres Lebens und Wirtschaftens maßge-
bend blieb: die erwachende Natur trieb sie aus dem Haus, um in den Äckern draußen jene Saat zu legen, mit deren Frucht beladen sie vor den beginnenden Stürmen
des Winters ihre Schritte wieder heimwärts lenken mußten.
Von diesem maßgeblichen Ereignis der bäuerlichen Landwirtschaft ausgehend, stellt
das Buch die Frage nach den Maßen und Grenzen des zukünftigen Wohnens und
Wirtschaftens der Menschen auf Erden.

„...scharfsinnig, wortgewandt und kompromißlos." Tiroler Bauern

Bernhard Heindl
Einwärts – Auswärts: Vom Hegen der Erde
Vorträge und Aufsätze
248 Seiten,
öS 248,00/DM 34,00/sfr 31,50
ISBN 3-7066-2149-5

EDITION**LÖWENZAHN**

Annemarie Schweighofer, Martina Lintner (Hrsg.)

Das Bäuerinnenbuch

Endlich ein Buch für Bäuerinnen. So vielfältig und abwechslungsreich wie der Beruf der Bäuerin selbst: Ernährung, Viehwirtschaft, Ziegenhaltung, Imkerei, Hausgarten, das Saatgut, die Vielfalt der Gemüsesorten, Streuobst und Beerenobst, der Wald, ökologische Bodenbearbeitung, Holzenergie, Bewahrung des bäuerlichen Kulturgutes, das bäuerliche Selbstverständnis, Unfallverhütung, Buchführung und Betriebslehre, Familie und Verwandschaft, Direktvermarktung, Urlaub am Bauernhof, Partnerschaft und Verhütung, Lebenserinnerungen einer Bergbäuerin,...
Ein Lesebuch von Bäuerinnen und Fachleuten für Bäuerinnen, Hausfrauen, Gärtnerinnen, Tierfreunde, Umweltbewußte und Interessierte.

Die richtige Ernährung: Sinn und Unsinn von Diäten und anderen Nahrungsdiktaten. Von der modernen Vollwertküche bis hin zur Bauernkost.
Viele Tips und Vorschläge, wie Sie sich ökologisch und zu erschwinglichen Preisen einrichten können.
Das Handbuch für alle Mütter: wertvolle Praxisratschläge für die Erziehung Ihrer Kinder. Außerdem enthält das Buch eine genaue Auflistung der Kinderkankheiten, ihre Erkennung und Erste Hilfe dazu.
Alles über den Hausgarten.
Die Geheimnisse richtiger, gesunder Konservierung und Lagerung.
Wie gehe ich mit dem Boden als Lebensgrundlage um?
Wie kann ich die Vielfalt der Gemüsesorten erhalten?
Ist das Bauer-Sein ein Hindernis für die Partnerschaft?
Wie sieht der Alltag einer Bäuerin aus?
Antworten auf diese Fragen und vieles mehr finden Sie in diesem Buch.
Ein Handbuch für jede Bäuerin!

„Dieser Ratgeber und Helfer ist so abwechslungsreich gestaltet, wie das Leben auf dem Bauernhof selbst." Unser Ländle

Annemarie Schweighofer, Martina Lintner (Hrsg.)
Das Bäuerinnenbuch
Ein Handbuch rund um Haus, Garten, Feld und Familie
300 Seiten,
öS 298,00/DM 39,80/sfr 38,00
ISBN 3-7066-2127-4

EDITION**LÖWENZAHN**